디오게네스와 아리스토텔레스

자유와 예속의 원류

디오게네스와 아리스토텔레스
- 자유와 예속의 원류

지은이 | 박홍규

1판 1쇄 펴낸날 | 2011년 4월 1일
1판 3쇄 펴낸날 | 2020년 1월 20일

펴낸이 | 이주명
편집 | 문나영

펴낸곳 | 필맥
출판등록 | 제2003-000078호
주소 | 서울시 서대문구 경기대로 58, 경기빌딩 606호
홈페이지 | www.philmac.co.kr
전화 | 02-392-4491   팩스 | 02-392-4492

ISBN 978-89-91071-86-5 (03300)

* 잘못된 책은 바꿔드립니다.
* 값은 뒤표지에 있습니다.

이 도서의 국립중앙도서관 출판예정도서목록(CIP)은 서지정보유통지원시스템 홈페이지(http://seoji.nl.go.kr)와 국가자료종합목록시스템(http://www.nl.go.kr/kolisnet)에서 이용하실 수 있습니다. (CIP제어번호: CIP2011001015)

디오게네스와
자 유 와   예 속 의   원 류
아리스토텔레스

박홍규 지음

필맥

머리말

이 책의 제목에 나오는 두 사람을 모르는 이는 없으리라. 두 사람 다 고대 그리스의 철학자다. 디오게네스는 길거리의 통 속에서 개처럼 살았다. 그는 당시에 세계를 정복한 알렉산드로스 대왕이 찾아와 소원이 뭐냐고 묻자 햇빛이나 가리지 말고 비켜달라고 했고, 벌건 대낮에 등불을 켜 들고 다니면서 인간을 찾는다고 외쳤다. 아리스토텔레스는 알렉산드로스 대왕의 스승이었다. 그는 모든 학문의 기초를 닦은 '위대한 철학자'이고, 특히 인간은 '정치적(폴리스적) 동물'이라는 말을 한 사람이다. 이 정도의 상식을 모르는 사람은 없겠다.[1]

그런데 그런 토막상식의 범위를 벗어나면 두 사람이 아주 다른 대접을 받는다. 철학이라는 학문분야에서는 디오게네스에 대한 이야기를 거의 들을 수 없는[2] 반면에 아리스토텔레스에 대한 이야기는 넘치도록 많이 들을 수 있다. 디오게네스에 대한 이야기는 대부분 몇 줄 정도의 전설이나 동화 같은 에피소드 쪼가리로 끝나기 때문에 흔히 책의 어느 한 쪽 중 절반을 차지할까 말까 하는 정도[3]인 반면에 아리스토텔레스에 대한 이야기는 책마다 넘쳐나며 그에 대한 대단히 근엄하고 복잡한 학문적 체계의 방대한 논저가 연구실과 도서관마다 가득하다.

마치 농담처럼 들리는 디오게네스에 관한 이야기나 좋아하는 나처럼 머리구조가 지극히 단순한 사람으로서는 아리스토텔레스의 책은 읽기가 너무나 어렵고 그 내용도 너무나 뒤죽박죽이어서 그를 모든 학문의 아버지라고 하고 그의 책을 '세계의 고전 10선' 따위의 앞부분에 집어넣는 사람들의 '상식'을 의심하게 된다. 물론 방금 말한 '상식'은 내가 이해하는 수준의 참으로 얕은 '상식'에 불과하다. 어쨌든 국내외에 아리스토텔레스에 대한 논저는 그야말로 산더미처럼 쌓여 있는 반면에 디오게네스에 대한 논저는 거의 전무하다고 해도 과언이 아니다. 아마도 이 책처럼 두 사람을 함께 제목에 넣은 책은 세상에 달리 없을 것이다. 지난 2500년 동안 그랬고, 지금도 그렇다.

그러니 이 책은 대단히 역사적인 책이라고 디오게네스처럼 농담을 해도 될지도 모르겠다. 그러나 사실은 그만큼 황당한 책이라는 이야기도 되겠다. 이 책은 비슷한 분야의 기존 책들과는 그 내용이 너무나 다르기 때문이다. 이 책이 제대로 씌어진 책이라면 정말로 역사적인 책이 될는지도 모르지만, 제대로 씌어진 책이 아니라면 같은 이유에서 그야말로 개 같은 책으로 간주될 수도 있겠다. 물론 이 책에서 다뤄지는 두 사람 가운데 내가 좋아하는 한 사람이 실제로 개 같은 거지였으니 이 책이 개 같은 책으로 평가된다고 해도 나로서는 별로 불만이 없을 것이다.

나는 단지 그 두 사람 사이의 차이점을 지적하거나 그 두 사람이 서로 보완되는 점을 이야기하기 위해 이 책을 쓰는 것이 아니다. 내가 이 책에서 이야기하고자 하는 바를 간단하게 말하면 이렇다. 나는 국가권력과 돈을 우습게 알고 그 모든 것을 초월한 세계시민으로서 모든 인간이 자유롭고 평등하며 자연에 따라 소박하게 살기를 원했던 디오게네스에게는 크게 호감을 갖고 있지만, 국가권력과 부를 가장 중요한 인간사로 여기고 특히 노동에서 해방된 우월한 엘리트가 권력을 쥐고 노예를 비롯해 노동하는 사람들을 타고난 열등 분자로 보면서 그들을 지배하는 것이 당연하다고, 그러니 우월한 그리스가 나머지 세계를 지배하는 것은 지극히 자연스러운 일이라고 주장한 아리스토텔레스에게는 거의 아무런 호감도 갖고 있지 않다. 이런 나의 생각을 요약해보면 다음과 같다.

디오게네스=비권력·비경제=무지배=무계급=자유·평등=노예철폐·인간해방
아리스토텔레스=권력·경제=엘리트지배=계급=부자유·불평등=노예억압·인간예속

그런데 그렇게 호감을 갖고 있느냐 그렇지 않느냐를 이야기하는 데 그치려는 것이라면 디오게네스의 에피소드와 함께 그것과 비교될 만한 아리스토텔레스의 에피소드도 몇 가지 소개하는 정도로 충분할 것이고, 잡다한 다른 이야기를 섞어가며 이런 책과 같은 것을

쓸 필요가 없었을 것이다.

그런가 하면 아리스토텔레스에 대한 산더미 같은 논저는 그가 소수에 집중된 권력과 부를 중시했을 뿐만 아니라 노예제를 정당화하는 등 불평등사회를 옹호하고 민주주의에 반대했음을 인정하기는커녕 오히려 그렇지 않다고 변명하는 것으로 일관하고 있다. 그런 변명은 지금의 우리에게는 거의 무의미할 뿐더러 대체로 음흉한 보수반동의 기만술책이라고 나는 생각한다. 나는 아리스토텔레스에 대해서는 더 이상 볼일이 없다고 생각하지만 현실은 도리어 그 반대여서 문제다. 게다가 아리스토텔레스를 빙자해 현실을 왜곡하기까지 하는 움직임도 나타나고 있다.

가령 이명박 대통령이 2010년 여름휴가 때 마이클 샌델이라는 미국 학자의 저서인 《정의란 무엇인가》[4]를 읽고서 새로운 국정지표를 '공정사회'로 정했다는 이야기가 인구에 회자됐다. 《정의란 무엇인가》는 아리스토텔레스의 정의론에 입각해 자유주의를 비판하는 공동체주의(communitarianism)의 대표 격인 샌델이 '자유'가 아닌 '미덕'이 정의의 원리라고 주장한 책이다. 자유와 미덕의 대치는 2500년 전에 디오게네스와 아리스토텔레스가 보여준 상반된 입장에 그 뿌리를 갖고 있다. 이야기가 나온 김에 덧붙이자면, 《정의란 무엇인가》에서 '미덕'으로 번역된 arete라는 말이 아리스토텔레스가 쓴 책의 번역서에서는 '탁월성'으로 번역된다는 점, 그리고 아리스토텔레스는 그것이 모든 사람에게 있는 것이 아니라 특별한 소수에게만 있는 것으로 보았다는 점에 유의해야 한다.

그런데 어쨌든 나는 이명박 대통령이 '자유'를 별로 좋아하지 않는다는 것, 아니 '권력의 자유'나 '재산의 자유' 같은 자유는 대단히 좋아하지만 그런 것을 제외한 나머지 대부분의 자유는 별로 좋아하지 않는다는 것을 진작부터 알고 있었고, 그렇다고 해서 그를 '미덕'을 좋아하거나 '미덕'을 갖춘 사람이라고도 도저히 생각할 수 없었다(단 '탁월성'의 측면에서는 이야기가 달라질지 모르겠다). 그러니 나로서는 그가 《정의란 무엇인가》를 읽고 그런 정도로 감명을 받았다는 이야기가 참으로 이해하기 힘들었다. 내가 그런 이야기를 이해하지 못하는 것을 전혀 이해하지 못할 사람들을 위해 한두 가지만 예를 들어보겠다.

하나의 예를 들자면, 샌델은 《정의란 무엇인가》의 결론 부분에서 불평등이 시민의 연대를 약화시키고 시민의 미덕을 저해하므로 부자들에게서 세금을 많이 걷어 시민의 삶에 기반이 되는 시설들을 재건해야 한다고 주장한다.[5] 그러나 이명박 대통령은 반대로 부자들에게서 걷는 세금조차 감면해주어야 한다고 그동안 주장해왔으니 샌델의 입장과 반대된다. 또 하나의 예를 들자면, 샌델이 의거하는 아리스토텔레스가 말한 '미덕(탁월성)'에는 군인의 용기도 당연히 포함된다. 아리스토텔레스는 군인이 주도하는 정체가 가장 이상적인 정체라고 했다. 우리의 경우에도 과거에 군인이 주도하던 시대가 있었고 그 시대에는 아리스토텔레스의 그런 주장이 잘 먹혀들었을 것이다. 샌델도 우리의 그 시대에 맞춰 더 일찍 《정의란 무엇인가》를 써서 출판했다면 이 책이 한국에서 더욱 대단한 베스트셀러가 되어 떼돈을 벌었을지도 모르겠다. 그러나 지금 우리나라의 대통령과 각료의 대부분은 군대를 가지 않은 사람들이니 그런 미덕을 갖추고 있는 것도 아니다.

그 밖에 이 세상에 존재하는 그 어떤 미덕을 갖다 대어보아도 대통령과 그의 각료들에게는 도저히 들어맞지 않는다. 그런데 '미덕'이라는 말 자체가 그야말로 미덕적이다! '미덕'이라는 말은 '탁월성, 훌륭함, 뛰어남, 우월함, 우수함, 수월함' 등으로도 번역된다. 우리는 우리의 대통령이나 각료들이 그런 사람임을 의심하지 않는다. 병역이 의무인 나라에서 병역을 면제받은 것도 '탁월성, 훌륭함, 뛰어남, 우월함, 우수함, 수월함'의 하나이기 때문이다.

물론 샌델은 그런 이야기를 대놓고 하지 않았으니 대통령이 기꺼이 그를 국정지표의 사표로 삼았을 게다. 아니, 미국인인 샌델은 《정의란 무엇인가》라는 책을 저술하기 전부터 같은 제목으로 하버드대학에서 강의를 했다고 하는데 그 강의에서는 당연히 미국인을 대상으로 미국의 이야기를 해야 했지 한국인을 대상으로 한 한국의 이야기를 해야 했던 것은 아니니 그런 이야기를 할 필요조차 없었을 것이다.

샌델은 《정의란 무엇인가》를 써서 펴내기 1년 전에 한국에 와서 한국인을 상대로 그 책의 내용과 비슷한 이야기를 했는데 그때에도 한국의 정의를 이야기한 것이 아니었다. 그리고 그때 그가 한 강연은 책[6]으로 출판됐지만 거의 팔리지 않았다. 만일 그가 한국인이었다면, 그리고 한국인으로서 한국인을 대상으로 한국의 정의에 관한 이야기를 대놓고 하는 책을 써서 《정의란 무엇인가》라는 제목으로 출판했다면 그 책은 수십만 부는커녕 몇백 부도 팔리지 않았을 가능성이 높다. 실제로 한국인이 쓴 그런 종류의 책이 그동안 많이 나왔지만 별로 팔리지 않았다. 그런데 한국에서 수십만 명이 샌델의 《정의란 무엇인가》를 사서 봤다고 하니 그들이 이 책에 끌린 이유가 뭔가 있을 것이다.

흔히 그 이유 가운데 하나로 요즘 한국인이 정의에 굶주려서 정의에 대한 호기심이 커진 것이라고들 한다(그 이유의 하나가 대통령 탓이라고 보는 견해도 있다). 그러나 내가 보기에 그 책은 한국인이 '정의'에 대해 품고 있는 의문에 거의 아무런 답도 주지 않는다. 지금 우리의 눈앞에 엄청 정의롭지 못한 세상이 펼쳐져 있는 것에 대해 그것은 정의를 '자유'가 아닌 '미덕'으로 보지 못한 탓이라는 샌델의 말은 나에게 지극히 황당무계하게 들린다. 게다가 그런 황당무계한 말이 수십만 독자를 유인했으니 더욱더 황당무계하다. 황당무계한 이야기를 하는 책을 베스트셀러로 만드는 재주는 모든 베스트셀러가 다 황당무계한 것이 아닌 한 인정할 만한 재주이자 그가 말하는 '미덕'임에 틀림없다.

그런데 샌델은 아리스토텔레스를 자신의 스승으로 내세우면서 그에 대해서도 오로지 '미덕'의 사람으로만 설명한다. 샌델이 말하는 아리스토텔레스에게서는 제국주의자나 국가주의자나 계급주의자나 불평등주의자의 냄새가 나지 않는다. 샌델이 《정의란 무엇인가》에서 설명한 아리스토텔레스의 정의론도 그렇다. 그래서 나는 샌델이 아리스토텔레스를 제대로 알지 못한다고 생각한다.

그렇다면 대통령이 차라리 요즘 유행하는 'CEO 고전읽기' 같은 자리에 가서, 또는 수많은 소위 정책고문 교수 따위에게서 아리스토텔레스에 관한 '제대로 된' 강의를 듣고 권력과 부를 정의의 척도나 본질로 본 아리스토텔레스의 관점에 공감해 '공정사회'를 국정지표로 삼았다고 한다면 이해할 수 있겠다. 샌델은 명색이 하버드 대학 교수인 학자여서 그런지 권력과 부가 정의라고 노골적으로 말하지는 않았다. 그러나 그는 아리스토텔레스에게서 여러 가지를 배운 것이 사실이니 속으로는 그렇게 생각하는지도 모른다. 물론 그는 아리스토텔레스가 그렇게 말하지는 않았다고 강변한다. 어쩌면 대통령이《정의란 무엇인가》라는 책을 들먹인 것은 단지 그 책이 당시에 베스트셀러였기 때문인지도 모르겠고, 한국에서 너무나도 유명한 하버드대학에 몸을 담고 있는 교수가 그 책의 저자였기 때문인지도 모르겠다.

나는 그런 CEO 대상 강의나 청와대의 '경연(經筵)' 같은 것에 참여한 적이 전혀 없고 앞으로도 그럴 생각이 전혀 없어서 그런 강의가 실제로 이루어지고 있는지를 알 수 없다. 그런데도 내가 그런 강의를 운운한 것은 그런 강의를 하는 사람을 포함해 누구든 아리스토텔레스를 정확하게 이해한 자라면 그에 대해 샌델처럼 말하지 않고 당연히 위에서 내가 말한 대로 말하리라고 상상해서 한 이야기에 불과하다. 사실 그런 '제대로 된' 강의가 이루어지고 있는지도 의문이다. 왜냐하면 아리스토텔레스의《정치학》을 번역한 이가 쓴 서문에 붙여진 제목처럼 "2천년 넘게 읽혀온" "국가와 정치, 그리고 행복의 문제"에 관한 고전[7]이라고 칭송하는 것이 아리스토텔레스의 책들에 대한 거의 일반적인 평가이지, 아리스토텔레스가 권력과 부가 정의라거나 소수 엘리트가 지배하는 사회가 공정사회라고 했다고는 누구도 말하고 있지 않기 때문이다.

사실 아리스토텔레스가 그렇게 노골적으로 말한 것은 아니다. 그가 쓴 책들은 그가 하는 말의 진정한 뜻을 독자가 알지 못하게 할 정도로 대단히 어렵다. 민중을 철저히 경멸한 그는 민중에게 읽히려고 책을 쓰지 않았다. 그는 자기처럼 훌륭한 사람인 철학자들만을 대상으로 책을 썼다. 그래서인지 그의 책들은 참으로 난해하다. 그가 독자로 삼은 철학자들은 과연 알아먹을 수 있을까 싶을 정도로 어렵다. 2천 년이 넘도록 그가 쓴 책들에 대한 철학자들의 논저가 수없이 나왔는데도 여전히 논쟁이 끊이지 않을 정도다.

그러나 자세히 읽어보면 그 내용은 복잡하지만 사실은 별게 아니고 그 진정한 뜻은 분명한데 그 분명한 뜻을 전해주는 철학자들의 논저는 의외로 많지 않다. 참으로 이상한 일이다. 아무것도 아닌 것은 아무것도 아니라고 말하면 충분한데 현학적으로 비비 꼬는 헛소리가 왜 저리도 많은가? 그런 짓을 수천 년 되풀이한 서양의 철학자라는 자들도 웃기는 사람들이지만 그들이 한 말을 다시 앵무새처럼 복창하는 우리의 철학자들은 또 왜 그러고 있는가? 그런 꼴들이 너무나 한심해서 나는 이 책을 쓰기 시작했다.

그러나 그런 한심한 생각만이 내가 이 책을 쓰는 이유는 아니다.

앞에서 말했듯이 《정치학》을 비롯한 아리스토텔레스의 책들이 "2천 년 넘게 읽혀온" "국가와 정치, 그리고 행복의 문제"에 관한 고전으로 칭송되는 것을 그냥 놔둘 수 없다고 생각한 것도 내가 이 책을 쓰게 된 또 하나의 이유다. 가령 《정치학》에는 일반적으로 '인간은 정치적(또는 사회적) 동물'로 번역되는 말이 나온다. 그 말은 아이들의 교과서에도 나오는 유명한 말이다. 그런데 나는 이 책에서 아리스토텔레스의 그 말은 '인간(정확하게는 '그리스 폴리스 시민')은 국가적(정확하게는 '폴리스적') 동물'로 번역하는 것이 옳다고 주장할 것이다.[8] 따라서 그 말은 동어반복에 불과하니 별 의미가 없는 말이라고 할 수도 있다. 폴리스 시민이야 당연히 폴리스적 동물 아닌가? 그런데 그 말은 국가를 '도덕적인 완성'으로 보고 그런 국가가 대부분 가치가 없는 존재인 개인에 앞선다는 의미를 담고 있는 대단히 국가주의적이고 전체주의적인 말이기도 하다. 나는 이 책에서 이런 점을 강조하고, 그렇게 생각해서는 안 된다고 주장할 것이다.

따라서 국가와 개인의 관계를 그렇게 보는 아리스토텔레스의 입장을 따르는 샌델에 대해서도 나는 비판할 것이다. 무국적자가 아닌 한 인간은 누구나 자기가 속한 국가를 떠나 살 수 없을 뿐 아니라 국가를 위해 일정하게 해야 할 일을 의무로 갖게 되지만, 그렇다고 해서 개인이 국가를 위해 희생해야 한다는 식의 국가주의나 전체주의에 대해서는 나로서는 찬성할 수 없기 때문이다. 적어도 민주주의를 신봉한다면 그런 국가주의를 용납해서는 안 된다.

그런데 사실 샌델보다 더 문제가 되는 사람들이 있다. 소위 네오콘이 그런 사람들이다. 최근에 미국에서 급속하게 부상한 네오콘은 극단적으로 보수적인 국가주의자 내지 제국주의자들이다. 그들은 아리스토텔레스와 그의 스승인 플라톤, 그리고 플라톤의 스승인 소크라테스를 찬양하고, 독일의 나치와 관련성이 있는 니체, 하이데거, 슈미트도 찬양한다. 내 눈에는 그런 일련의 철학자들과 네오콘 사이의 연관이 너무나 분명하게 보이는데, 우리나라의 학자들 대부분의 눈에는 그것이 전혀 보이지 않는 것 같다.

네오콘이 그 철학자들을 이용하거나 악용하는지는 몰라도 그 철학자들의 본래 모습은 네오콘과 무관하다는 비판이 있을 수도 있지만, 나는 그렇게 생각하지 않는다. 미국의 네오콘도 문제이지만, 그들과 유사한 모습을 보이는 한국의 네오콘은 더 심각한 문제가 되고 있다. 미국에서는 네오콘과 위에서 언급한 철학자들 사이의 연관이 밝혀지기도 하고 그런 내용의 책도 나오는 반면에 우리나라에서는 그렇지도 않기 때문이다. 오히려 우리의 네오콘은 무비판적인 교양 무드와 더불어 더욱더 일방적으로 기승을 부리고 있다. 그래도 네오콘은 자신들의 생각이 소크라테스, 플라톤, 아리스토텔레스와 니체, 하이데거, 슈미트의 생각과 같다고 노골적으로 밝힌다. 반면에 철학자들의 대부분은, 특히 한국의 철학자들은 그렇게 밝히지 않아 더욱더 큰 문제가 되고 있다. 샌델은 네오콘에 속하지는 않지만 아리스토텔레스를 신봉한다는 점에서는 네오콘과 공통되는데 이 점도 한국에서는 거의 무시된다.

"2천 년 넘게 읽혀" 온 아리스토텔레스의 책들은 내가 아무리 비판해도 또 다시 "2천 년 넘게 읽혀" 질지 모른다. 내가 보기에는 지극히 난해하고 내용이 혼란스럽기 짝이 없는데도 그의 책들은 문자 그대로 '영원한 고전' 으로 대접받는 '부당' 한 일이 앞으로도 이어질 것 같고, 미국과 한국에서 네오콘의 위세도 금방 끝날 것 같지 않다. 보다 정확하게 말하면, 네오콘은 오래전부터 존재해왔고 앞으로 더욱더 길게 그 생명을 유지할 것 같다. 게다가 서글프게도 "돈, 돈, 돈" 하고 "부자 되세요"하는 돈타령만 횡행하는 삭막한 대한민국의 풍토가 앞으로 좀 더 길게 이어질 것 같다. 이 책은 그런 현실에 대항하는 외침이지만 그런 현실의 힘에 비하면 조족지혈에도 못 미칠는지도 모른다. 그럼에도 나는 이런 책을 앞으로도 계속 쓸 것이다. 최소한 고전이라는 것을 비판적으로 읽고 상식적으로 이해해야 함을 알리기 위해서라도 이런 책을 계속 쓸 것이다. 비판하기 위해서는 우선 알아야 하기 때문에도 그렇다. 나의 이런 무모한 도전에 뜻을 같이해 소크라테스, 플라톤, 니체에 대한 책에 이어 이 책을 출판해준 필맥의 이주명 사장과 언제나 뛰어난 솜씨로 편집을 해주는 문나영 편집팀장에게 진심으로 감사한다.

2011년 2월
박홍규

차례

머리말 · 4

1장 무엇이 문제인가? · 17
2장 폴리스의 사회와 정치 · 69
3장 폴리스의 사상가들 · 123
4장 디오게네스 · 159
5장 아리스토텔레스 · 199
6장 아리스토텔레스의 국가 · 223
7장 아리스토텔레스의 정의 · 261
8장 아리스토텔레스의 정치 · 289
9장 다시 무엇이 문제인가 · 305

맺음말 · 325
주석 · 329

1장 | 무엇이 문제인가?

자유와 예속의 원류

이 책에 '자유와 예속의 원류'라는 부제를 붙인 것은 내가 디오게네스와 아리스토텔레스를 각각 자유의 원류와 예속의 원류로 보기 때문이다. 자유와 예속이라는 말의 뜻을 모르는 사람은 없겠지만 그 뜻을 여기서 확실하게 해두는 것이 앞으로 이야기를 풀어나가는 데 도움이 될 것 같다. 특히 자유라는 말은 워낙 남용되고 있다는 점에서 그렇기도 하다.[9] 한마디로 예속은 '남에게 지배를 받거나 무엇에 얽매이는 것'을 말하고, 자유는 '예속 없이 사는 것'을 말한다. 물론 '남에게 지배를 받거나 무엇에 얽매이는 것'에서 완전히 벗어나기란 불가능한지도 모른다. 그렇다면 자유는 그 정도만을 이야기할 수 있는 상대적인 것이라고 볼 수도 있겠다.

예속은 남이 나를 지배하는 것이니 불평등한 관계와 연결되는 반면에 자유는 그런 지배가 없으니 평등한 관계와 연결된다. 따라서 자유와 평등은 별개이거나 대립하는 것이 아니며, 오히려 평등은 자유의 본질이라고 할 수 있다. 경제적 불평등은 그런 지배를 수반하지 않고 재화의 불평등에 그칠 수도 있다고 주장하는 이들도 있지만, 하나의 사회 전체 속에서 보면 경제적 불평등도 역시 지배와 피지배의 관계와 연결된다고 할 수 있다.

예속을 종속이라고 바꿔 말할 수도 있겠지만, 이 책에서 나는 노예가 존재하던 고대사회를 주로 살펴보고자 하기 때문에 종속보다는 예속이라는 말이 더 적절하다고 생각해 예속이라는 말을 쓰겠다. 예속의 반대말로는 독립이나 자립도 있지만 역시 자유가 더 적절하다고 생각해 자유라는 말을 쓰겠다. 자연의 보편적 원리를 디오게네스는 '자유'로 본 반면에 아리스토텔레스는 '예속'으로 보았다. 아리스토텔레스는 노예가 주인에게 예속되듯이 아내는 남편에게, 시민은 엘리트에게, 개인은 국가에, 세계는 그리스라는 국가에 예속돼야 한다고 보았고, 육체는 영혼에, 물질은 정신에, 우주는 신에게 예속돼야 한다고 보았다. 반면에 디오게네스는 그 모든 것이 다 자유로워야 한다고 보았다. 요컨대 디오게네스는 자유의 사상가, 아리스토텔레스는 예속의 사상가였다. 디오게네스는 그 자신부터 모든 굴레에서 벗어나고자 한 반면에 아리스토텔레스는 모든 것을 굴레 속에 집어넣으려고 했다. 디오게네스는 해방을 추구했지만 아리스토텔레스는 구속을 추구했다.

디오게네스는 더 나아가 국적이 없는 세계시민(코스모폴리탄), 즉 폴리스를 초월한 세계인을 자처하고 유일하게 올바른 국가는 세계적인 규모의 국가라고 주장해 세계시민주의의 원조가 된 반면에 아리스토텔레스는 타고난 정치적 동물인 그리스인 이외의 인간은 모두 타고난 비정치적 존재인 노예이니 세계에서 유일무이한 문명 국가인 그리스가 그 외의 나머지 노예지역을 지배하는 것이 지극히 당연하고 자연스러운 질서라고 주장해 국가주의와 제국주의의 원조가 됐다. 아리스토텔레스의 그러한 사상은 그의 제자인 알렉산드로스에 의해 현실화됐다. 그리고 조지 부시 전 미국 대통령을 비롯해 그동안 수많은 국가주의자와 제국주의자자들이 인권을 침해하고 다른 민족을 침략하는 데 그러한 아리스토텔레스의 사상이 근거가 되고 그들의 입맛에 맞는 철학과 윤리를 제공해왔다. 이런 사실을 간단히 도식화해보면 다음과 같다.

디오게네스=개 같은 거지=자유·평등=비국가주의·세계시민주의
아리스토텔레스=폴리스의 철학자=예속·불평등=국가주의·제국주의

아리스토텔레스에게는 더 큰 문제가 있다. 그것은 "국가와 정치 그리고 행복"에 관한 그의 사상은 철저히 엘리트 중심의 계급주의적인 것이라는 점이다. 그는 오늘의 노동자에 해당하는 당대의 노예를 운명적, 자연적으로 태어날 때부터 노예로 살도록 돼있는 존재로 보았고, 동물이나 물건처럼 거래되는 재산 정도로 취급했다. 뿐만 아니라 그는 아이, 여성, 기술자, 노동자, 상인, 농민 등도 모두

노예와 유사한 존재로 보았다. 요컨대 그는 자기와 같은 최고의 엘리트인 철학자만 제외하고는 모든 인간이 정치를 할 수도 없고 행복을 누릴 수도 없는 존재라고 보았다. 게다가 그는 그리스를 제외한 다른 모든 지역의 사람들을 도매금으로 노예로 보아 멸시했고, 그들을 그리스가 지배하는 것을 정당화했다.

아리스토텔레스의 문제점은 여기서 그치지 않는다. 가령 그는 그리스 이외의 모든 민족과 모든 나라를 야만민족과 야만국가로 보고 그리스가 그들을 지배하는 것은 물론이고 착취하는 것도 정당화했다. 그런 민족과 나라에 속하는 인간을 정복하거나 죽이는 것은 노예보다도 못한 야만인을 정복하거나 죽이는 것이므로 불의이기는커녕 너무나도 정당하고 자연스러운 일이라는 것이었다. 샌델도 이런 태도에서는 마찬가지 아닐까? 그는 정의를 말하면서도 지금 미국이 세계를 지배하는 불의에 대해서는 문제제기를 하지 않는다. 그런 것은 애초부터 노골적인 불의이지 정의가 아니기 때문에 불의가 아닌 정의를 주제로 한 《정의란 무엇인가》라는 책에서 다루지 않은 것일까? 이런 샌델의 태도는 아테네의 성년남성 시민에게만 정의를 인정하고 아테네를 넘어선 국제적 정의는 철저히 도외시한 아리스토텔레스의 태도를 답습하는 것이라고 나는 생각한다. 그것이 지난 2500년 동안의 서양문화, 그러니까 고대 그리스 이래 최근의 미국까지 이르는 서양문화의 본질이자 핵심이다. 그리고 그런 본질과 핵심을 잇는 중요한 줄기 가운데 하나가 바로 소크라테스, 플라톤, 아리스토텔레스를 원류로 해서 니체, 하이데거, 슈미트, 네오콘으로 이어지고 샌델에까지 이른 줄기다.

나는 부처, 디오게네스, 예수를 그들에게 대립시킨다. 한국에서는 부처와 예수가 디오게네스와 크게 다른 사람이라고 오해되고 있지만, 나는 부처와 예수도 디오게네스와 같은 홈리스, 거지, 개였다고 보며 그들의 정신을 되살려야 오늘의 타락한 기독교와 불교가 본래의 모습으로 돌아갈 수 있다고 생각한다. 아리스토텔레스에게는 니체, 하이데거, 슈미트, 네오콘, 샌델과 같은 화려한 후계자들이 있지만 디오게네스에게는 그런 화려한 후계자들이 없다. 그러나 디오게네스는 몽테뉴를 비롯한 르네상스의 휴머니스트들과 디드로, 페인, 스위프트, 비코, 괴테와 같은 계몽주의자들에게 영향을 미쳤다. 또한 그는 윌리엄 모리스, 오스카 와일드, 모차르트, 베토벤, 고야, 도미에, 밀레, 반 고흐, 클림트, 실레, 소로, 휘트먼, 톨스토이에게 영향을 미쳤고, 크로포트킨을 비롯한 19세기의 아나키스트들과 오웰, 사르트르, 카뮈, 푸코, 간디, 일리히, 러셀, 루쉰, 카프카, 헤세, 멈퍼드와 같은 20세기 아나키스트들에게도 영향을 미쳤다. 나는 디오게네스의 영향을 받은 이런 사람들 가운데 일부에 대해 이미 책이나 글을 썼고 앞으로도 계속 쓸 것이다. 이것은 내 나름의 디오게네스 계보학이다. 아리스토텔레스의 제자들이 그를 신주 모시듯 하는 것과 달리 디오게네스의 영향을 받은 위와 같은 사람들은 하나하나가 다 독립된 사상의 소유자여서 디오게네스가 자기 조상이라는 말을 절대로 하지 않지만, 나는 그들이 다 디오니소스의 계보에 속한다고 본다.

나는 이미 아리스토텔레스를 포함한 고대 그리스의 철학자들이 비슷한 문제점을 갖고 있음을 아리스토텔레스의 스승인 플라톤에 대한 비판과 플라톤의 스승인 소크라테스에 대한 비판을 하면서 언급한 바 있다.[10] 이 책은 그 연장선에서 쓰는 것이다. 이 책에서 나는 고대 그리스에서 그런 종류의 철학자들과 달리 모든 인간의 자유와 평등을 주장한 디오게네스를 아리스토텔레스를 비롯한 그런 종류의 철학자들과 비교할 것이다. 지은 책 한 권 전해지지 않는 디오게네스를 굳이 아리스토텔레스와 비교하는 것은 아리스토텔레스의 여러 가지 주장에 대해 "그가 살았던 시대에는 그가 그렇게 말한 것이 당연했다"면서 그와 다른 주장을 한 사람이 당대에는 아무도 없었다는 듯이 설명하는 학자들을 반박하기 위해서다. 아리스토텔레스와 다른 생각을 한 사람이 그 시대에도 있었고, 아리스토텔레스를 잇는 네오콘과 다른 사람들이 지금도 있음을 나는 강조한다. 나도 그런 사람들 가운데 하나로 자부한다. 그런데 아리스토텔레스나 네오콘 또는 그들을 찬양하는 자들에 의해 나 같은 자들은 인간도 아닌 것처럼 무시되고 있는 것이 현실이다. 이런 현실을 보면 디오게네스가 개라는 상징적 비유를 통해 조소했듯이 이 세상은 개 같은 세상이라는 생각이 들기도 한다.

  고대 그리스 전체는 물론이고 아테네도 민주주의 사회가 아니었다. 아테네를 포함한 고대 그리스의 모든 폴리스는 엘리트가 지배하는 계급체제였다. 그러니 그곳에 민주주의는 처음부터 존재하지 않았다. 고대 그리스는 그 신화에서부터 정치, 경제, 사회, 문화 등 모든 분야에 걸쳐 철저히 엘리트가 지배하는 계급차별의 체제였다. 흔히 아테네의 시민정이라고 하는 것도 엘리트가 지배하는 계급차별 체제 속에서 소수의 시민에 의해 이루어진 시민정에 불과했다. 아리스토텔레스는 그 모든 계급차별 체제를 자연적이고 당연하며 정당한 것으로 합리화했다. 그래서 모든 자연의 체제와 우주의 체제에 대해서까지 계급차별적으로 설명했다. 그게 그의 학문이었다. 그야말로 계급차별적인 학문이었다. 게다가 그는 제한적인 민주주의인 아테네의 시민정까지 부정했다.

디오게네스와 알렉산드로스

시체를 묻는 데 사용되는 통[11] 속에서 벌거벗고 햇빛을 즐기고 있는 거지를 찾아온 자가 말했다.[12] "나는 알렉산드로스 대왕이다. 소원이 있으면 말하라." 이에 거지 왈 "나는 개 디오게네스다.[13] 햇빛이나 가리지 말고 비켜라."

이 대화를 전하는 책들을 보면 흔히 알렉산드로스 대왕이 명령조로 묻고 디오니소스가 공손하게 존댓말로 대답한 것처럼 돼있지만, 나로서는 디오게네스가 그랬으리라고는 도저히 믿을 수 없어서 위와 같이 반말로 옮겨보았다. 디오게네스는 통 속에서 벌떡 일어나 재빨리 나와 고개를 푹 숙이고 사시나무처럼 떨면서 송구하다며 두 손을 내밀기는커녕 일어나지도 않고 쳐다보지도 않았을지도 모른다.

위 에피소드는 세상을 등지고 산속에 들어가 사는 스님의 여름이나 겨울 한 철 선 수행이나 탈속적인 철학자의 인도 방랑 같은 것이 아니라 한마디로 수십 년을 거지처럼, 아니 개처럼 살았던 자의 이야기다. 그는 자발적인 거지로서 모든 걸 다 버렸다. 부처나 예수가 그랬듯이. 무욕의 자유인인 디오게네스에게 욕망의 화신인 대왕은 세상에서 가장 한심한 자, 가장 옳지 않은 자였다. 부처는 그런 에피소드를 남기지는 않았지만, 왕자로 태어나 왕이 될 팔자였는데 그런 팔자를 저버리고 집을 나와 거지가 됐으니 디오게네스와 비슷했다. 그런 그를 후세에 왕들이 섬긴 것이야 문제가 될 게 없지만, 호국불교니 뭐니 하며 그를 권력과 연결시킨 것은 그의 가르침과 다른 것이었다. 그 밖에도 디오게네스는 이런저런 에피소드를 남겼다. 대낮에 등불을 켜 들고 다니며 인간을 찾았다거나, 길거리에 누운 채 사람들이 보는 앞에서 자위행위 또는 성행위를 했다거나, 스스로 개라고 하면서도 자기를 개라고 부르는 사람들을 개라고 불렀다거나 하는 에피소드가 전해지고 있다.

이런 에피소드들은 단순히 디오게네스가 욕심을 버리고 소박하게 살았다는 이야기가 아니다. 그가 권력과 부, 본능과 쾌락을 무시했거나 그런 것들에 초연했다는 이야기에 그치는 것도 아니다. 그는 도도하고 당당하게 그런 것들을 거부했고, 무권력과 가난을 자랑스럽게 생각했다. 그리고 그는 불결함, 구걸하는 처지, 추함, 모욕, 노예상태 등 가난이 낳는 모든 불행을 적극적으로 수용하고 내세웠다. 그런 그의 태도는 동물적인 삶으로 이어질 수 있는 것이었다. 그래서 그는 자신을 개라고 부르면서 스스로 개라고 생각하고 개처럼 행동하게 된다. 그에게는 그런 무욕의 삶이 참된 삶을 살기 위한 물질적 조건이었다. 자유롭기 위해서는 어디에도 얽매이지 말아야 하기 때문이었다.

나는 앞에서 자유란 '남에게 지배를 받거나 무엇에 얽매이지 않는 것'이라고 했다. 이러한 자유는 당연히 무엇에 대해서도, 그리고 누구에 대해서도 당당하게 비판하는 것을 포함한다. 당당하게 비판하기 위해서는 그 어떤 사람이나 세력과도 타협하지 말아야 하고, 그 어떤 사상이나 종교나 학설에도 종속되지 말아야 한다. 나아가 자기 자신도 그 어떤 권력이나 권위도 갖고 있지 말아야 한다. 디오게네스에게 참된 것은 그 자신의 가난한 삶 자체였다. 가난한 삶 자체가 모든 것의 '참된 본질'(이것을 진실이나 진리라고 불러도 된다)을 드러낸다. 그런 삶은 타인이 정한 법이나 관습, 사상이나 이론과 무관하며, 도리어 그 모든 것으로부터 해방되고 그 모든 것에 저항한다. 나아가 스스로도 아무것도 숨기지 않는다. 참된 철학자는 어떤 은폐도 참을 수 없고, 모든 것을 공개적으로 드러내며, 어떤 부끄러움도 갖지 않는다고 그는 생각했다.

디오게네스는 알렉산드로스 대왕도 개라고 불렀을지도 모른다. 그것도 숨어서가 아니라 드러내놓고. 그래도 대왕은 그를 죽이기는커녕 잡아가지도 않았을 것이다. 부처가 그렇게 했다고 해도 인도의 어느 왕이 그를 죽이거나 잡아가지 않았을 것이다. 그런 사회가 고대 그리스였고 고대 인도였다. 고대 그리스는 적어도 거리의 포스터에 쥐를 그려 넣었다고 사람을 잡아가는 나라는 아니었다. 정권을 비판한다고 해서 소위 국가원수 모독죄니 뭐니 하며 사람을 잡아가는 나라는 아니었다. 헌법을 비판한다고 해서 긴급조치니 뭐니 하며 잡아가는 나라는 아니었다.

한반도에서는 지배자를 욕하면 능지처참을 당하는 역사가 오랫동안 이어졌다. 부모나 스승을 욕해도 욕을 보았다. 대낮에 등불을 들고 다니며 고함을 친 경우에는 별일이 있었을 것 같지 않지만, 공개된 장소에서 자위행위나 성행위를 한 경우에는 큰 벌을 받았을 것이다. 우리의 역사에도 이런저런 기인이 많았지만 그런 짓을 한 기인이 있었다는 이야기는 들어본 적이 없다. 우리의 역사에 나오는 그 수많은 위대한 왕들 가운데 거지 철학자를 찾아간 왕의 이야기도 들어본 적이 없다. 아니, 우리에게는 거지 철학자 자체가 없었다. 우리에게도 학자들은 많았고 그 학자들이 공부한 것도 대부분 철학이었지만 모두들 과거를 보아 출세하기 위한 철학만을 했지 거지로 살기 위해 철학을 하지는 않았다. 그런 전통 탓인지 지금도 가난하게 살기 위해 철학을 공부하는 사람은 거의 없다. 그러나 나는 이 책에서 가난하게 살기 위한 철학 공부를 제안하며, 그 모델로 디오게네스를 소개하고자 한다.

알렉산드로스는 무슨 이유로 어떤 생각을 하며 디오게네스를 찾아갔을까? 전해지는 이야기에 의하면 알렉산드로스가 크레타에서 총사령관이 됐을 때 많은 철학자들이 그를 찾아왔건만 디오게네스만은 오지 않아서 일부러 찾아갔다고 한다. 그러니 화가 나서 찾아갔을 수도 있겠다. 또는 그에 대한 소문을 들었을 터이니 호기심에서 찾아갔을 수도 있겠다. 알렉산드로스가 디오게네스에게 소원을 물었다고 하니 아리스토텔레스가 누린 특권과 비슷한 특권을 노예 신분인 디오게네스에게도 부여하려고 했던 것인지도 모른다. 알렉산드로스의 스승이자 철학자인 아리스토텔레스는 재류외인이라는 비천한 신분(재류외인은 노예와 비슷한 신분이었다)으로 아테네에 살면서도 사립대학을 세우고 경영하는 특권을 알렉산드로스 덕분에 누렸는데, 이런 특권은 아리스토텔레스와 그의 스승인 플라톤만을 제외하고는 재류외인에게는 물론이고 아테네의 시민에게도 부여되지 않는 것이었다. 이런 측면에서 디오게네스와 아리스토텔레스를 도식적으로 비교해보면 다음과 같다.

디오게네스=노예=비시민→개 또는 거지
아리스토텔레스=재류외인=비시민→사립대 총장

어쨌든 보통의 노예에게 알렉산드로스가 그렇게 물었다면 그 노예는 평생에 처음이자 마지막으로 절호의 출세 찬스를 만났다고 생각했을 것이다. 디오게네스도 그것을 몰랐을 리 없다. 그러나 디오게네스는 그것을 단호히 거부했다. 그는 대왕에게 어떤 소원도 말하지 않았다. 그는 최하층인 노예로 사는 것에 만족했다. 그는 노예의 소박한 삶에 만족했다. 그게 참된 삶이라고 믿었다. 그가 유달리 노예로 사는 것을 좋아해서 그렇게 살았던 것만은 아니라고 나는 생각한다. 당시에는 인구의 절반 이상이 노예였으니 그가 그런 노예들과 달리 자기만 특별하게 살고 싶지 않았던 것일지도 모른다. 적어도 먹고 사는 문제에서는 그가 노예의 삶을 받아들였다.

노예인 디오게네스가 어떻게 그렇게 통 속에서 벌거벗고 햇빛을 즐길 수 있었는지는 알 수 없다. 아마도 그를 존경한 그의 주인이 그가 그렇게 하는 것을 그냥 내버려둔 덕분이었으리라. 디오게네스는 노예 신분에서 벗어나려고 애쓴 적이 없다. 알렉산드로스의 힘을 빌리지 않아도 그의 학식이나 유명세로 미루어볼 때 그는 다른 사람들의 도움을 받아 노예 신분에서 벗어날 수 있었을 터인데도 그렇게 한 적이 없다. 그는 노예해방을 주장한 적이 없지만, 자기가 노예가 되기 전에 자기의 노예가 도망쳤을 때 그를 찾아내어 잡으려고 하지 않고 그냥 내버려두었다. 노예 문제든 뭐든 모든 것이 그에게는 자신의 자유=자족과 무관한 것이었다.

아리스토텔레스는 노예는 아니었지만 노예와 비슷한 대우를 받는 재류외인이었다. 즉 그는 지금 한국에 와있는 외국인 노동자와 같은 신세였다. 그런데도 그는 재류외인의 지위 향상을 위해 노력한 적이 없다. 도리어 그는 자기와 같은 재류외인은 시민에서 제외되는 것이 당연하다고 생각했고, 재류외인보다 훨씬 많은 권리를 가진 시민계급을 엘리트 내지 철학자가 중심이 되어 지배하는 폴리스 정치를 옹호했다. 이는 그 자신이 시민계급에 속하지 않는 재류외인이었기 때문에 철학자로서 자기를 부각시켜 지배계급이 되는 벼락출세를 하고자 했기 때문이었을 것이다. 이런 점에서 아리스토텔레스는 지극히 현실주의적인 타산주의자이자 출세주의자였다. 반면에 디오게네스는 철저히 비현실주의적인 이상주의자였다.

흔히들 아리스토텔레스를 그의 스승인 플라톤과 그 스승의 스승인 소크라테스에 비해 지극히 현실주의적인 학문을 한 사람으로 평가하지만 타산주의자나 출세주의자로 평가하지는 않는다. 그러나 나로서는 그가 타산주의자이자 출세주의자이기도 했다고 생각한다. 뒤에서 다시 보겠지만, 알렉산드로스가 죽은 뒤에 아테네에서 일어난 반마케도니아 운동으로 인해 소크라테스처럼 붙잡혀 처형당할 위기에 처하자 아리스토텔레스는 소크라테스와 달리 재빨리 도망친 것을 보아도 그것을 알 수 있다. 그렇게 재빨리 도망친 것은 플라톤도 마찬가지였다. 철학자라고 해서 그런 개죽음을 당해야 하는 것은 아니니 그들이 재빨리 도망친 것을 나무랄 수는 없다. 그러나 그런 개죽음을 당한 소크라테스를 '진리의 순교자'니 '학문의 자유를 지키기 위해 희생한 성인'이니 하며 미화하는 사람들은 그런 개죽음을 당하지 않으려고 재빨리 도망친 플라톤과 아리스토텔레스를 비난해야 마땅할 터인데 그러지를 않는 점을 나로서는 이해하기가 어렵다.

아리스토텔레스와 알렉산드로스

그리스에서 인도에 이르는 대제국을 건설한 알렉산드로스 대왕은 자기가 대왕이 아니었다면 디오게네스처럼 살기를 바랐을 것이라고 말했다고 하지만, 그것이 진심이었다면 당장 그렇게 할 수 있었을 텐데 그렇게 하지 않은 걸 보면 그것은 진심이 아니라 무슨 정치적인 꿍꿍이였음에 틀림없다. 그의 스승인 아리스토텔레스의 표현을 빌리면 '타고난' 지배자인 그가 본능적으로 가졌던 '탁월한' 꿍꿍이였음에 틀림없는 것이다. 그렇지 않다면 그는 비록 디오게네스처럼, 그러니까 개처럼, 거지처럼 살지는 못한다고 해도 세계정복을 위한 침략전쟁을 중단하고 전쟁으로 다치고 지친 병사들을 고향의 가족에게 돌려보냈을 것이다. 그렇게 해서 모두가 편하고 고루 잘 살게 했다면 좋았을 테지만 그는 그렇게 하기는커녕 점점 더 크게 전쟁판을 벌였다. 그가 만약 디오게네스의 삶을 보고 깨달음을 얻어 전쟁을 중단했다면 그 뒤로 2천 년 이상의 세월 동안 세계의 모든 나라에서 왕이니 황제니 독재자니 장군이니 지도자니 선구자니 뭐니 하는 정말 개 같은 자들이 그를 모방해 전쟁을 하고 군림을 하고 침략을 하기를 조금이나마 덜 해서 세상이 조금이나마 더 나아졌을 것이고, 그런 자들이 혹세무민의 사기로 표를 끌어 모아 민주주의라는 미명을 내세워 독재를 하기를 조금이나마 덜 했을 것이다.[14]

사람들은 알렉산드로스가 헬레니즘 문명을 만들었느니 뭐니 하며 그를 찬양하지만, 이는 웃기는 이야기다. 민주주의 철학자임을 자부하는 러셀조차도 알렉산드로스가 없었다면 "헬레니즘 문명의 전통도 당연히 모두 사라졌을 것"이기 때문에 그의 업적은 "더할

나위 없이 중요하며 유익"했다[15]고 말했지만, 나는 그렇게 생각하지 않는다. 엘리트주의적이고 계급차별주의적이며 제국주의적인 헬레니즘 문명이라는 것에 대해서도 나는 그것이 그렇게도 대단한 것이라고 보기는커녕 도리어 인류에게 해가 된 점도 많았다고 생각한다.

알렉산드로스 대왕은 당대 최고의 석학인 아리스토텔레스에게 배웠다. 아리스토텔레스의 스승인 플라톤은 자기의 스승인 소크라테스가 이상적인 국가형태로 주장한, 또는 소크라테스의 이름을 내세워 자기 자신이 이상적인 국가형태로 주장한 '철인국가'의 철인이 되는 데 실패했지만, 청출어람인지 아리스토텔레스는 그런 철인과 비슷한 지위 또는 그 이상의 지위에 오르는 출세를 했다. 그런데 알렉산드로스는 그런 자기의 스승과는 반대인 디오게네스처럼 살고 싶다고 말했다(속셈은 달리 있었겠지만 적어도 말은 그렇게 했다).

아리스토텔레스와 디오게네스는 사는 꼴에서도 완전히 반대였지만 학설에서도 완전히 반대였다. 아리스토텔레스는 노예란 타고나는 것이라고 주장했지만 디오게네스는 그렇게 보지 않았다. 2천 년도 전에 그랬다. 그러나 노예제는 그 뒤로 2천 년 이상 계속됐고, 노예제를 부정한 디오게네스의 철학이 아니라 노예제의 유지를 주장한 아리스토텔레스의 철학이 그 2천여 년 동안 세상을 지배했다. 그동안 철학자들은 자기들의 스승인 아리스토텔레스에 대해서는 수많은 논저를 발표하고 스승을 닮아 출세도 했지만, 디오게네스에 대해서는 철저히 무시하는 태도를 취해왔다. 그래서 개처럼 사는 철학자는 디오게네스 이후로 씨가 말랐고, 모든 철학자가 잘 먹고 잘 살기 위한 철학을 한답시고 기를 썼다.

아리스토텔레스는 방대한 저서를 남겼지만 디오게네스의 저서는 하나도 남아있지 않다. 아리스토텔레스의 방대한 저서는 2천여 년 동안 그 수백 배, 아니 수천 배, 아니 수만 배 이상의 방대한 논저로 해석됐다. 그러나 그 방대한 저서들은 모두 헛것이었다. 노예제를 유지하고 노동자, 농민, 상인, 여성, 아이, 외국인 등을 무시하고 지배하는 소수의 엘리트나 군주가 다스리는 정치와 경제와 사회, 그리고 권력과 돈의 무한추구를 주장한 것일 뿐이다. 그런 것을 그 동안 그렇게도 많은 학자들이 찬양하기만 했다는 점, 그리고 서양이라면 몰라도 한국의 학자들까지 부화뇌동해온 점에 대해 나는 도저히 이해할 수 없다. 한반도에서는 아리스토텔레스처럼 양반이나 왕족이란 자연적 또는 천성적으로 타고나는 것이라고 주장하는 철학자가 없어서 그랬던 것일까? 양반이나 왕족이 없어진 지금도 아리스토텔레스의 철학을 받아들여 그런 주장을 해야 한다고 생각해서일까? 도대체 무슨 이유로 서양에서도 용도폐기된 아리스토텔레스를 지금 한국에서 그렇게 요란스럽게 대우하는 것일까?

아리스토텔레스의 경우와 달리 디오게네스에 대해서는 앞에서 소개한 에피소드 정도 외에는 알 방법이 전혀 없다. 그에 대해 외국인이 쓴 책은 그나마 몇 권 있지만 한국인이 쓴 책은 아이들을 위한 동화책 비슷한 것들 외에는 전혀 없다. 한국에서는 소크라테스, 플라톤, 아리스토텔레스에 대한 책은 물론이고 알렉산드로스에 대한 책도 대단히 많이 나왔지만 권력과 철두철미하게 관계를 끊고 살았던 디오게네스에 대한 책은 한 권도 나온 적이 없다. 우리나라가 출판대국이니, 전 국민의 대학 졸업화를 눈앞에 두고 있다느니, 대부분의 대학에 철학과가 있다느니 하는 말이 무성한데도 그 유명한 디오게네스에 대해 알려주는, 제대로 된 책 한 권 없다니 너무나도 디오게네스하다. 너무나도 개 같다. 참으로 개판이다. 물론 디오게네스뿐만이 아니다. 동양철학사와는 달리 서양철학사에는 디오게네스와 비슷한 사람들이 꽤나 많이 나오지만 우리에게는 그런 사람들이 거의 소개되지 않는다. 아마도 디오게네스와 같이 생각하고 그와 같이 사는 것을 이상적인 것으로 생각하는 사람이 없기 때문일 것이다.

그러나 디오게네스에 대한 책이 없어도 상관없다. 그는 삶으로 자신의 철학을 직접 보여주었기 때문이다. 그는 자유와 평등과 우애를 실천한 철학자였다. 그는 자유를 자족이라고 말했고, 실제로 그렇게 살았다. 그는 자유를 욕망도 풍요도 아닌 자족과 무욕이라고 했고, 실제로 그렇게 살았다. 그리고 그는 그런 삶에서 평등과 우애가 자연스럽게 나오고, 그런 삶을 살아야 어떤 차별도, 구분도, 분단도, 폐쇄도 없어지고 국경도, 국가도, 민족도 없어지며 집도, 결혼도, 가족도 없어진다고 보았다. 욕심 없이 산다면 그렇다는 말이다. 그렇게 되기 위해서는 돈도, 사유재산도, 국가도, 신전도, 법원도, 학교도 모두 없애고 모든 인간이 자유롭고 평등한 세계를 실현해야 한다고 그는 생각했다.

 알렉산드로스는 최초의 세계제국을 세운 대왕이었던 반면에 디오게네스는 그 세계제국에 대항해 최초로 세계시민주의 사상을 주장한 개 같은 거지였다. 코스모폴리탄이라는 말은 디오게네스에 의해 만들어진 것이라고 한다. 이런 디오게네스의 사상은 로마의 에픽테토스와 마르쿠스 아우렐리우스, 에라스무스와 몽테뉴 같은 르네상스 이후의 모랄리스트들, 그리고 루소와 칸트로 이어졌다. 각자 조금씩은 달랐고 각자 문제가 있긴 했지만 어쨌든 그랬다.

 철학이 삶의 문제를 다루는 것이라고 한다면 사실 그들의 이론을 아는 것은 그다지 큰 의미가 없고, 그보다는 그들의 삶을 닮아보려고 하는 것이 중요하다. 누구나 세상의 수많은 철학자 중에서 자기가 좋아하는 철학자가 있다면 그의 삶을 조금이라도 닮아보려고 노력하는 것이 중요하다. 그런데 다른 철학자들의 삶은 그런대로 닮아보려고 할 수 있지만, 디오게네스의 삶은 닮아보려고 하기가 쉽지 않다. 그의 삶을 닮아보려고 한다면 모든 것을 다 버리고 거리에서 거지로 개처럼 살아야 하기 때문이다. 그렇게 살려고 마음먹어 본 적이 없는 사람들에게는 아무래도 상관없는 일이겠지만, 최근 우리 사회에 생태니 반문명이니 반도시니 자연이니 민중이니 하고 떠드는 사람들 가운데 사는 것은 전혀 그렇지 않으면서 말과 글로만 그렇게 꾸미는 이들이 있다. 그들이 그러는 것을 보면 참으로 이상하다. 그런 말을 하거나 그런 글을 쓰지 않고 그냥 자기가 살고 싶은 대로 살면 피차 편한 일일 텐데 말이다.

왕이든 거지든 사는 것은 단순하다. 먹고 사는 것은 그리 복잡하지 않다. 누구나 단순하고 소박하게 살려고만 하면 얼마든지 그럴 수 있다. 알렉산드로스가 그렇게 살고자 하는 생각을 실제로 가지고 있었다면 굳이 세계를 정복할 필요가 없었을 것이다. 그가 수행한 전쟁은 어떤 명분도 없는, 그냥 전쟁을 위한 전쟁이었다. 그는 침략을 위한 침략, 정복을 위한 정복을 일삼았다. 그의 입장에서 내세울 만한 명분이라면 문명국인 그리스가 야만국인 페르시아, 인도, 이집트 등의 인접국을 정복해서 지배해야 한다는 것이었다. 그것이 바로 그리스 신화와 그리스 철학을 포함한 그리스 사상과 문화의 핵심이었던 제국주의다. 알렉산드로스는 그것을 아리스토텔레스에게 배웠고, 아리스토텔레스는 그것을 소크라테스와 플라톤에게 배웠다.

그런데도 많은 학자들이 아리스토텔레스를 마치 평화주의자였던 것처럼 설명한다. 예를 들어 한 학자는 "그에게 전쟁은 권력욕과 정복욕을 충족시키기 위한 수단이 아니라 오직 평화를 정착시키기 위한 것"이었고, 그는 "전쟁의 목적을 평화로 규정하고 외부세계로의 정치권력 확대와 같은 행위를 권력이념에 반하는 것으로 생각했다"[16]고 설명한다. 그러나 그렇게 설명하는 데 근거가 된 아리스토텔레스의 《정치학》 제7권 제14장의 서술을 보면 "평화를 위해 전쟁을, 여가를 위해 노동을, 고상한 것을 위해 필요한 것이나 유용한 것을 선택해야 한다"[17]고 돼있는데 이는 엘리트의 여가를 위해 노예의 노동이 필요하듯이 엘리트정의 평화를 위해 전쟁이 필요하다는 의미일 뿐이다. 다시 말해 이 서술은 아리스토텔레스가 이상적인 정체로 생각한 엘리트정의 그리스를 유지하기 위해 그리스가 아닌 다른 나라를 침략하는 전쟁을 정당화한 것에 불과하다. 또 아리스토텔레스가 《정치학》 제7권 제2장에서 "이웃나라들이 원하든 원하지 않든 이웃나라들을 지배하고 폭군처럼 다스릴 궁리를 하는 것이 정치가가 할 일이라는 것은 매우 불합리한 듯하다"[18]고 말했다고 하지만, 여기서 '이웃나라들'이란 그리스 내의 이웃나라들을 뜻하는 것으로 봐야 한다. 왜냐하면 아리스토텔레스는 《정치학》 제1권 제8장에서 "전쟁기술은 본성적으로 재산획득 기술의 하나이며 지배받도록 태어났음에도 이를 거부하는 인간들에게도 사용되어야" 한다면서 "그런 종류의 전쟁은 본성적으로 정당하기 때문"[19]이라고 했기 때문이다.

자율주의와 타율주의

나는 소크라테스와 플라톤을 이은 아리스토텔레스가 아니라 디오게네스가 서양사상의 새로운 아버지로 자리 잡으면 좋겠다고 생각한다. 아리스토텔레스는 그리스 이외의 모든 나라(그는 사실 그리스 이외의 나라는 나라로 인정하지 않고 그저 노예들의 마을 정도라고 생각했다)를 그리스가 지배해야 한다고 주장한 제국주의자였고, 그리스 안에 사는 사람들도 다 시민으로 인정한 게 아니라 인간에는 본성적으로 주인인 사람과 본성적으로 노예인 사람이 있는데 그리스 사람 가운데 전자에 해당하는 사람들이 후자에 해당하는 사람들을 지배하는 것이 옳다고 말한 불평등주의자였으며, 노예를 소유한 주인들로 구성된 시민도 돈이라는 최고의 가치에 의해 구분된다고 본 화폐만능주의자이자 그렇게 구분할 때 상층에 속하는 소수도 개인으로 살기보다는 국가에 복종해야 한다고 주장한 국가주의자였다. 그럼에도 불구하고 그가 쓴 책들이 2천 년 이상이나 서양사상을 지배하게 된 것은 그 책들이 그럴 만한 가치가 있기 때문이라고 많은 학자들이 주장하지만, 나는 그렇게 보지 않는다. 아리스토텔레스가 주장한 것과 같은 제국주의, 불평등주의, 화폐주의, 국가주의 따위가 2천 년 이상 서양을 지배했기 때문에 그 근거로서 아리스토텔레스가 중시된 것이었다고 나는 생각한다.

아리스토텔레스의 사상에 대한 기존의 논의를 보면 그의 사상이 기본적으로 위와 같은 성격을 갖고 있다는 점을 철저히 무시하고 마치 그가 보편적인 인간과 사회와 국가와 자연을 광범위하고 심도 있게 연구해 구축한 사상이나 되는 것처럼 높이 평가해왔다. 그러나 그의 사상에 대한 이러한 평가는 허구적인 가상이고 지적인 사기다. 그가 연구한 인간과 사회와 국가와 자연은 그리스만의 인간과 사회와 국가와 자연이었고, 그 관점도 그리스 안에서도 지극히 제한된 극소수 엘리트들의 그것이었다.

나는 반자유·반자치·반자연적이며 화폐주의적인 소크라테스, 플라톤, 아리스토텔레스로부터가 아니라 자유·자치·자연적이고 반화폐주의적인 디오게네스, 노장, 부처, 예수로부터 새로운 사상사를 쓰자고 제안한다. 아리스토텔레스에 대한 비판을 담고 있는 이 책은 소크라테스와 플라톤에 대해 내가 이미 쓴 비판서와 함께 그러한 사상사의 서론에 해당하는 것이다. 내가 제안하는 새로운 사상사는 기원전의 고대 중국, 고대 인도, 고대 그리스에서부터 현대에 이르기까지 모든 사상을 타율주의(disciplinarianism)와 자율주의(libertarianism)의 대립이라는 관점에서 다시 보는 것이자 그 가운데 자율주의를 지지하는 것이어야 한다. 이를 도식화하면 다음과 같다.

자율주의=자유·자치·자연적, 반화폐주의적=디오게네스, 노장, 부처, 예수.
타율주의=반자유·반자치·반자연적, 화폐주의적=소크라테스, 플라톤, 아리스토텔레스.

libertarianism은 자유주의[20]나 자유지상주의라고 번역되기도 하지만 liberalism과 구별되는 것으로 봐야 하고, 차라리 반국가주의적인 아나키즘에 가까운 '자율주의'로 이 말을 번역하는 것이 옳다고 나는 생각한다. 타율주의는 사회결합을 목표로 비합리적인 교의와 전통을 중시하는 반과학적이고 반이성적인 입장에 서서 특정한 개인의 탁월성과 영웅적 행위가 사회결합에 더 좋은 것이라고 주장한다. 반면에 자율주의는 비합리적인 교의 위에 사회질서를 세우는 것에 반대하고 집단주의가 아닌 개인주의를 통해 사회결합을 완화시키려는 반종교적, 공리주의적, 합리적 사상이다. 이런 자율주의에 근거를 둔 새로운 사상사를 쓸 때 가장 철저하게 비판해야 할 대상은 소크라테스, 플라톤, 아리스토텔레스와 그들의 사상, 그리고 그들을 원류로 하는 서양의 주류 사상이다.

정치학이라는 학문은 20세기에 성립된 학문이지만 그 뿌리는 25세기 전의 소크라테스, 플라톤, 아리스토텔레스에게서 찾아진다. 그리고 그 뒤로 마키아벨리, 홉스, 로크, 루소, 헤겔, 마르크스 등 수많은 학자들이 정치학을 연구했다. 그 25세기 동안에 그런 위대한 학자들이 쓴 정치학 관련 고전들이 끊이지 않고 쏟아져 나왔는데 정치는 왜 항상 그 모양이었을까? 특히 정치학이 학문으로 성립된 20세기에 히틀러, 스탈린, 박정희가 등장한 이유는 뭘까? 그런 독재자들을 지금도 찬양하는 사람들이 적지 않지만, 나는 그런 독재자들에 대한 찬양에 반대한다. 그리고 나는 소크라테스, 플라톤, 아리스토텔레스에서부터 마키아벨리, 홉스, 로크, 루소, 헤겔, 마르크스 등으로 이어진 수많은 학자들이 그런 독재자들의 등장을 막기는커녕 도리어 그들의 등장에 도움을 준 측면도 있다고 생각한다.

여하튼 그런 방면에 대한 연구를 흔히 정치학이라고, 또는 더 좁혀 정치철학이나 정치사상이라고 하지만, 나는 그런 학문 자체에는 아무런 흥미도 갖고 있지 않다. 그러나 여기서 이 책과 관련된 한 가지 기본적인 문제에 대해서는 언급해야겠다. 그것은 정치학을 포함해 어떤 분야에서든 서양에서 고전으로 간주되는 것들을 어떻게 봐야 하느냐는 문제다. 이 문제에 대한 한 가지 관점은 고전에는 역사를 초월하는 가치가 있다고 보는 것이다. 이것이 고전에 대한 가장 일반적인 태도라고 할 수 있다. 정치학의 경우에도 앞에서 언급한 미국의 스트라우스나 그보다 앞서서 영국의 정치사상에 영향을 끼친 바커[21] 같은 사람들은 고전에는 역사를 초월하는 가치가 있고 그 가치는 어느 나라, 어느 시대에도 의미를 갖는다고 보았다. 카가 말한 역사관, 즉 역사를 과거와 현재와 미래의 대화로 보는 관점도 이와 같다고 할 수 있다. 그런데 서양의 고전에 대한 이런 관점은 서양에서도 문제가 있다고 지적되면서 여러 가지 비판을 받아왔지만, 서양의 고전과 전통이나 역사를 달리 하는 비서양 지역에서 그것에 역사를 초월하는 보편적 가치를 무조건 인정하는 것은 서양절대주의의 입장에 서지 않는 한 도저히 이해할 수 없는 것이다.

나는 서양의 정치학 내지 정치철학 차원에서 이루어지는 논쟁에는 별로 흥미가 없다. 그런 논쟁에서 주장되는 것은 어느 것이나 서양을 중심에 두는 서양절대주의라는 점에서는 다르지 않기 때문이다. 고대 그리스의 고전을 강조하는, 아니 신주처럼 모신다고 해도 과언이 아닌 스트라우스를 비롯한 네오콘이 소크라테스, 플라톤, 아리스토텔레스는 물론이고 투키디데스까지 끄집어내어 제국주의의 침략행위를 정당화하면서 그들이 남긴 '고전'에 대한 재해석에 나서는 것을 서양의 철학자나 역사학자들이 그동안 왜 무시해왔을까? 아테네가 페르시아와 벌인 전쟁에서 이겨서 지중해를 장악했지만 결국은 스파르타와 펠로폰네소스 전쟁을 벌였다가 패망한 역사적 사실에 대한 투키디데스의 견해가 제2차 세계대전 이후에 냉전 중심의 미국 외교정책이 성립되는 데 배경이 됐음은 널리 알려져 있다. 그 뒤로 네오콘이 등장하면서 투키디데스는 그들에 의해 제국주의의 원조로 재해석되어 미국이 군사적 우위를 강화하기 위한 국방비의 대폭 증액을 추진하는 데 이용됐다. 그 과정에서 소크라테스, 플라톤, 아리스토텔레스, 투키디데스는 네오콘의 반민주적 제국주의를 뒷받침해주고 장식해주는 기능을 했다. 이를 두고 네오콘이 소크라테스, 플라톤, 아리스토텔레스, 투키디데스를 오독한 결과라고 말할 수 있을까? 나는 그들이 오독한 것이 아니라고 본다. 나는 도리어 소크라테스, 플라톤, 아리스토텔레스, 투키디데스를 반민주적 제국주의의 원조로 본다. 미국이 그들로부터 냉전의 논리를 배웠든 침략의 논리를 배웠든 간에 미국은 기본적으로 제국주의의 나라다. 그리고 그 제국주의의 고전적 근거가 바로 소크라테스, 플라톤, 아리스토텔레스, 투키디데스의 저작이다.

스트라우스는 그런 고대 그리스의 고전과 기독교를 결합시키고자 했다. 서양문명이 그 두 가지로 구성됐다는 것은 누구나 상식으로 알고 있으니, 사실 스트라우스의 그런 노력은 그리 놀라운 일이 아니다. 소크라테스, 플라톤, 아리스토텔레스, 투키디데스 등으로 상징되는 고대 그리스 문화가 기독교와 실제로 융합된 것도 우리가 역사적 사실로 알고 있다. 그런데 나는 그 두 가지가 분명히 서로 이질적인 것이었다고 생각하며, 기독교가 고대 그리스 문화를 받아들인 것이 기독교의 타락을 초래했다고 본다. 즉 원래는 자율주의였던 기독교가 고대 그리스 문화와 융합되면서 타율주의로 변질되고 타락하기 시작했다고 나는 본다. 그래서 나는 서양문명이 앞으로라도 제대로 올바른 방향으로 나아가려면 고대 그리스 문화에 침윤된 기독교를 버리고 본래의 자율주의 기독교로 돌아가야 한다고 생각한다.

나는 불교문화에 대해서도 비슷한 생각을 갖고 있다. 즉 불교문화도 원래는 자율주의였으나 유교의 영향을 받으면서 타율주의로 변질되고 타락했다고 나는 본다. 따라서 불교문화가 앞으로라도 제대로 올바른 방향으로 나아가려면 유교문화를 벗어버리고 그 본래의 자율주의로 되돌아가야 한다는 게 내 생각이다.

디오게네스와 세계시민주의

1989년에 소련이 붕괴하자 미국인들은 문명화된 민주국가 아테네가 군사국가 스파르타를 이긴 것에, 또는 민주국가 그리스가 야만국가 페르시아를 이긴 것에 소련의 붕괴를 비유했다. 이런 미국인들의 태도는 그 뒤에 미국이 과거에 페르시아의 땅이었던 아랍을 '악의 축'인 독재국가(종래에는 참주국가로 번역됐다)로 비판하며 침략하거나 위협하는 제국주의적 행태를 벌이는 것으로 이어졌다(나중에는 북한도 그러한 독재국가에 포함됐다). 그리고 그런 상황 속에서 미국에서 애국주의적인 주장들이 봇물처럼 터져 나왔다.

미국의 애국주의는 물론 그 전에도 왕성했다. 한 예로 1965년에 미국 정부가 자국의 문화유산을 보존, 연구하고 미래의 미국 국민을 위해 문화적, 정신적 기반을 확고히 한다는 목적으로 미국인문과학기금(National Endowment for the Humanities)이라는 것을 설립한 바 있다. 그러자 미국 안에서 그것은 존재하지도 않았던 미국을 회고하자는 것이라는 비판이 나왔다. 또한 이와 관련해 미국은 처음부터 부와 종교의 상위, 노예를 승인한 주와 반대한 주 사이의 대립 등에 의해 파편화된 나라였고 남북전쟁 이후로 미국인들의 사고방식과 생활형태가 더욱 다양화됐으므로 '미국적 성격'이나 '국민적 정체성'을 주장하는 것은 민족주의를 부추기면서 현존하는 불평등을 은폐하는 것이자 그런 성격 또는 정체성과 다른 생활방식을 갖고 있는 사람들에 대한 공격을 정당화하는 것이라는 비판도 나왔다.

그런데 1994년에 미국의 철학자인 리처드 로티가 애국주의를 옹호하는 논문[22]을 써서 발표했다. 로티는 미국의 대학이 좌파의 성역이 됐다고 주장하고 국민적 정체성을 거부하는 좌파의 미국 비판을 비판하면서 미국의 의회나 헌법과 같이 미국인들에게 국가적 정체성을 부여해주는 것들을 긍정하자고 역설했다. 이런 로티의 주장에 대해 마사 너스봄은 그것이 미국인을 단결시키는 하나의 방법이 될 수는 있겠지만 호전적인 대외 패권주의나 배타적 국가주의를 부추길 수 있기 때문에 위험하다고 비판했다.[23] 너스봄은 〈애국주의와 세계시민주의〉라는 논문에서 로티의 주장을 비판했다. 그는 미국

내 소수집단을 인정하는 '차이의 정치'를 주장하면서도 국제적인 차원을 외면한 로티의 주장은 '인권을 중시하는 국가주의'와 다르지 않다고 지적하고, "자신이 무엇보다도 인류세계의 시민이고 그래서 우연히 미국에 살게 되었을지라도 이 세계를 다른 나라의 시민과 공유해야 한다는 것을 배워야" 한다고 주장했다.[24] 이러한 너스봄의 주장에 대해 많은 사람들이 비판을 했지만[25] 나는 너스봄의 주장에 찬성한다. 다만 나는 어떤 구체적인 세계적 공동체가 중요한 것이 아니라 이 세상에 현존하는 모든 부자유와 불평등을 타파하려는 정의에 대한 충성이 궁극적으로 중요한 것이라고 생각한다.

너스봄의 세계시민주의를 비판한 글 가운데 눈길을 끄는 것은 벤저민 바버의 〈헌법에 대한 믿음〉이다. 이 글의 내용과 그 제목은 로티의 주장과도 관련성이 있는 것이지만, 나로서는 그것이 하버마스의 '헌법애국주의'를 연상시킨다는 점에서 눈길이 간다. 1986년부터 1987년 사이에 독일에서 전개된 이른바 '역사가들의 논쟁'에서 하버마스는 아우슈비츠로 상징되는 독일의 과거와 유대인 절멸정책을 조직적으로 수행한 나치체제 아래서 벌어진 여러 사건들을 합리화하고 상대화하면서 '위대한' 독일이 지닌 문화적 전통의 연속성에 근거를 둔 국민적 자부심과 국민적 정체성을 회복해야 한다고 주장하는 세력에 대항해 '있어야 할 애국주의'로서 헌법애국주의를 주장했다. 이는 '여러 보편적인 헌법원리에 대한 신념에 근거한 충성'을 이야기한 것이었다. 그러나 이런 그의 주장은 20세기 말에 미국 중심의 나토군이 유엔을 무시하고 코소보를 폭격한 것에 대해 그가 용인하는 태도를 취하게 된 것과 무관하지 않았다.

너스봄을 비판한 사람들 중에는 테일러를 비롯한 공동체주의자들도 있었지만, 그들과 마찬가지로 공동체주의자인 샌델은 그 논쟁에 참여하지 않았다.[26] 사실 애국주의 문제는 콰메 앤터니 애피아[27]가 지적했듯이 "공동체주의자들이 많은 시간을 할애하여 최근에 우리로 하여금 다시 생각하도록 했"[28]던 것이다. 즉 공동체주의는 애국주의와 직간접으로 관련된다.[29] 나는 네오콘이 애국주의와 더욱 깊은 관련성을 갖고 있다고 보지만, 어쨌든 네오콘은 너스봄과의 논쟁에는 참여하지 않았다. 어쩌면 처음부터 그를 무시했을지도 모른다.[30]

너스봄은 아리스토텔레스를 전공한 학자로서 많은 글을 썼는데, 샌델이나 매킨타이어 등과 달리 '아리스토텔레스파 사회민주주의'를 표방했다. 그녀에 따르면 매킨타이어 등은 아리스토텔레스가 말한 '탁월함(덕)' 과 특정한 공동체나 전통의 연결을 강조함[31]으로써 상대주의로 기울어졌고, 이러한 상대주의화로 인해 노예제, 인종차별, 성차별, 종교적 불관용을 비판할 수 없게 됐으며, 이와 같은 문제점을 극복하기 위해 아리스토텔레스가 아닌 칸트나 공리주의에 의거하지 않을 수 없게 됐다는 것이다. 너스봄은 아리스토텔레스의 《니코마코스 윤리학》을 그들과는 전혀 다르게 해석했다. 그리하여 그녀는 아리스토텔레스가 '탁월함(덕)'을 특정한 공동체나 전통과 연결시키지 않고 도리어 기존의 공동체나 전통을 비판했으며, "윤리학설을 덕에 근거하는 것으로 보는 것과, 인간에 있어서의 선의 단일성과 객관성을 옹호하는 것 사이에 양립 불가능성은 없다고 믿었다"[32]고 보았다. 나는 아리스토텔레스에 대한 너스봄의 이러한 해석이 공동체주의자들이나 스트라우스 부류의 해석과 달리 대단히 흥미로운 진보적 해석이라고 생각하지만, 너스봄의 해석도 기본적으로는 아리스토텔레스를 옹호하는 서양 학자들의 사고틀 안에 있는 것이며 그것이 아리스토텔레스에 대한 올바른 해석은 아니라고 생각한다(아리스토텔레스에 대한 해석의 정확성만을 따진다면 도리어 매킨타이어의 해석이 정확하다고 할 수 있다).

그런데 너스봄의 문제제기는 그런 이론의 차원에 국한된 것이 아니라 실천의 차원에서 교육문제와 관련해 이루어진 것이라는 점에 주의해야 한다. 즉 너스봄의 문제제기는 대학을 비롯한 미국의 여러 교육과정의 내용이 종래 백인남성 중심이었던 것을 개혁하여 여성과 비백인, 그리고 비서양문화에 대해서도 가르치게 된 다문화주의적 변화를 모색하는 것을 소크라테스적 보편인을 추구해온 전통에 근거한 것으로 보고 옹호한 것이었다.[33] 그리고 이는 공동체주의자들이나 스트라우스류의 보수세력이 그러한 교육개혁을 두고 미국인 대다수가 공유하는 유럽과 미국 중심의 문화적 아이덴티티를 저해하고 나라를 분열시키는 것이라고 비판한 데 대한 반박이라는 의미도 가진 것이었다. 이런 논의는 다들 아리스토텔레스를 연구한 사람들 사이에서 전혀 반대되는 지향을 드러낸 것이라는 점에서 흥미로운 것이었다.

너스봄은 대학의 교양교육이 첫째 "자신과 자신이 속한 전통에 대해 비판적으로 검토하는 능력", 둘째 "자신을 단순히 어떤 지역이나 집단의 시민으로서만이 아니라 동시에 무엇보다도 승인과 관심의 끈으로 다른 모든 인간과 묶이는 인간으로서 사고하는 능력", 셋째 "이야기적 상상력", 즉 "자신과 다른 인간의 입장에 선다는 것이 어떤 것인가를 생각하고 그의 사려 깊은 독자가 되며 그가 품을 수 있는 감정과 희망과 욕구를 이해하는 능력"을 함양하는 것이어야 한다고 주장했다.[34] 이를 위한 교양교육의 구체적인 교육내용으로 너스봄은 비서양문화, 비백인문화, 여성학, 성연구, 종교교육 등을 검토했다. 이러한 교양교육의 목표와 내용에 대한 너스봄의 검토와 주장은 한국의 교양교육에도 대단히 중요한 시사점을 주는 것이라고 나는 생각한다.

세계시민주의, 자유주의, 공동체주의

샌델은 세계시민주의를 일정하게 평가하면서도 그것이 "도덕적 이상으로도, 우리 시대의 자치를 위한 공공철학으로도 결함을 갖는다"고 비판했다.[35] 그는 "사람들이 너무나 유덕하여 친구를 가지지 않고 오직 우정에 대한 보편적 성향만을 가지는 세계를 상상하기란 어렵다"[36]면서, 따라서 세계시민주의는 "우리가 거주하는 더 포괄적인 공동체들이 더 지역적인 공동체들에 항상 우선해야 한다고 주장하는 데서 잘못된 것"[37]이라고 주장한다. 이는 아리스토텔레스가

"폴리스보다 더 큰 공동체가 강력한 동료애나 시민의식의 중심으로 기능할 수 있을지에 대해 회의적"[38]이었던 것과 같다.

이는 곧 아리스토텔레스와 마찬가지로 그를 따르는 샌델도 너스봄이 비판한 애국주의 내지 국가주의를 벗어나지 못하고 있음을 의미한다. 나는 인간이 가시적인 작은 공동체(가령 가족, 학교, 마을, 회사 등)에 소속된 상태로 살아가면서도 눈으로 볼 수 없는 국가라는 공동체에 소속한 존재로 스스로를 느끼듯이 세계나 인류라는 공동체에도 소속한 존재로 스스로를 느끼는 것이 불가능하지도 않고, 그렇게 스스로를 느낀다고 해서 그것이 잘못이라고 생각하지도 않는다.

좀 더 일반적인 관점에서 이 문제를 바라보려면 먼저 애국주의와 자유주의의 관계를 검토해볼 필요가 있다. 자유주의는 찬양의 대상으로서의 국가를 존중할 수 없다고 보는 반면에 애국주의는 국민적 자존심을 불러일으키는 공교육과 공공문화를 존중해야 한다고 주장한다. 요컨대 자유주의는 애국주의가 내세우는 국가라는 범주를 벗어나 보편적인 정의를 추구한다.

너스봄은 "좋은 것보다 올바른 것의 우위"를 주장한다는 점[39]에서 자유주의자이며, 인간의 다양성을 존중하기도 한다는 점에서 세계시민주의적인 자유주의자다. 세계시민주의적인 자유주의는 "문화적이든 혹은 개인적이든 간에 자기 나름의 견지에서 생활방식을 선택할 수 있는 능력을 보호하는 구조들—물론 여기에는 동등한 자유의 구조도 분명 포함된다—에 일차적인 우선권을 줄 것을 주장"하고 "그중에서 대단히 중요한 원리는 정당한 헌법질서의 기준이라면 어떤 것이든 그것을 자유롭게 선택할 수 있다는 것과, 어떤 특유의 전통이나 종교에 유리하도록 그 원리를 훼손하는 행위를 거부하는 것이다."[40]

세계시민주의와 자유주의의 가장 큰 차이점은 무엇일까? 세계시민주의의 입장에서 볼 때 자유주의는 애국주의와 대립하면서도 여전히 민족국가 안에 머물러 있다. 이에 따라 가령 롤스는 국제적 도덕의 문제를 《정의론》(1971)[41]에서 다루지 않았고, 이보다 훨씬 뒤에 쓴 《만민법》(1999)[42]에서 논의했다. 세계시민주의의 입장에서 보면 이런 순서 자체가 잘못된 것이다. 왜냐하면 어떤 자유주의적인 나라가 어떤 비자유주의적인 나라의 정권을 지지하거나 용인한다면 그 자유주의적인 나라의 자유주의가 그 비자유주의적인 나라에 사는 사람들의 인권을 무시하는 것이나 다름없으므로 결국은 인권에 관한 자유주의의 주장이 국내용에 그칠 뿐 국제적 보편성을 갖지 못하게 되기 때문이다.

너스봄에 대한 월러스타인의 비판도 민족주의의 문제와 관련이 있다. "몹시 불평등한 세계"[43]에서는 억압자의 민족주의와 피억압자의 민족주의는 다르다. 이런 점을 고려하면 "자축적인(self-congratulatory) 세계시민주의가 이기적인(self-interested) 애국주의에 대한 대응일 수 없다"면서 "올바른 대응은 현존하는 불평등을 타파하고 좀 더 민주적이고 평등한 세계를 창조할 수 있는 세력을 지원하는 것"[44]이라는 월러스타인의 주장은 옳다고 할 수 있다. 그러나 너스봄이 인도를 예로 들어 지적했듯이, 내부적인 이질성을 억압하고 안팎의 대립을 증대시키며 결국은 상호살육을 초래할 위험이 있는 민족주의를 무조건 인정할 수는 없다. 이는 분단상황에 있는 한반도에도 적용되는 말이다.

여하튼 디오게네스를 세계시민주의자로만 바라보는 관점은 일면적이라고 나는 생각한다. 뒤에서 다시 설명하겠지만, 디오게네스는 세계시민주의자이기에 앞서 반경제주의자(반화폐주의자) 내지 반물질주의자의 면모를 갖고 있기 때문이다. 이런 점에서 디오게네스의 세계시민주의(cosmopolitanism)는 세계화주의(globalism)와 명백하게 구별된다. 세계시민주의는 인류의 보편적인 정의와 인권을 중시하는 반면에 세계화주의는 윤리와는 무관한 시장질서, 자본의 자유로운 이동, 문화의 통합을 중시하기 때문이다.

아리스토텔레스와 네오콘

네오콘이란 신보수주의자라는 뜻의 neoconservative라는 낱말의 약자다. 네오콘은 레이건식 보수주의자, 초보수주의자, 승리주의자라고도 한다. 승리주의자는 네오콘에게 로작이 붙여준 이름으로 그들의 공격성과 승자독식주의를 잘 드러내주고 그들이 미국의 역사상 가장 무자비한 정치집단임을 상기시키는 말이다.[45] 네오콘은 대부분 레오 스트라우스의 제자이므로 그들을 가리켜 레오콘 또는 스트라우시언이라고도 부른다. 따라서 네오콘을 알기 위해서는 레오 스트라우스를 살펴볼 필요가 있다. 게다가 그는 아리스토텔레스의 정신적 제자이므로 여기서 우리가 그를 살펴보지 않을 수 없다. 그동안 아리스토텔레스의 정신적 제자가 한둘이 아니었지만, 20세기에는 스트라우스가 명실 공히 아리스토텔레스의 수제자였다. 아리스토텔레스의 다른 제자들이 화를 낼는지 모르지만, 나로서는 그렇게 평가한다.

스트라우스는 독일계 유대인으로 1930년대 말에 나치를 피해 미국으로 가서 시카고대학 등에서 정치철학을 가르쳤다. 그는 소크라테스가 대중에게 진리를 설파했기에 사형을 당했다고 하면서, 진리는 대중이 아닌 엘리트에게만 가르치고 대중에게는 종교나 신화와 같은 '고귀한 거짓말'을 가르쳐야 한다고 주장했다. 그의 말을 직접 들어보자.

철학이나 과학은 소수의 전유물로 남아야 한다. 그리고 철학자와 과학자는 사회가 의존하는 의견을 존중해야 한다. 의견을 존중한다 함은 그것을 그대로 받아들이는 것과는 전적으로 다르다. 철학이나 과학과 사회의 관계에 대한 이런 견해를 받아들이는 철학자나 과학자는 사회가 의존하는 의견에 대한 다수의 무조건적인 동조를 위태롭게 함 없이 소수가 진리라고 간주하는 것을 표현할 수 있는 특별한 글쓰기 방법을 채택하게 된다. 그들은 비전(秘傳)적 가르침의 진정함과 대중적 가르침의 유익함을 구별할 것이다.[46]

나는 소크라테스가 대중에게 진리를 설파했기 때문에 죽은 것이 아니며 그는 도리어 엘리트에게 자기가 진리라고 생각하는 것을 설파했다고 보지만, 여하튼 그의 죽음에 충격을 받은 플라톤과 플라톤의 제자인 아리스토텔레스가 엘리트주의로 일관했듯이 스트라우스도 그랬다.

스트라우스의 책을 읽어보면 그가 소크라테스, 플라톤, 아리스토텔레스를 거의 그대로 답습하고 있다는 느낌을 받게 된다. 똑똑한 엘리트가 노예 같은 대중을 다스려야 한다는 관점에서 특히 그렇다. 사실 그 밖의 이야기는 모두 그러한 엘리트의 대중 지배를 치장하는 수식에 불과하다. 특히 탁월성이니 선이니 정의니 하는 그들의 가치 개념은 모두 그러한 엘리트의 대중 지배를 뒷받침하는 기술적인 것에 불과하다.

스트라우스는 자유주의를 사회를 해체시키는 질병으로 간주해 거부하면서 소크라테스, 플라톤, 아리스토텔레스에게로 돌아가자고 주장한다. 이런 그의 입장에서 보면 자유주의의 나라라는 미국도 좋은 나라가 아니게 되는데, 그럼에도 불구하고 그는 미국을 모든 정체 중에서 으뜸가는 정체를 가진 나라라고 본다. 소크라테스, 플라톤, 아리스토텔레스는 그와 달리 자신들이 살던 아테네의 민주주의를 좋아하지 않았지만, 그리스가 최고라고 생각하고 그중에서 스파르타를 좋아했다는 점에서는 그와 마찬가지였다고 말할 수 있다. 소크라테스, 플라톤, 아리스토텔레스가 그리스 중심의 제국주의론을 펼친 것은 네오콘이 미국 중심의 제국주의론을 펼친 것과 같은 것이었다. 네오콘과 부시가 '악의 축' 이니 '독재국' 이니 하는 말을 한 것은 소크라테스, 플라톤, 아리스토텔레스가 그리스 이외의 다른 모든 나라를 가리켜 야만국이니 독재국이니 하는 말을 한 것과 같다.

역시 자유주의를 부정한 니체, 하이데거, 슈미트는 스트라우스에게 중간스승 격이다. 니체, 하이데거, 슈미트는 진리를 부정하고 적과 동지 사이의 투쟁을 강조했다. 스트라우스의 가장 유명한 제자는 앨런 블룸이다. 그는 도덕적 가치에 대한 자유주의 등의 상대주의를 비판한《미국 정신의 종말》(1987)이라는 저서로 유명하다. 이 책은 미국에서 베스트셀러가 됐고, 1989년에 우리말로도 번역됐다. 그런데 그 역시 고대 그리스 철학과 셰익스피어를 숭상하는 자였다.

우리나라에서도 스트라우스는 일찍부터 주목됐다. 그래서 이미 1995년에《레오 스트라우스의 정치철학》[47]이라는 단행본도 나왔다. 현대 정치철학자에 대한 연구서가 단행본으로 출판되는 일이 참으로 드문 우리나라의 현실에 비추어 그것은 획기적인 사건이었다. 그 책의 '서'를 쓴 우리나라의 정치학자는 정치학의 과학주의와 역사주의를 비판하면서 그와 같이 비판한 스트라우스를 높게 평가했다. 이 책은 본론에서 스트라우스의 학설과 그것에 대한 비판을 소개했으나 네오콘과 미국의 정치와 그들 사이의 연관성에 대해서는 비판은커녕 설명조차 하지 않았다.

1995년에는 아직 네오콘이 크게 부상하지 않은 탓에 그랬는지는 모르겠다. 하지만 바로 그 전해에 네오콘이 주도하는 공화당이 40

년 만에 의회의 다수당이 되기까지 스트라우스류의 네오콘이 꾸준히 세력을 키웠음을 우리의 정치학자들이 전혀 모르지는 않았을 것이다. 어쩌면 그들은 그런 사실을 알고서도 문제 삼을 필요가 없다고 생각했을지도 모른다. 아니면 그들이 스트라우스와 네오콘을 진심으로 존경했는지도 모르겠다. 그랬을 가능성이 충분히 있다. 왜냐하면 스트라우스의 정치사상이라는 것이 기가 막히게도 유교 이념과 비슷하기 때문이다. 사대부가 정치를 해야 한다는 유교 이념은 철학자가 정치를 해야 한다는 고대 그리스의 철학자들이나 네오콘의 정치 이념과 같다.

나는 《레오 스트라우스의 정치철학》의 내용과 그 연장선에서 이루어지는 정치철학 차원의 논의에는 흥미를 느끼지 않는다. 내가 이 책에서 추구하는 것은 디오게네스가 주장한 민주주의, 평화주의, 반화폐주의를 부정하고 엘리트 중심의 계급차별주의, 제국주의, 화폐주의를 내세운 소크라테스, 플라톤, 아리스토텔레스, 투키디데스와 그들을 잇는 네오콘에 대한 비판이기 때문이다. 나는 고대 그리스의 아테네에서 민주주의가 이루어졌다고 보는 통설을 거부하므로 아테네의 정체를 시민정이라고 부르겠다. 아테네의 시민정은 그 인구의 10%에 불과한 시민에게만 국한된 민주주의였다. 따라서 그것은 완전한 의미의 현대적 민주주의와 크게 다른 것이었다. 게다가 소크라테스, 플라톤, 아리스토텔레스, 투키디데스는 그런 시민정마저도 부정했다. 그들로서는 사농공상에 노예까지 포함해 모든 사람이 자유롭고 평등한 민주주의는 상상조차 할 수 없는 것이었다. 그런 민주주의, 즉 노예까지 해방되어 모두가 자유롭고 평등한 세상은 오직 디오게네스만이 생각할 수 있었다. 이처럼 소크라테스, 플라톤, 아리스토텔레스, 투키디데스의 보수와 디오게네스의 진보 사이에는 엄청난 거리가 있었다.

러셀은 아리스토텔레스의 《정치학》이 현대 정치가에게 실제로 이용할 만한 교훈을 많이 주지는 못한다고 평가했다.[48] 그러나 앞에서 보았듯이 현대 미국의 네오콘에게는 아리스토텔레스의 《정치학》이 실제로 이용할 만한 교훈을 많이 주었다. 그러니 러셀은 '현대 정치가'가 아닌 '현대 민주주의 정치가'에게 그것이 실제로 이용할 만한 교훈을 많이 주지는 못한다고 말해야 했다. 그러나 아리스토텔레스의 《정치학》이 현대 정치가에게 유익한가의 여부보다 더 중요한 것은 그것이 당대 정치인에게 유익했느냐의 여부일 것이다. 2500년 전의 철학자인 아리스토텔레스에게 현대 정치에 대한 교훈을 기대한다는 것 자체가 무리일 수 있기 때문이다. 그런데 아리스토텔레스의 엘리트 정치학은 당대부터 현대에 이르기까지 민주적인 정치가 아닌 반민주적인 엘리트 정치에는 실제로 이용할 만한 교훈을 많이 주었다고 볼 수 있다.

샌델과 공동체주의

샌델을 비롯한 공동체주의자들은 스트라우스와 달리 미국의 보수주의 정치에 그다지 큰 영향을 주지는 못했으나, 그 본질이 보수주의인 것은 스트라우스의 경우와 마찬가지다. 샌델은 공화당원은 아니지만 부시 정권의 생명윤리자문위원회 위원으로 활동했고, 그때 줄기세포 복제에 대한 연구를 제한적으로 인정하자는 입장을 취한 바 있다.[49] 그는 롤스 등의 자유주의가 '무연고적 자아'에 근거한다고 비판하면서 "자아나 자아정체성은 특정한 공동체의 역사나 전통 속에서 형성된다고 봐야 하며, 공동체가 시민의 도덕성을 함양하는 데서 적극적인 역할을 해야 한다"고 주장한다는 점에서 보수주의자다. 그는 그러한 자신의 주장을 뒷받침하기 위해 아리스토텔레스를 즐겨 인용한다. 이런 그의 태도는 디오게네스를 즐겨 인용하는 너스봄 등의 세계시민주의자들과 대조된다. 샌델은 세계시민주의자들과 달리 보편적인 도덕적 가치를 부정하는 대신에 특정 공동체에서만 타당한 특수한 윤리규범을 인정하고, 인류 전체에 대한 사랑, 헌신, 충성보다 특정 공동체에 대한 소속감과 연대성, 그리고 사랑, 헌신, 충성을 중시한다.

샌델은 《정의란 무엇인가》의 8장에서 아리스토텔레스의 정의론을 그의 목적론으로부터 설명한다. 그런데 아리스토텔레스가 말한 '목적'은 우리가 흔히 말하는 '목적'과 다르다는 점에 유의해야 한다. 아리스토텔레스는 모든 것에 각각의 '목적'이 있다고 보았다. 그는 특히 인간과 국가에는 '선'이라는 목적이 있다고 했다. 그런 목적이 있어야만 인간과 국가가 타락하지 않는다고 보기 때문일 것이다. 그러나 이런 식의 목적론은 목적이 훌륭하다면 그 목적을 달성하게 해주는 수단이나 방법은 어떤 것이든 정당화될 수 있다는 주장으로 이어질 수 있다.

아리스토텔레스의 목적론에서 가장 중요한 문제는 '선'이라는 목적의 내용을 누가 결정하는가에 있다. 그 목적의 내용이 누군가에 의해 미리 결정된다면 시민은 결정권을 박탈당하게 된다. 그러나 아리스토텔레스에게는 이런 것이 문제가 되지 않았다. 그는 정치공동체의 목적은 시민의 미덕을 함양하는 것이지만 부자정과 시민정은 둘 다 그것을 무시한다고 비판했다. 샌델은 이런 이야기를 하다가 아리스토텔레스가 노예제를 옹호한 것에 대해 '그의 정치론 전반을 매도할 만한 오점'은 아니라고 주장한다.[50]

샌델은 공동선을 추구하는 정치는 다음과 같은 것이라고 정리한다. 첫째는 시민의식, 희생정신, 봉사정신을 앙양하는 것이다. 둘째는 시장의 도덕적 한계를 인정하고 선의 가치를 측정하는 올바른 방법을 만드는 것이다. 셋째는 불평등이 시민의 연대를 약화시키고 시민의 미덕을 저해하므로 부자들에게서 세금을 걷어 시민의 삶에 기반이 되는 시설을 재건하는 것이다. 넷째는 도덕에 개입하는 정치, 즉 상호존중에 근거한 정치를 수립하는 것이다.[51] 모두 다 옳은 말이다. 그런데 나는 정의에 관한 공리주의나 자유주의의 주장에서도 그러한 것들은 무시되지 않는다고 생각한다.

앞에서 말했듯이 샌델의 《정의란 무엇인가》는 정의에 관한 공리주의, 자유주의, 공동체주의 각각의 입장에 대해 논의하고 자기를 포함한 공동체주의자들의 주장을 옹호하는 내용의 책이다. 공리주의, 자유주의, 공동체주의 사이의 논쟁에 대해서는 이미 우리나라에서 충분히 소개되긴 했지만, 여기서 간단하게 살펴보자.

자유주의에도 여러 가지가 있다. 그 가운데 하나가 '최대 다수의 최대 행복'을 주장한 공리주의다. 그러나 이러한 공리주의는 전체의 복지라는 미명 아래 인권을 침해할 수 있다. 그래서 나온 것이 롤스의 '신칸트적 좌파 자유주의'라는 것이고, 이어 자유지상주의도 나왔다.

1980~90년대에 공동체주의가 등장해 자유주의를 비판했다. 공동체주의는 이론적 방법론의 측면에서 자유주의가 전제하는 고립적 자아 중시, 좋음에 대한 옳음 우선시, 목적에 대한 자아 우선시와 같은 원칙을 비판하고 규범적 측면에서는 자유주의에 내포된 공동체적 관심 경시, 가치와 의미의 맥락의존성 무시, 의무론적 정의관 고수, 소극적으로 최소도덕에 안주하는 태도 등을 비판했다.

공동체주의의 원로인 매킨타이어는 아리스토텔레스의 형이상학적, 생물학적 목적론을 잘못된 것이라고 비판하고, 인간의 본성 자체에서 사회계급 분화의 기원을 찾는 아리스토텔레스의 자연적 노예론을 일축한다. 그러면서도 그는 그 밖의 다른 측면에서는 아리스토텔레스를 지지한다.

이에 대해 자유주의는 공동체주의의 '목적론적 가치통합론'에 내재된 전체주의의 위험성 내지 다수의 횡포를 유발할 위험성을 지적한다. 자유주의는 또한 공동체주의가 공동체를 구성하는 현실적인 방안에 관해 어떠한 대안도 제시한 적이 없다고 비판하고, 설령 그런 것이 제시된다고 해도 현대사회에는 그것이 부적절한 낭만주의적 향수에 불과할 것이고 보수적이고 상대주의적인 것에 그칠 것이라고 주장한다.

샌델은 자유지상주의와 복지자유주의가 각각 거대 사기업 중심의 경제체제와 복지국가라는 거대한 관료제도를 초래해 권력집중을 심화시키며, 따라서 개인과 국가의 사이에 위치하는 중간단계의 공동체를 고사시키게 된다고 주장한다. 샌델은 2008년에 한국에 와서 4차례 강연을 했다. 그 강연의 내용은 모두 그가 그 전에 쓴 책이나 그 전에 한 강연으로 이미 발표된 것이었으므로 그의 책을 읽었거나 그의 강연을 들었던 사람들에게는 새로운 것이 아니었다. 유일하게 새로운 것은 그가 한국에 강연여행을 와서 갖게 된 소감이었다. 그는 공동체주의와 유교 사이에 친족관계, 공동체, 덕의 함양 등을 강조하는 공통점이 있음에도 불구하고 한국의 철학자들이 공동체주의에 대해 비판적인 것을 보고 놀랐다고 했다. 그러면서 그는 자유주의가 만연한 미국에서 자기가 자유주의를 비판하는 것과 공동체주의가 만연한 한국에서 한국의 철학자들이 공동체주의를 비판하는 것은 내용은 상이하지만 둘 다 주류에 대한 저항이라는 공통점을 갖는다고 했다.[52]

그러나 여기서 '주류에 대한 저항'이라는 표현에 대해서는 상당한 유보가 필요하다고 생각된다. 나는 미국에서나 한국에서나 공동체주의가 주류라고 생각하기 때문이다. 미국에서 그렇다는 것은 앞에서 내가 설명한 네오콘의 대두로 예시된다. 한국의 경우에는 일부 학자가 자유주의를 지지한다고 해도 다수의 학자와 대부분의 한국인은 공동체주의를 지지한다고 나는 본다.

홍성우는 《자유주의와 공동체주의 윤리학》에서 1990년대 후반의 아시아 외환위기 때 한국은 사회구조를 신자유주의적으로 개편한 반면에 말레이시아는 마하티르의 지도 아래 신자유주의에 맞서 공동체주의적으로 대응했다면서, 이런 점에서 자유주의와 공동체주의 사이의 논쟁이 한국에도 의미를 갖는다고 주장했다.[53] 《자유주의와 공동체주의 윤리학》이라는 두툼한 저서를 낸 홍성우가 자유주의와 신자유주의를 구별하지 못했을 리가 없고, 공동체주의와 마하티리즘을 구별하지 못했을 리도 없는데 왜 그렇게 주장한 것인지 알 수가 없다. 내 추측으로는 혼돈이 있었던 듯하다.

아시아 외환위기에 대한 대응에서 중요한 점은 IMF의 권고를 한국은 받아들였지만 말레이시아는 거부했다는 점인데, 그것은 자유주의와 공동체주의의 차이를 뜻하는 것이 아니다. 신자유주의는 시장근본주의와 보수주의가 결합된 것이고, 마하티리즘에도 그런 요소가 들어 있다. 신자유주의는 시장근본주의와 비시장적이고 전통 가치를 중시하는 보수의 결합이다. 그렇기에 서로 모순되는 것들의 결합처럼 보이지만 신자유주의는 서구에서는 물론이고 한국에서도 잘 굴러간다.

나는 자유주의와 공동체주의 둘 다 외환위기나 신자유주의와 같은 현실의 문제에 대한 실천적 대안이 될 수 있는 것은 아니라고 본다. 이런 측면에서 그 두 가지의 차이는 기껏해야 관점, 강조점, 논리의 차이일 뿐이지 본질적인 차이는 아니라고 나는 생각한다. 가령 샌델이 한국에 와서 한 강연 중 제1회 강연의 주제이자 공동체주의가 자유주의에 대해 중요하게 문제 삼는 '무연고적 자아'에 대해 그는 현실적으로 있을 수 없는 자아라고 비판했지만, 공동체주의가 결론적으로 제시하는 개념인 '미덕을 갖춘 시민'도 현실적으로 있을 수 없는 이상적인 시민일 뿐이다.

외환위기나 신자유주의 등의 현실문제에 대한 실천적인 대안으로 그런 이상적인 자아나 이상적인 시민을 상정하는 것보다는 디오게네스와 같이 세계시민정신과 검약정신을 갖는 것이 더욱 긴요하다는 게 내 생각이다. 이런 나의 생각에 대해서도 이상적이라거나 비현실적이라고 비판한다면 나로서는 더 할 말이 없다. 사실 이상이라는 것의 본질이 현실과 거리를 갖는 데 있다고 본다면 이상적인 것은 비현실적일 수밖에 없기도 하다. 그러나 디오게네스는 추상적인 이론을 말한 사람이 아니라 몸으로 세계시민정신과 검약정신을 실천한 사람이다. 나는 우리도 그와 같이 실천하는 게 가능하다고 보기 때문에(사람마다 어느 정도나 실천할 수 있느냐는 정도의 차이는 있겠지만) 결코 그것을 비현실적이라고 생각하지 않는다.

아리스토텔레스와 샌델

아리스토텔레스가 반민주적인 엘리트 정치에 '실제로 이용할 만한 교훈'을 많이 주었다고 볼 수는 있지만, 반대로 디오게네스가 민주주의 정치에 '실제로 이용할 만한 교훈'을 많이 주었다고 보기는 어렵다. 그가 세계시민주의를 주장한 것은 사실이지만, 민주주의에 대해서는 어떤 주장도 한 적이 없기 때문이다. 그는 자신이 추구한 자유=자족의 삶에 노예는 필요 없다고 주장했지만, 그렇다고 해서 노예해방을 주장한 것은 아니었다. 가령 기원전 73~71년에 스파르타쿠스의 반란이 일어났지만 그것이 디오게네스나 그 후계자들의 사상에 근거한 것이었다고 보기는 어렵다. 스파르타쿠스의 반란 이전에도 노예반란이 있었지만 그것 역시 디오게네스의 사상에 영향을 받은 것이었다고 보기 어렵다. 그러나 역사의 큰 흐름으로 볼 때 디오게네스의 사상과 노예반란이 전혀 무관한 것이었다고 볼 수는 없다. 스파르타쿠스가 건설하고자 한 공정하고 평화로우며 노예제가 없는 이상적인 세계국가의 이념과 디오게네스 및 그의 뒤를 이은 사람들의 사상 사이에 공명하는 부분이 있는 것이 사실이다.

나는 앞에서 디오게네스에게서 비롯된 세계시민주의는 어떤 구체적인 세계적 공동체에 관한 구상으로 나아가려는 것이 아니라 인간 각자에게 세계시민으로서 세계적 정의=보편적 정의에 대해 충성할 것을 요구하는 것이라고 했다. 그 세계적 정의=보편적 정의는 개인적 정의, 사회적 정의는 물론이고 국가적 정의, 나아가 국제적 정의 등 모든 차원의 모든 정의를 포괄하는 것이어야 한다.

그러나 《정의란 무엇인가》에서 샌델이 아리스토텔레스의 학설에 근거해 펼친 정의론은 뒤에서 다시 말하겠지만 그런 포괄적인 정의를 말한 것이라고 할 수 없다. 또한 아리스토텔레스의 정의론에 대해 이야기할 때에는 그가 정의의 원리로 제시한 배분적 정의니 교환적 정의니 하는 것들을 거론하는 것이 일반적이지만, 샌델은 그런 것들에 대해서 거의 언급하지 않는다. 샌델은 그것들을 정의의 핵심으로 보지 않는 것이다.

대신 샌델은 《정의란 무엇인가》의 제1장 '옳은 일 하기'에서 "정의로운 사회라면 시민의 미덕을 장려해야 하는가?"[54]라는 문제를 제기한 뒤에 아리스토텔레스를 인용하며 "장려해야 한다"고 주장한다. 이런 그의 태도는 그 책의 결론을 담은 마지막 문장인 "도덕에 개입하는 정치는 회피하는 정치보다 시민의 사기 진작에 더 도움이 된다. 더불어 정의로운 사회 건설에 더 희망찬 기반을 제공한다"에 이르기까지 시종일관 유지된다.

그런데 이런 그의 태도는 18세기의 칸트로부터 20세기의 롤스까지의 현대 철학자들이 "정의의 원칙은 미덕과 최선의 삶에 관한 주관적 견해에 좌우되지 말아야" 하고 "정의로운 사회라면 개인의 자유를 존중해 각자 좋은 삶을 선택할 수 있어야 한다"[55]고 주장한 것에 반하는 것이라고 한다. 즉 고대의 정의론은 미덕에서 출발했지만 현대의 정의론은 자유에서 출발한다는 것이다.

한국의 경우를 예로 들어 살펴보자. 한국에서는 과거에 법으로 두발, 스커트 길이, 가정의례 등을 규제한 적이 있고, 지금도 한국의 법은 간통을 처벌하고 존속살해를 일반살해보다 더 무겁게 처벌하게 돼있는 등 미국을 비롯한 여러 다른 나라의 법에 비해 도덕에 개입하는 정도가 높다. 개인의 자유를 존중하는 입장에서는 이런 것을 정의롭지 못하다고 비판하는 것이 일반적이지만(그래서 두발, 스커트 길이, 가정의례 등을 규제하던 법규정은 없어졌다), 샌델처럼 미덕을 존중하는 입장에서는 반대로 그것을 정의롭다고 볼 수 있을지도 모르겠다. 이런 점에서도 나는 명백하게 샌델에 반대한다.

샌델은《정의란 무엇인가》에서 기존의 정의론에는 위에서 소개한 두 가지 외에 공리주의에 입각한 것도 있다면서 그 셋을 주로 다루지만, 앞에서 말했듯이 그 내용은 결국 공리주의와 자유주의를 비판하고 아리스토텔레스가 말한 미덕 중심의 공동체주의를 찬양하는 것이다. 먼저 공리주의에 대해 샌델은 그것이 인권침해를 용인하고 가치를 통화로 산정했다고 비판한다.[56] 그러나 뒤에서 다시 살펴보겠지만, 그렇게 한 것은 아리스토텔레스도 마찬가지였다. 아리스토텔레스는 노예제를 옹호하고 가치를 통화로 산정했다. 그러나 샌델은 아리스토텔레스가 인권침해를 용인하고 가치를 통화로 산정했다고 말하지 않는다.

샌델이《정의란 무엇인가》제8장에서 아리스토텔레스의 정의론은 목적론에서 비롯된 것이고 그가 말하는 정의는 영광의 부여에 있다고 한 것[57]은 이 책의 뒤에서 내가 설명하듯이 맞는 말이지만, 그 밖의 설명은 반드시 옳지는 않다.

샌델은《정의란 무엇인가》의 결론 부분인 제10장에서 공동선의 정치를 주장한다. 이것은 다음과 같은 내용의 정치를 가리킨다. 첫째는 시민의식, 희생정신, 봉사정신를 앙양하는 것이다. 둘째는 시장의 도덕적 한계를 인정하고 선의 가치를 측정하는 올바른 방법을 만드는 것이다. 셋째는 불평등이 시민의 연대를 약화시키고 시민의 미덕을 저해하므로 부자들에게서 세금을 걷어 시민의 삶에 기반이 되는 시설을 재건해야 한다는 것이다. 넷째는 도덕에 개입하는 정치, 즉 상호존중에 근거한 정치를 수립해야 한다는 것이다.[58] 모두 다 옳은 말이다.

나는 정의에 대한 공리주의나 자유주의의 주장에서도 이런 것들은 무시되지 않는다고 생각한다. 그러나 이런 것들만으로는 너스봄이 말했듯이 충분하지 않다. 그래서 디오게네스류의 세계시민주의와 자율적 민주주의가 필요하다. 나는 이 책에서 이와 같은 입장을 줄곧 견지할 것이다.

디오게네스는 아리스토텔레스에 대한 완벽한 대안은 아니지만, 나중에 세계시민주의와 자율적 민주주의의 발전에 중요한 역할을 했음을 부정할 수 없다. 이 책은 그런 새로운 사상사를 쓰기 위한 서설 또는 그런 인식을 위한 입문이다.

2장 | 폴리스의 사회와 정치

고대 문명의 형성

디오게네스와 아리스토텔레스를 이해하기 위해서는 고대 그리스 사회에 대해 살펴볼 필요가 있다. 인류 최초의 문명은 큰 강의 유역으로서 기후가 온난한 곳, 즉 중국의 황하 유역, 인도의 갠지스 강과 인더스 강 유역, 서남아시아의 티그리스 강과 유프라테스 강 유역인 메소포타미아 지역, 이집트를 포함한 동북 아프리카의 나일 강 유역에서 형성됐다. 그 가운데 메소포타미아 문명과 이집트 문명이 그보다 훨씬 뒤에 등장한 그리스 문명에 영향을 주었다. 여기서 '영향'이라는 말은 어떤 우월한 가치를 전달했다는 의미가 아니다. 가령 고대에 중국 문명이 한반도 문명에, 그리고 한반도 문명이 일본 문명에 각각 영향을 주었다고 해서 그렇게 영향을 준 문명이 영향을 받은 문명보다 더 우월했다는 식의 이야기가 아니라는 것이다. 큰 강의 유역에서 인류의 문명이 시작된 것은 그런 곳의 자연적 조건이 좋았던 덕분이고, 그런 곳에서 발생한 문명이 주변지역에 영향을 미친 것도 자연적 조건에 의한 것이었을 뿐이다.

메소포타미아란 '두 강의 사이'라는 뜻이고, 그 두 강이란 티그리스 강과 유프라테스 강을 가리킨다. 메소포타미아의 남쪽에 있는 수메르에서 기원전 3천 년경까지 10개 이상의 도시국가가 형성됐다. 따라서 도시국가라는 것은 그리스에서 처음으로 생겨난 것이 아니었다. 도시국가는 그리스만의 자랑거리가 아닌 것이다. 바빌론을 비롯한 수메르의 도시국가들은 군주정의 나라였고, 그 군주는 엘리트와 성직자 계층의 지지를 받았지만 신격화되지는 않았다. 군주와 엘리트, 성직자의 밑에는 시민과 노예가 있었는데, 이는 고대에는 어디에나 있었던 사회계급이다. 즉 시민이라는 계층이 특별히 그리스에만 있었던 것이 아니고, 노예라는 계층도 마찬가지였다. 그러나 고대 그리스를 자유의 나라였느니 민주주의의 나라였느니 하며 터무니없이 꾸며대서는 안 된다. 수메르에서는 셈 어족에 속하는 말이 사용됐고, 무역이 발달했으며, 세계 최초의 성문법인 함무라비 법전이 만들어졌다. 그러나 이런 것들도 자연스럽게 생겨난 것에 불과했으니 수메르 문명이 다른 문명보다도 우수한 것이었다고 비교해 자랑할 일은 아니다.

고대 이집트 문명은 고대 문명 가운데 가장 오래 지속됐다. 그 기간은 기원전 3100년경부터 기원전 331년까지였다. 이집트 문명은 나일 강을 중심으로 형성됐다. 당시 이집트 사람들은 나일 강물을 수로로 유도해 곡식을 재배했고, 모든 권력이 집중된 독재왕인 파라오의 지배를 받았다. 파라오는 왕이자 신으로서 절대권력을 행사하며 중앙집권 국가의 최고 정점에 위치했다. 파라오는 모든 국민을 지배하는 자로서 그가 내뱉는 말이 곧 법일 정도로 초인적인 존재였다. 그 밑에 방대한 엘리트 관료기구가 있었고, 맨 밑에는 그들의 지배를 받는 노동자와 농민, 그리고 수많은 노예가 있었다. 이처럼 피라미드와 같은 계급구조가 형성되긴 했지만, 그 계급구조 속의 모든 사람이 다 왕의 종이었고 그들 스스로는 어떤 권력도 갖지 못했다. 엘리트는 머리를 사용하고 노동자와 농민은 몸을 사용해 신과 같은 왕이 영원히 살 거대한 집인 피라미드[59]와 스핑크스를 지었고, 왕이 죽은 뒤에는 그의 몸을 영원히 썩지 않는 미라로 만드는 일을 했다. 그들은 사후를 현실의 연장이라고 생각하고 영원을 찾아 평생의 반을 사후준비에 바쳤다.

   기원전 5천 년경부터 그리스에 사는 사람들이 밀과 보리를 재배하고 양을 길렀다. 이어 선사시대의 말기인 기원전 3천 년 전후에 침략자들이 그리스에 들어와 정착했다. 청동기문화를 가진 그들은 에게 해의 여러 섬을 정복했다. 기원전 1950년경에는 인도유럽어족에 속하는 말을 사용하는 사람들이 다뉴브 강을 건너왔고 그중 소아시아를 통해 그리스에 들어온 이오니아인들이 테살리아에 정착해 초기 그리스인이 됐다고 일반적으로 이야기되지만, 이런 설에는 여러 가지 문제가 있다. 가령 최근에 버널은 《블랙 아테나》[60]에서 고대 그리스인을 유럽인이나 아리안과 연결시켜온 전통적인 견해를 부정하고, 대신 이집트 문화와 페니키아 문화가 그리스 문화의 원형이었다고 주장했다.

　버낼에 의하면 고대 그리스인이나 헬레니즘 시기의 그리스인도 스스로 이와 유사한 견해를 갖고 있었고 그러한 견해가 18세기까지 유지됐다고 한다. 그런데 19세기에 제국주의 시대가 열리면서부터 서양의 학자들, 특히 독일의 학자들이 인종적으로 열등한 아랍인의 땅에 사는 이집트인이나 페니키아인에 의해 그리스 문명이 형성됐다는 것을 용인할 수 없어서 독일인을 비롯한 아리안 민족에 의해 그리스 문명이 형성됐다는 아리안 기원설을 날조했고, 그것이 지금까지도 세계적으로 통용되고 있다는 것이다. 즉 그리스가 유럽에서 기원했다는 현재의 통설적 견해는 제국주의자들의 날조라는 것이다. 이런 견해는 서양 중심주의 세계관에 대한 중대한 수정을 요구하는 것이라는 점에서 대단히 흥미롭다.

　그러나 발터 부르케르트가 《그리스문명의 오리엔트적 전통》[61]에서 말하듯이 고대 아테네 사람들이 '블랙' 즉 흑인이었다는 확실한 근거는 없다. 부르케르트는 버낼과 같은 취지에서 알파벳, 신화, 문학, 철학을 포함한 그리스 문명의 기원을 오리엔트에서 찾으면서도 '자유 폴리스'의 독자적인 역할을 중시했다. 그는 "그리스의 성공은 틀림없이 자유와 관련이 있다. 그리스에는 마음대로 일할 자유, 발언과 상상의 자유, 나아가 신앙의 자유가 있었다"면서 "폴리스의 발달, 지배적이고 압도적인 중앙권력이 없는 정치체제, 경제의 개방성은 비록 안정을 가져다주지는 못했어도 그리스 사회의 발달에 크게 기여했다"[62]고 주장한다. 플라톤도 《에피노미스》에서

"그리스인들은 야만인들에게서 받은 모든 것을 더 낫게 만든다"고 했다. 그러나 실제로 나아진 것은 별로 없었다. 앞에서 보았듯이 폴리스라는 도시 또는 도시국가는 고대 그리스에서보다 고대 아시아에서 먼저 생겨났다.[63] 또한 부르케르트는 그리스의 자유가 누구의 것이었느냐는 점을 중시하지 않지만, 그가 높게 평가한 그리스의 자유는 사실 그리스인 전부가 누린 것이 아니라 그리스인 가운데 소수만이 누린 것이라고 봐야 할 것이다. 왜냐하면 '자유 폴리스'는 그리스의 독자적 특징이었다고 하더라도 그 '자유 폴리스'의 '자유'는 일부에게만 인정됐고, 플라톤의 철학을 비롯한 고대 그리스의 철학과 문학은 도리어 '자유 폴리스'에 반하는 것이었기 때문이다. 즉 '마음대로 일할 자유, 발언과 상상의 자유, 나아가 신앙의 자유'는 폴리스 주민 가운데 극소수인 시민에게만 인정됐다. 또한 고대 그리스 사회의 기본구조는 오리엔트의 그것과 크게 다르지 않은 계급사회였다.

고대국가의 구조

고대 그리스가 이집트를 비롯한 다른 고대 사회와 달리 중앙집권적이지 않았던 것은 주로 그리스의 자연환경이 이집트의 자연환경과 달랐기 때문이지 그리스인이 '자유'를 발명했거나 특별나게 존중했기 때문이 아니었다. 즉 이집트의 나일 강 유역이나 중국의 황하 유역에서는 천연적인 강우에 의존해 농사와 목축을 해야 했기에 치수를 하고 관개사업을 벌일 필요가 있었지만 그리스에서는 자연환경상 그럴 필요가 없었고, 따라서 이른바 '동양적 전제주의'를 위한 통일국가의 성장은 처음부터 불필요해 폴리스라는 소규모 고립사회가 수백 개 형성된 것에 불과했다. 고대 그리스에는 파라오와 같은 강력한 왕이나 통일국가를 성립시킬 지리적 조건이 없었던 것이다. 그럼에도 소크라테스, 플라톤, 아리스토텔레스는 이집트를 모델로 한 강력한 독재국가를 이상국가로 상상했다. 그들이 수백 개의 폴리스를 통일해 이집트와 같이 강력한 국가를 수립한다는 생각을 한 것은 아니었고, 그들이 말한 정치는 어디까지나 아테네를 대상으로 한 정치였다. 그러나 당시 그리스 사회의 구조는 이집트 사회의 구조와 이미 유사했고 소크라테스, 플라톤, 아리스토텔레스는 그것을 당연한 것으로 인정했다. 그들을 비롯한 그리스인은 피라미드를 짓거나 미라를 만드는 것은 미신으로 보고 물리쳤고, 장례는 간소하게 치러야 한다고 생각했으며, 이집트 자체를 야만으로 보았지만, 이집트의 신이자 왕인 지배자와 그 지배자에 대한 이집트인의 생각은 자신들이 주장한 철인왕과 엘리트정의 모델로 받아들였다. 아테네 시민정은 이집트의 정체와 달랐지만, 아테네를 제외한 그리스의 다른 지역에서 나타난 독재정이나 부자정은 이집트의 정체와 크게 다르지 않았고, 시민정의 아테네도 그 계급구조에서는 그리스의 다른 지역과 마찬가지로 이집트와 유사했다.

나는 플라톤이 철인왕을 중심에 놓고 쓴《국가》와 아리스토텔레스가 철학자 엘리트를 중심에 놓고 쓴 《정치학》은 두 사람이 거의 전적으로 이집트에서 힌트를 얻어 쓴 것이라고 생각한다. 지금까지 학자들은 스파르타가 《국가》의 모델이라고 보아왔으나, 아테네에는 물론이고 스파르타에도 존재했던 민회나 평의회 같은 것이 《국가》에는 전혀 등장하지 않는다는 점에서 의문을 제기하지 않을 수 없다. 플라톤이 《국가》에 그려놓은 것과 같은 국가는 당대에는 이집트밖에 없었다. 《법》에서는 플라톤이 철인정을 전제로 하되 현실적으로 가능한 법치국가의 모습을 이야기했는데, 그 모델은 우리나라 학자들이 흔히 주장해온 바와 달리 아테네가 아니라 스파르타였다고 나는 생각한다. 따라서 나는 플라톤이 《국가》에서 이집트를 모델로 한 이상적인 정치를 철인독재로 구상했고, 《법》에서는 그것에 스파르타적인 요소를 혼합했다고 본다. 그리고 아리스토텔레스의 《정치학》은 플라톤의 학설을 모방한 것에 불과하다. 아리스토텔레스가 플라톤의 학설을 일부 비판한 것은 사실이지만, 아테네 시민정을 부정하고 철인정 내지 엘리트정을 이상적인 정체로 봤다는 점에서는 플라톤과 다를 게 없었다.

그리스인은 이집트와 같은 중앙집권적 국가를 형성하지는 않았지만 폴리스별로 어떤 상이한 정체를 갖고 있든 간에 모두 그리스인이라는 공통의 집단의식을 가졌고, 그들과 대립한 세계의 다른 사회는 모두 야만이라고 생각했다. 이런 점에서 그리스는 하나의 동질적 사회였다. 그들이 야만으로 본 다른 사회로는 먼저 소아시아의 트로이가 있었고, 그 다음에는 소아시아를 차지한 페르시아가 있었다. 아랍을 비롯한 그 밖의 모든 외국도 그들에게는 야만이었다. 그리스 사람들은 기원전 8세기경부터 자신들을 헬레네스(Hellenes)라고 불렀고, 자신들을 제외한 다른 사람들을 하나로 묶어 바르바로이(Barbaroi) 즉 야만인이라고 불렀다. '바르바로이' 라는 이름은 그리스 사람들이 듣기에 다른 나라 사람들이 하는 말이 '바르, 바르' 하는 것처럼 들렸기 때문에 생겨난 것이었다.[64] 문명과 야만을 대립시키는 적대주의적 제국주의 내지 국수주의적 제국주의는 고대 그리스 사람들의 위와 같은 사고방식에 뿌리를 둔 것이라고 할 만하다. 그들의 사고방식을 도식화하면 다음과 같다.

그리스=문명=헬레네스=서양
비그리스=야만=바르바로이=비서양

이집트 문명은 그리스에 그 밖에도 많은 영향을 끼쳤다. 19세기 이래 서양 학자들의 일반적인 견해는 그리스에 미친 이집트의 영향을 무시하는 것이었지만, 이는 고대 그리스인 자신들의 생각과도 다르고 역사적 사실에도 들어맞지 않는다. 가령 고대 그리스의 조각가들은 이집트의 예술에서 정해진 인체배분을 받아들여 그에 따라 조각상을 제작했다. 또한 고대 그리스에서 볼 수 있는 저승의 지리학, 저울로 죽은 자의 영혼이 얼마나 무거운지를 재는 의식, 엘레우시스에서 열린 데메테르 여신의 제전에서 실행된 성인식에서 불의 생명력을 강조하던 의례 등은 이집트에서 전래된 것이었다.[65]

대부분의 고대국가에서 그랬듯이 고대 이집트에서도 종교는 대단히 중요했다. 고대 이집트인에게 세계는 신이 원하는 대로 창조한 것이었다. 즉 만물은 처음부터 신의 뜻에 따라 있어야 할 모습으로 창조됐으므로 부동한 것이고 영원한 것이었다. 전쟁, 질병, 가뭄이 발생해도 그것은 완성된 우주질서가 어쩌다 잠깐 혼란해진 것에 불과하다고 그들은 생각했다. 따라서 과거에 에덴동산과 같은 황금시대가 있었다든가 아마겟돈과 같은 선악의 최후대결에 의해 세상이 종말을 맞게 된다든가 하는 사상은 그들에게는 애초부터 있을 수 없었다. 이러한 그들의 세계관도 그리스에 그대로 전해졌다. 이렇게 볼 때 고대 그리스인의 세계관은 절대적인 종교적 창조관이었을 것이고, 그것이 나중에 기독교의 교리로 이어진 것으로 봐야 할 것이다. 그리스인은 역사를 중시하는 사고방식을 갖고 있었고 그런 사고방식은 절대적인 종교적 창조관과 모순되는 것이었지만, 그들은 신화로 그런 모순을 합리화했다는 점에서도 종교적이었다.

고대 이집트에서 종교는 신을 숭배하는 것이었을 뿐 아니라 그 자체가 정치이자 윤리이기도 했다. 이집트인은 윤리를 신이 창조한 세계의 자질인 '마아트'에서 찾았는데, 이는 질서, 진실, 정의, 덕을 모두 포함하는 개념이었다. 나는 이 마아트가 그리스인들, 특히 소크라테스, 플라톤, 아리스토텔레스가 말한 정의와 유사한 것이라고 본다. 그 핵심은 신에게서 부여받은 불변의 완전한 세계와 사회를 유지하기 위해 각자가 맡은 일을 열심히 하는 것, 즉 농부는 성실하게 농사를 짓고 관리는 올바르게 행정을 하고 군인은 용감하게 싸우는 것을 의미했다. 이것이 바로 소크라테스, 플라톤, 아리스토텔레스가 말한 분업의 원리였다. 따라서 사회에 대해 의문을 품는 것이나 사회를 개혁하는 것은 애초부터 철저히 배제됐다. 5세기에 이집트를 찾은 그리스의 역사가 헤로도토스는 그 거대한 제국의 위용에 놀랐는데, 그 위용은 당시의 그리스에 비할 바가 아니었다. 그런데 그 전인 4세기 말에 이집트를 찾은 플라톤을 비롯한 그리스인들은 신이자 왕인 파라오의 권력과 그 관료기구, 특히 신관(神官)과 직업군인의 조직에 감탄했으리라. 이집트의 신관은 세습됐는데 플라톤도 신관의 세습을 인정했다. 파라오의 대리인인 신관은 수도승같이 결백하게 살았고 여성과 관계를 갖지 않았지만, 이집트에는 여성 신관도 존재했고 플라톤도 《법》에서 여성 신관의 존재를 인정했다(여성 신관은 그리스에도 존재했다). 이집트의 병사들은 어려서부터 맹렬한 훈련을 받았다. 직업군인은 신관 다음의 계층이었다. 이집트에는 관리와 군인을 기르기 위한 엄격한 교육제도가 있었다. 엘리트층 가정의 아이들은 5세에 학교에 들어가 10년간 아침부터 밤까지 엄격한 교육을 받아야 했다.

이집트에서는 예술이 사회질서를 유지하기 위한 수단으로 간주됐고, 다른 모든 분야에서와 마찬가지로 예술 분야에서도 개혁은 용납되지 않았다. 이런 점도 소크라테스, 플라톤, 아리스토텔레스의 사상과 유사했다. 따라서 이집트에서는 예술가의 지위가 낮았고, 이는 메소포타미아와 크레타에서도 마찬가지였다. 이러한 예술관은 이집트, 메소포타미아, 크레타를 숭앙한 소크라테스, 플라톤,

아리스토텔레스에게 그대로 전승됐다. 플라톤은 《법》에서 이집트의 예술을 숭앙하는 태도를 분명하게 드러냈고,《소피스트》등에서 새로운 조형예술을 거부하는 태도를 보였다. 그는 《법》에서 사상과 예술에 대한 검열을 주장했는데, 이는 예술에 대한 이집트의 사상을 극단화한 것으로 볼 수 있다.

고대 그리스의 폴리스

이러한 이집트의 영향을 염두에 두고 고대 그리스의 역사를 간단히 스케치해보자.

기원전 1300년경부터 그리스에 거주하던 이오니아인들이 소규모 부족 단위의 유목민이 되어 소아시아 지역과 아티카로 이주했다. 기원전 1100년경부터 기원전 1000년경까지에는 그리스의 중북부에 거주하던 도리아인들이 남하해 미케네와 크레타에 형성돼있던 그곳 선주민의 문명을 파괴했다. 그 뒤의 혼돈시대는 암흑시대라고도 하는데, 폴리스가 성립한 기원전 750년경까지 이어졌다. 폴리스는 처음에는 대부분 언덕 위의 성곽(아크로폴리스)을 방위의 거점으로 삼는 소규모 부족의 군주정 형태로 생겨났으나, 나중에는 전사의 공동체로 발달해 군주권이 제한되면서 엘리트정 형태로 바뀌었다. 엘리트정은 '최고로 탁월한 사람의 통치(aristokratia)'를 옮긴 말이다. aristokratia는 '최고로 탁월한 사람'을 뜻하는 그리스어 hoi aristoi에서 유래한 말이다. 보통은 이 말을 '귀족제'라고들 번역하지만, 이 말이 가리키는 사람은 우리가 일반적으로 알고 있는 세습신분으로서의 '귀족'과는 달랐다. 따라서 고대 그리스의 지도자는 귀족이라고 부르기보다 엘리트라고 부르는 것이 옳다.[66]

엘리트정의 폴리스가 성립된 것은 기원전 750년~기원전 700년 무렵이었다. 참고로 올림픽 경기는 기원전 776년에 시작됐고, 호메로스가 지은 것으로 알려진 서사시 《일리아스》와 《오디세이아》는 기원전 750년경에 성립됐다. 《일리아스》와 《오디세이아》는 종교적인 영웅찬양의 노래이며 약탈행위와 해적행위를 찬양하는 엘리트 제국주의적인 내용을 갖고 있다. 올림픽 경기도 엘리트들의 놀이였고, 그리스 신화도 기본적으로는 제우스로 상징되는 군주와 그 부하인 엘리트들이 지배하는 체제에 관한 이야기다.

엘리트는 탁월한 사람이니 그렇지 못한 나머지와 차별되는 계층이었다. 당시 그리스에는 엘리트로 구성되는 지배자 계층과 시민 및 노예로 구성되는 피지배자 계층 사이의 대내적인 차별도 있었지만 모든 외국인을 멸시하는 대외적인 차별도 있었고, 외국에 대한 침략과 적대를 당연시하는 태도도 있었다. 그리스인은 올림포스 신들로 상징되는 공통의 신앙을 갖고 있었고, 서로 알아들을 수 있는 그리스어를 공통으로 사용했다. 그들은 자신들을 헬레네스라고 부르면서 야만인인 비그리스인으로부터 스스로를 구별했다.

그러나 그리스는 정치적으로는 통일로 나아가지 못하고 도리어 분립됐다. 산악지대인 그리스의 자연환경 때문이었다. 그리스 중북부에 있는 테살리아 지역 이남의 헬라스 전 지역에서 평야는 5분의 1 정도에 불과했고 나머지는 산악지대였다. 세 개의 작은 평야가 있는 아티카 지역에서는 아테네, 넓고 비옥한 토지가 있는 라코니아 지역에서는 스파르타가 각각 강력한 폴리스로 성립됐지만, 그리스 중앙부의 포에오티아 지역과 같이 자연환경 조건이 엄혹한 곳에서는 강력한 폴리스가 성립하지 못했고, 그리스 서부의 아르카디아 같은 지역에서는 원시적인 마을이 오랫동안 그대로 유지됐다.

아테네와 이오니아에서는 시민정이 발달한 반면에 도리아인의 후예가 건설한 스파르타에서는 부자정이 발달했고, 도리스에서는 엘리트정이 발달했다. 여기서 시민정이란 전체 인구 중에서 시민권을 가진 소수의 시민이 나라를 지배한 것, 부자정이란 소수의 부자가 나라를 지배한 것, 엘리트정이란 소수의 엘리트가 나라를 지배한 것을 각각 말한다.

부자정과 엘리트정이라는 말은 그동안 흔히 사용되던 과두정과 귀족정 대신에 내가 나름대로 새롭게 만들어 사용하는 말이다. 내가 보기에는 시민정이라는 말도 그렇지만 특히 과두정과 귀족정이라는 말이 정확하지 않아 오해를 초래할 수 있기 때문이다. 시민정이라고 하면 현대의 민주주의를 연상케 하지만, 고대 그리스의 시민정은 전체 인구의 10% 정도만 정치에 참여하는 체제였다. 과두정이라는 말은 몇 개의 머리, 즉 몇 사람의 우두머리가 함께 지배했다는 뜻을 갖고 있지만, 고대 그리스의 과두정은 실제로는 부자들이 지배하는 체제였다. 귀족정이라고 하면 중세나 근대에 존재했던 세습귀족 가문의 지배를 떠올리게 하지만, 고대 그리스의 귀족정은 사실은 소수 엘리트가 지배하는 체제였다.

도시국가의 형성에는 지리적 환경이 중요한 요인으로 작용했다. 고대 그리스의 기후를 가리켜 흔히 지중해성 기후라고 한다. 겨울에는 간헐적으로 큰비가 내리고 여름에는 뜨겁고 건조한 날씨가 계속된다. 이로 인해 연중 강우량의 변동 폭이 커서 농민들은 한발과 홍수의 위험에 늘 떨어야 했다. 이런 기후가 반드시 좋은 기후라고 할 수는 없다. 그런데도 아리스토텔레스는 이런 기후를 가리켜 가장 좋은 기후라고 했고, 그 덕분에 그리스가 지성과 에너지를 동시에 갖게 되어 자유를 수호하면서 폴리스라는 가장 훌륭한 정치제도를 갖출 수 있게 됐고, 정치적으로 통일이 되면 그리스가 세계를 지배할 수 있다고 했다.[67] 그리스의 기후에 대한 아리스토텔레스의 이런 예찬이 지중해성 기후나 그리스의 기후를 이상시하는 태도가 생겨나는 데 얼마나 기여했는지는 알 수 없으나, 그리스를 여행해본 사람이면 누구나 다 알겠지만 그리스의 기후는 결코 이상적인 기후가 아니다.

고대 그리스에서는 기원전 8세기 이후에 농업기술의 혁신, 인구의 급격한 증가, 경지의 상대적 감소로 인해 농업식민지 건설이 활발하게 이루어졌다. 기원전 7세기 후반부터는 소아시아에서 화폐가 주조되기 시작했고, 그것이 점차 그리스의 각지에 보급됐다. 그 결과로 토지사유화의 경향이 뚜렷하게 나타났고 그 과정에서 대토지 소유자가 된 사람들, 즉 엘리트들이 군사적, 정치적 권력을 장악함으로써 미케네 시대의 군주정이 무너지고 군주권이 쇠퇴했다. 그 군주정이라고 하는 것도 이집트와 같은 전제적인 통일국가의 군주정과 같은 것은 아니었으나, 어쨌든 엘리트들에 의해 무너졌다. 그리고 그 엘리트들이 지배를 하기에 편리한 높은 언덕의 성곽인 아크로폴리스에 모여 살면서 그리스 폴리스가 성립됐다.

폴리스는 흔히 도시국가나 국가로 번역되지만, 이렇게 번역하는 것은 오해의 소지가 있다. 왜냐하면 우리가 국가라고 부르는 것은 영토, 주민, 주권(통치구조 내지 정체)으로 이루어지는데, 작은 도시나 지역을 근거로 한 폴리스의 경우에 영토는 별로 중요하지 않았고 주민과 정체만이 중요했기 때문이다. 물론 영토의 규모가 작았다고 하더라도 폴리스도 영토, 주민, 정체를 갖추었으니 국가나 도시국가로 불러서 크게 문제 될 것은 없겠다. 그러나 고대 그리스의 도시국가는 폴리스라고 부르는 것이 좋다.

고대 그리스의 폴리스가 정체의 종류와 무관하게 갖고 있었던 공통점이 있다. 그것은 혈통주의의 원칙에 따라 구분된 시민(자유민)과 비시민(노예와 외국인) 사이의 차별이 존재했다는 점이다. 시민정의 정체를 갖고 있었던 아테네에도 그런 차별이 존재했음에 우리는 주의해야 한다. 어느 폴리스나 시민을 중심으로 돌아갔다. 거대한 돌기둥을 세워 만든 신전은 시민을 단결시키는 상징이었다. 이런 신전은 어느 곳에 있는 폴리스의 유적지를 찾아가도 볼 수 있는데, 고대 그리스에서는 이런 신전에서 시행된 성대한 제의가 시민을 단결시키는 역할을 했다.

그리스의 폴리스들은 상호조약을 체결해 동맹을 형성하기도 했지만, 지리적으로 서로 격리된 탓에 단일 국가로 통일되지는 못했다. 그러나 페르시아와 같은 외적과 전쟁을 치르게 되는 경우에는 그리스의 폴리스들이 동포의식으로 단결했고, 평상시에도 폴리스들 사이에 교류가 어느 정도 이루어졌다. 올림피아는 바로 그런 교류를 상징하는 장소였고, 그곳에서 올림픽이 시작됐다. 중부 그리스에 있는 델포이의 아폴론 신전도 그런 성소의 하나로서 정치적으로 중요한 의미를 갖고 있었다. 그러나 각각의 폴리스는 나름대로 특징을 보이면서 다양하게 정체를 발전시켰다. 가장 강력한 폴리스는 아테네와 스파르타였다. 그 둘은 각각 시민정과 부자정이라는 점에서 서로 달랐다.

고대 그리스 신화

그리스뿐만 아니라 세계의 어느 곳에서도 고대에 원시종교와 신화가 생겨났다. 그 내용과 성격은 개인 중심이 아니라 종족 중심이었다. 고대 그리스에서 생겨난 원시종교 내지 신화가 바로 우리가 잘 아는 그리스 신화다. 그 내용을 어떻게 볼 것인지에 대해서는 여러 가지 견해가 있으나 여기서 그런 견해들을 일일이 살펴볼 필요는 없을 것이다. 다만 18세기 유럽에서 상류계층이 자신들의 권위를 강화하기 위해 그리스 신화를 이용했다는 사실을 기억해두어야 한

아폴론 신전

다는 말은 여기서 해둘 필요가 있겠다. 이런 점에서 21세기 한국에서 그리스 신화가 인기를 끄는 것에 대해 비판적으로 생각해볼 여지가 있다.

신화를 다룬 작품들이 고대 그리스의 여러 국가 가운데 아테네에서는 교육에서 대단히 중요하게 다뤄졌으나 스파르타에서는 그리 중요하게 여겨지지 않았다. 여기서 아테네의 교육이란 엘리트를 중심으로 한 자유민에 대한 교육임에 주의해야 한다. 즉 주민의 대다수를 차지한 노예에게는 교육 자체가 없었다. 또한 신화에 나오는 신들은 그리스인의 지성이 융성한 시대에는 억제된 반면에 그 지성이 타락한 시대에는 부각됐다는 점에도 주의할 필요가 있다.

그리스신화가 형성될 무렵 세계에 대한 그리스인의 인식은 매우 제한된 것이었다. 인접한 산맥이나 바다 저편의 세계는 신비에 싸인 곳이었다. 그들이 멀리 가봐야 델포이와 델로스에 집중된 도시나 성지를 방문하는 데 그쳤고, 바다를 통한 여행은 제한적으로만 이루어졌다. 보다 먼 곳에 대해서는 서쪽에는 키클로프스인, 레트리고인, 로토파고스인이 살고 있고, 남쪽에는 에티오피아인(그리스어로 '그을린 사람'이라는 뜻)과 피그마이오스인이 살고 있고, 동쪽에는 인도인이 살고 있고, 북쪽에는 킴메리아인이 살고 있고, 세상의 끝인 헤스페리데스, 즉 헤라클레스의 기둥(지브롤터 바위와 세우타의 하초 산)이라고 불린 두 산보다 먼 곳에는 영웅들이 사후에 사는 '행복한 자들의 섬'이 있다고 생각했다. 그리스인에게는 그 모두가 이방이었고, 공포의 괴물이 사는 곳처럼 여겨졌다.[68]

그리스신화의 신은 정복을 일삼는 엘리트계급의 신이지 다른 많은 신화에서처럼 농민의 신이 아니었다. 그리스 신은 정복으로 국가를 세운 뒤에 농업이나 상공업의 발전을 도모하지도 않았고 사람들의 정치참여를 허용하지도 않았다. 그리스 신은 오로지 세금을 거두어 잘 먹고 잘 마셨으며 연애를 했다. 요컨대 그리스 신들의 국가는 전쟁과 연애의 국가였다. 게다가 그리스신화는 그 내용이 잔혹하다. 그리스신화는 끊임없이 난무하는 반인륜적, 폭력적 권력투쟁을 보여주는 적대, 경쟁, 전쟁, 정복, 침략, 복수, 음모, 계략, 살인, 절도, 사기, 약취, 유괴, 강간, 간통, 차별 등 온갖 범죄와 부도덕으로 점철돼있다. 그것은 타자에 대한 주체의 적대적 착취를 전제로 하고, 그런 관계를 정당화하고 합리화하며, 그런 관계를 유지하는 데 괴물을 희생양으로 삼는 것이었다. 그리스신화만큼 괴물이 다양하게 많이 나오는 신화는 없다. 그리스신화에 대해 우리가 느끼는 흥미도 어쩌면 그 괴물 때문인지도 모른다. 그리스신화에서 항상 중심적으로 설명되는 것은 인간과 같은 모습을 가진 신들이며, 그들은 모두 얼짱, 몸짱의 신이다. 특히 제우스를 비롯한 올림포스 12신이 중심이다. 이런 그리스신화의 신들은 지배자인 왕과 왕족 내지 권력자와 권력계층을 상징한다.

따라서 그리스신화의 신은 일종의 국가신인데 그 원형은 토속신이었다. 즉 국가가 성립되면서 등장한 국가신은 원래 그 이전의 토속사회에서 숭배된 신이었다. 그 가운데 국가가 성립된 뒤에 없어진 신도 있고 토속신으로 유지된 신도 있었지만 상당수는 국가신으로 변모했다. 토속신 중에 없었던 것이 새로이 국가신으로 등장한 것도 있었다. 토속신을 원시 모권사회의 모신으로만 보는 견해도 있지만, 여자만 존재하는 세상을 상상할 수 없기에 나는 원시사회의 신이 여신 중심이기는 했지만 남신도 있었다고 생각한다. 최근의 연구에 의하면 남신도 원시사회의 토속신으로 존재했다. 가령 제우스도 본래는 토속신의 하나였다는 것이다.

물론 그리스신화에 신만 등장하는 것은 아니다. 지배자인 제우스를 비롯한 올림포스 신은 모두 모습은 인간과 같지만 인간보다 우월한 존재로서 왕을 비롯한 최고 지배자들을 상징하고, 그들이 다스리는 피지배자는 대부분 괴물이나 열등한 존재 또는 여자로 등장한다. 단군신화에는 신(환인), 인간(단군), 동식물(범, 곰, 마늘)이 등장하는데 그리스신화에는 신, 인간, 동식물 외에도 수많은 영웅과 괴물이 등장한다.

영웅은 괴물을 죽이는 초인적인 존재이기에 영웅이다. 영웅을 뜻하는 영어 낱말 hero는 그리스어로 반신(半神)을 뜻하는 heros에서 유래한 것이다. 이는 곧 영웅은 부모 중 한쪽이 신이어서 절반의 피가 신의 피라는 그리스인의 관념을 보여준다. 그런 영웅은 육체적으로나 정신적으로나 인간보다 뛰어난 초인이 된다. 영웅에 대한 이야기는 신화라고 하기보다 보통은 전설이라고 하지만, 그리스신화에는 영웅에 대한 이야기도 포함돼있다. 그리스신화에서 영웅은 신을 위한 봉사자로 나온다. 현실세계에서 왕을 위한 봉사자 역할을 하는 장군이나 귀족이 그리스신화에서 영웅으로 상징된 것이다.

영웅은 주로 맹수나 괴물을 물리치는 존재로 나온다. 가령 그리스신화에 최고의 영웅으로 나오는 헤라클레스의 12개 위업 중 4분의 3에 해당하는 사건이 괴물을 물리치는 내용으로 돼있다. 괴물은 그리스신화에만 나오는 것이 아니라 모든 신화에는 물론이고 각종의 영웅담과 현대의 영화, 만화, 소설, 시에도 나온다. 그 대표적인 예가 아마도 영화 〈킹콩〉일 것이다. 킹콩을 이 영화의 주인공으로 보듯이 괴물을 그리스신화의 주인공으로 보면 그리스신화는 괴물들의 이야기가 된다.

그리스신화의 괴물은 대부분 그리스에 사는 존재가 아니라 그리스에서 멀리 떨어진 곳에 사는 존재로 나온다. 그것은 킹콩이 아프리카에서 온 괴물인 것과 비슷하다. 그리스신화의 괴물은 대부분 그리스의 것이 아니다. 이런 점은 그리스 이외의 다른 곳에는 신이나 영웅이나 인간이 살지 않고 괴물이 산다는 그리스인의 관념을 보여준다. 이는 곧 그리스의 것은 문명과 선과 미를 대표하는 반면에 그리스 이외의 다른 곳의 것은 야만과 악과 추를 대표한다는 관념이다. 문명 대 야만, 선 대 악, 미 대 추의 대립구도다. 이런 관념에 의해 그리스는 로마를 거쳐 서양으로 확대되고, 비(非)그리스는 페르시아를 거쳐 동양을 비롯한 비(非)서양으로 확대된다. 그 두 세계는 지배와 피지배의 관계, 우월과 열등의 관계, 문명과 야만의 관계, 정상과 비정상의 관계로 도식화된다.

지배민족＝그리스＝서양＝중심＝문명＝미와 선＝정상

헤라클레스

피지배민족=비(非)그리스=비(非)서양=주변=야만=추와 악=비정상

이러한 도식화는 세계사를 서양사 중심으로 서술하고 비서양사를 서양의 비서양 지배사로 날조하게 하는 원인이 된다. 그래서 세계사가 아직도 이름만 세계사일 뿐인 것이다. 세계사를 보면 비서양은 그것이 서양과 관련되는 경우에만, 그것도 객체로 등장한다. 세계사의 주체는 어디까지나 서양일 뿐이고, 비서양은 세계사의 주체가 아니다.

이런 구조는 그리스 신들의 세계 내부의 관계에서도 그대로 나타난다. 모든 신화가 다 그렇지만 그리스신화에서도 세계를 창조한 신을 비롯한 모든 신은 현실세계의 지배자인 왕족을 상징하고, 신의 피를 일부 타고나는 영웅은 현실세계에서 왕을 섬기는 지배계급을 상징하며, 인간은 현실세계의 피지배계급을 상징한다. 또 하나의 피지배계급인 노예는 인간도 아닌 존재였으니 그리스신화에 나오는 괴물이 노예를 상징하는 것일 수 있다. 우리는 로마시대에 일어난 스파르타쿠스의 반란 외에는 노예반란에 관한 이야기를 듣지 못하지만, 사실은 수많은 노예반란이 있었다. 그나마 헤일로타이의 봉기는 역사에 기록돼있다. 이러한 노예반란은 어찌 보면 현대의 노동운동, 사회운동, 시민운동, 반체제운동에까지 그 맥이 이어져 왔다고 볼 수 있다. 개인적인 차원에서는 안티고네와 같은 저항권의 표상도 있었다. 신화와 현실세계를 넘나드는 이런 구조를 도식화하면 다음과 같다.

지배계급=신과 영웅=왕과 귀족 및 장군=주인=미와 선=정상
피지배계급=괴물과 인간=노예와 외국인=주변=추와 악=비정상

왕족, 귀족, 피지배계급에는 다시 남녀의 구별이 있었다. 인류 역사의 처음에 존재한 농경사회에서 농경의 신은 여신 중심이었으나, 사회가 차차 남성 중심으로 바뀌면서 여신은 남신의 지배를 받는 존재가 된다. 그리고 남신만이 아니라 남자영웅까지 포함한 남성은 정신과 지성과 문명을 대변하고 공적인 정치세계에서 활동하는 존재로 그려지게 되는 반면에 여성은 영웅이 아닌 것은 물론이고 육체와 감성과 자연을 대변하고 사적인 가정세계에 국한된 존재로 그려지게 된다. 이처럼 남녀 두 성의 관계도 지배와 피지배, 우월과 열등, 정신과 육체의 관계로 도식화된다.

지배계급=남신, 남자영웅, 남자인간=정신, 지성, 문명=공적 정치
　　세계=국가
피지배계급=여신, 여성인간=육체, 감성, 자연=사적 가정세계=
　　사회

이상이 그리스신화의 다중차별이 갖고 있는 기본구조다. 외부적으로는 그리스와 비그리스의 구분, 내부적으로는 지배자와 피지배자, 주인과 노예, 남성과 여성의 구분을 토대로 그리스신화가 성립됐다. 최근에 와서 페미니즘의 영향에 의해 남신과 여신, 토속신과

국가신의 구별에 대해서는 새로운 해석이 나오고는 있지만, 그리스 신화 자체가 인종차별과 제국주의 침략을 뒷받침하는 관념의 근원 이라는 인식은 아직 뚜렷하게 형성되지 못하고 있다. 동양에 대한 서양의 제국주의적 침략과 더불어 나타난 동양에 대한 편견 내지 폄훼의 담론인 오리엔탈리즘[69]은 그 뿌리가 그리스신화까지 거슬러 올라간다. 그리스신화의 이런 성격은 그리스의 정치와 철학에서도 그대로 나타난다.

스파르타의 부자정

고대 그리스에는 아테네와 그 시민정만 있었던 것이 아니다. 고대 그리스의 역사에서 최초로 등장한 폴리스와 그 정체는 스파르타와 부자정이었다. 초기 스파르타인의 정착촌 가운데 두 곳의 세습 왕이 지배하는 부자정이 스파르타에 수립됐다. 그 두 왕은 정책결정에서 무제한의 권력을 행사하지 못했으므로 스파르타의 정체를 군주정으로 볼 수는 없다. 전쟁이 터지면 그중 한 사람이 지휘를 했고, 평화 시에는 왕의 권력이 제한됐다. 연회에서 왕의 음식은 다른 사람들의 두 배였고, 왕이 죽으면 국민 모두가 상복을 입었다. 원로원(gerousia)을 구성하는 30명 가운데 두 왕을 제외한 나머지 28명은 60세 이상의 세습 엘리트였고, 그들은 죽을 때까지 그 지위를 유지했다. 원로원은 재판을 하고 정책을 수립했다.

자유민인 성인 남성으로 구성되는 민회는 원로원이 제출한 정책안을 부분적으로 수정할 수 있는 권한을 갖고 있었지만, 민회의 반응이 부정적인 경우에는 원로원이 정책안을 철회할 권리를 갖고 있었기에 민회는 제출된 정책안을 거의 그대로 통과시키는 것이 일반적이었다. 원로원은 일단 철회한 정책도 충분한 지지를 확보하게 되면 다시 제출했다. 5명의 행정관(ephoros)은 민회에서 추첨으로 선출됐다. 왕은 매월 법에 대한 지지를 서약했는데, 행정관은 왕이 서약을 지키는 한 지지한다고 서약했다. 왕이 전쟁에 나가면 5명의 장관이 따라가서 왕을 감시했다. 행정관은 대법원을 구성했고, 왕에 대한 사법권도 보유했다.

스파르타에서는 엘리트, 시민, 천민(소위 '이웃'[70]과 '포로'[71]와 노예)이 철저히 구분됐다. 토지는 엘리트와 시민에게만 분배됐지만, 농사는 그들에게는 금지되고 천민에게만 허용됐다. 농사는 시민(엘리트와 평민)을 타락시키며, 시민은 오로지 전쟁에 복무하기 위해 자유로워야 한다는 이유에서였다. 법에 의해 상속된 토지나 노예의 매매는 금지됐고, 노예는 각각 어느 한 토지에 예속됐다. 노예는 지주에게 매년 약 20가마니를 바쳤고, 지주에게 아내가 있는 경우에는 그 아내 몫으로 3가마니 정도를 더 바쳤다. 이를 두고 러셀은 지주가 자기 아내보다 6배나 많이 먹었나보다 하고 빈정댔지만,[72] 오늘날 한국 노동자의 가족수당은 그보다도 훨씬 적다. 여하튼 위와 같은 스파르타의 계급구분은 소크라테스, 플라톤, 아리스토텔레스의 사상에 그대로 반영됐다.

노예는 시민보다 그 수가 훨씬 더 많았다. 노예가 자주 반역을 꾀하자(성공한 적은 없이) 시민이 비밀경찰을 두고 1년에 1회씩 '노예에 대한 전쟁'을 벌여 반항하는 노예 청년을 합법적으로 죽였다. 다른 나라와의 전쟁에서 특별히 용감하게 싸운 노예는 국가에 의해 해방됐으나 실제로 이런 식으로 해방된 노예는 극히 드물었고, 시민에게는 노예를 해방시킬 권한이 없었다. 전쟁으로 정복한 식민지의 시민에게는 참정권이 주어지지 않았다.

엘리트와 시민은 태어나면서부터 전쟁을 위한 훈련을 받았다. 여자가 남편과의 사이에서 아이를 낳지 못하면 국가가 그 여자에게 다른 남자와 성관계를 갖는 것을 허용했다. 플루타르코스는 《영웅전》에서 이를 두고 좋은 땅을 찾아 씨를 뿌리는 것, 좋은 씨를 찾아 가축의 새끼를 얻는 것과 같다고 했다. 남녀 공히 동성애가 허용됐고, 사춘기 교육에도 동성애가 포함됐다. 소년의 신임도는 동성애 관계의 상대 소년이 하는 행위에 따라 판정됐다. 소년이 싸우다가 상처를 입고 울면 비겁하다는 이유로 그 소년의 동성애 상대가 처벌받기도 했다.

아이를 셋 낳으면 병역이 면제됐고, 넷 이상 낳으면 모든 의무에서 면제됐다. 병약하게 태어난 아기는 족장의 검사를 받은 뒤에 유기됐고, 튼튼한 아기만 성장하여 20세까지 군사훈련을 받았다. 24세부터는 군대에 복무했고, 20세가 넘으면 결혼을 허용 받았으며, 독신으로 사는 것은 불명예로 규정됐다. 30세 이후의 남자는 '남자의 집'에서 살면서 공동으로 식사했다. 스파르타의 엘리트와 시민은 자기의 토지에서 생산되는 것으로만 살아야 했고, 금과 은은 소유할 수 없었다. 영화 〈300〉에 따르면 그들은 용감하기로 유명했다.

포퍼는 스파르타의 정치를 다음과 같이 요약하면서 ⑥을 제외한 나머지는 모두 현대의 전체주의와 일치한다고 지적했다.[73]

① 통제된 부족주의를 보호하기 위한 배타성
② 평등주의, 민주주의, 개인주의의 배척
③ 자급자족
④ 반보편주의 및 순수혈통주의
⑤ 이웃에 대한 지배와 노예화
⑥ 성장의 제한

러셀은 스파르타가 그리스의 사상에 현실과 신화를 통해 영향을 미쳤다고 보았다. 여기서 현실이란 아테네를 전쟁에서 패배시킨 것을 가리키고, 신화란 플라톤을 비롯한 여러 그리스 철학자들에게 영향을 미친 스파르타와 관련된 신화를 가리킨다. 스파르타와 관련된 신화는 훗날 루소와 니체, 그리고 국가사회주의에까지 영향을 미쳤다. 이런 영향에서는 신화가 현실보다 중요했으나, 신화의 근원은 현실이었다.[74]

이상은 스파르타에 대한 전형적인 설명이다. 이렇게 설명된 스파르타가 바로 플라톤과 투키디데스[75]에 의해 이상화되고 플루타르코스가 《영웅전》에서 찬양한 스파르타다. 2400년 동안 젊은이들이 이러한 모습으로 그려진 스파르타에 관한 이야기를 읽고 그런 이야기에 나오는 영웅이나 철인처럼 되겠다는 야심을 품었다. 스파르타를 모범국가로 찬양한 플라톤의 사상은 그의 제자인 아리스토텔레스의 사상과 함께 서양인들의 사고방식에 큰 영향을 끼쳤다.

그러나 스파르타의 실제 모습은 그렇게 그려진 모습과 달랐다. 스파르타의 전성기를 살았던 역사가 헤로도토스에 따르면 스파르타인은 뇌물 앞에서 완전히 무력했고, 국가를 팔아먹은 스파르타의 왕도 있었다고 한다. 또한 스파르타의 여성은 정숙과는 거리가 멀었고, 왕권 상속자가 사생아라는 이유로 왕이 되지 못한 경우도 여러 번 있었다. 아리스토텔레스도 스파르타에 대해 재산이 불공평하게 분배되어 탐욕이 넘친다면서 스파르타를 퇴폐적인 국가라고 비판한 바 있다.[76]

스파르타의 부자정에 대한 주변 폴리스들의 저항이 독재정을 등장시켰다. 스파르타에서는 독재정이 나타나지 않았지만, 코린트에서는 독재정이 최초로 등장했다. 스파르타의 합법적인 왕과 달리 코린트의 독재자는 권력을 힘으로 찬탈하고 세습했다. 독재자는 대부분 엘리트였으나 쿠데타의 성공을 위해 시민의 지원을 받아야 했다. 특히 가난한 시민의 지원을 받기 위해 그들에게 시민권을 부여하고 그들의 이익을 위해 여러 가지 사업을 벌였다. 따라서 독재정의 지배자인 독재자가 무조건 잔인한 통치자이기만 했던 것이 아니었고, 나쁜 독재자도 있었지만 좋은 독재자도 있었다.

아테네 시민정의 역사

지금 그리스의 서울인 아테네에 가보면 도시 중앙의 언덕 위에 신전인 아크로폴리스(파르테논)가 고대 그리스 문화의 상징으로 웅장하게 자리 잡고 있다. 그러나 아테네 민주주의의 진정한 상징은 그 아래에 있는 아고라라는 광장이자 시장인 곳과 그곳을 둘러싼 여러 공공건물들이다. 어느 폴리스에서도 그 중심이 되는 장소는 아고라였다. 아테네의 경우에는 기원전 6세기경에 아고라가 만들어졌다. 민회가 열리는 회의장은 지금의 아테네 시내에서 좀 떨어진 들판에 있었다.

기원전 800년과 700년 사이에 아테네의 인구가 급증했고, 특히 자유농민들이 급속하게 성장해 엘리트들을 상대로 자신들의 권리를 주장했다. 그 전의 부자정과 유사한 형태의 정체를 형성한 아테네의 엘리트들은 가난한 사람들에게도 시민권을 부여했다.

그 전에 왕이 없었던 아테네는 엘리트 통치자인 아르콘들에 의해 통치되고 있었다. 그들의 임기는 원래 10년이었으나 기원전 683년부터 임기 1년의 아르콘 9명이 정권을 잡은 뒤로 엘리트의 지배권이 확립됐다. 그 후 신흥세력으로 떠오른 시민이 엘리트와 대등한 발언권을 요구함으로써 대립상태가 초래됐고, 이런 대립상태를 완화시키기 위한 개혁이 추진됐다.

기원전 594년에 아르콘으로 선출된 솔론(기원전 640~558)이 실행한 개혁이 가장 대표적이다. 솔론은 시민을 재산에 따라 4계

파르테논 신전

급으로 나누고 그 계급에 따라 정치참여를 인정했다. 이에 따라 아르콘 등의 상위직은 제1~2계급에게, 하위직은 제3계급에게 부여됐고, 제4계급에게는 민회 선거권과 배심원 피선임권만이 인정됐다. 그러나 솔론의 금권정치에 대한 반발로 기원전 561년에 페이시스트라토스의 독재정이 등장했다. 그가 아테네의 아고라를 만들었다.

페이시스트라토스는 호메로스의 서사시를 필사하고 극장을 세워 연극을 공연한 공적으로도 유명하다. 그는 필기재료인 이집트의 파피루스를 배로 실어오고 글을 읽는 대로 받아쓰는 교육을 받은 노예를 사들여 호메로스의 원문을 필사본으로 만들어 발행했다. 그 성공에 힘입어 다른 책들도 많이 간행됐고, 그 뒤로 2세기 동안 유럽에서 유일하게 아테네에 책시장이 열렸다. 그 결과로 아테네에서 작가, 역사가, 정치사상가, 철학자, 과학자, 수학자 등이 상당수 나타났다. 기원전 5세기의 아테네 문화는 그런 책시장에 크게 힘입었다. 그것은 아테네의 민주주의가 발전하는 데 초석이 됐고, 나중에 페르시아 전쟁에서 아테네가 승리하는 데 도움이 되기도 했다. 당시 아테네의 책시장 개설 및 그 영향은 15세기 유럽의 구텐베르크의 인쇄술 발명 및 그 영향(르네상스와 종교개혁의 밑거름이 됨)과 유사한 것이었다.

기원전 510년에 독재정이 끝나고 기원전 508년에 솔론계 평민파였던 클레이스테네스가 집권해 시민정의 기초를 놓았다. 1992년에 그리스에서 '민주주의' 탄생 2500주년을 기념한 것은 바로 그 기원전 508년을 민주주의의 기점으로 삼은 것이었다. 그런데 당시의 민주정은 엘리트 세력의 파벌정치에서 비롯된 것이었다는 점에 유의해야 한다.

클레이스테네스는 먼저 엘리트 세력을 타도하기 위해 그동안 유지돼온 혈연 중심의 부족별 구획을 버리고 그 대신 아테네를 도시부, 연안부, 내륙부의 3개 부로 나누고 그 각각을 다시 10개 구로 나누어 30개 구획을 설정한 뒤 3개의 부에서 각각 하나씩 3개의 구를 연결해 모두 10개의 구를 만들었다. 이는 혈연과 지연을 배제하기 위한 획기적인 조치였다. 또한 그는 각 구에서 50명의 대표를 추첨해 그들로 500인 평의회를 구성하고 이것을 민회(모든 시민이 참석해 중요한 국정에 대해 결정을 내리는 최고 의사결정기관)의 상설 정무기관으로 삼았다. 이어 그는 명문 엘리트의 정치기반을 파괴하고 새로운 독재자의 등장을 막기 위해 도편(陶片)추방법을 만들어 시민 중심의 민주주의를 구축했다. 한편 당시에 유일하게 아테네에 맞설 수 있는 폴리스였던 스파르타에서는 식민지의 반란으로 인해 극단적인 군국주의와 쇄국주의, 그리고 근검절약의 생활방식이 성립됐다.

그리스는 아테네와 스파르타의 협력에 힘입어 페르시아와의 전쟁에서 두 차례(기원전 490년의 마라톤 전투와 기원전 480~479년의 살라미스 해전)나 승리했다. 그 승전의 기쁨이 채 사그라지기 전인 기원전 469년에 소크라테스가 태어났다. 이어 등장한 페리클레스(기원전 500?~429년)의 '15년 계획의 시대'(기원전 443~429년)

에 아테네는 그리스 문화의 참된 중심으로 성장했고, 시민정도 완성했다. 평생 20회 정도 군사령관을 지낸 페리클레스는 우리의 군사독재자들과 달리 시민정을 완성시켰다. 그는 시민이 더 적극적으로 정치에 참여할 수 있게 하려고 공직을 맡는 시민에게 약간의 보수를 지불했다. 또한 아르콘직을 최하층민 이외의 모든 시민에게 개방했고, 유급 배심원 제도를 도입해 빈민도 재판에 참여할 수 있게 했으며, 빈민에게 수당을 주어 극장에 가서 공연을 볼 수 있게 하는 조치도 취했다. 그리고 그는 표현의 자유를 완벽하게 보장했고, 파르테논 신전을 비롯해 지금 우리가 볼 수 있는 여러 건물을 지었다. 페리클레스가 통치하던 시기에 세계문학의 효시가 되는 그리스 희곡이 쓰어지고 역사와 철학이 꽃피었다. 바로 이런 시대적 상황을 배경으로 해서 소크라테스가 활동했다.

시민정을 이끈 페리클레스의 사상에 대해서는 뒤에서 다시 살펴보도록 하겠다. 그는 기원전 430년에 아테네를 덮친 페스트에 걸려 죽었다. 그 직전에 아테네와 스파르타 사이에 벌어진 펠로폰네소스 전쟁은 기원전 431년에 시작되어 404년까지 이어졌는데, 이 전쟁은 아테네의 패배로 끝났다. 그러나 승전국인 스파르타도 엄청난 피해를 보았다. 이 전쟁이 끝난 지 4년 뒤에 소크라테스가 재판을 받았다. 이는 소크라테스가 스파르타를 좋아했고 그의 제자 중에 스파르타 편이라고 볼 만한 사람이 있기 때문이었다.

플라톤은 기원전 427년에 태어나 기원전 374년에 죽었다고들 하지만, 이것이 정확한 것인지는 알 수 없다. 그가 기원전 427년에 태어났다고 하면 펠로폰네소스 전쟁이 발발한 지 4년 뒤, 그리고 페리클레스가 죽은 지 2년 뒤에 태어난 셈이 된다. 펠로폰네소스 전쟁은 플라톤이 23세가 될 때까지 28년간 이어졌다. 플라톤은 그 자신이 《카르미데스》와 《티마이오스》에서 설명하듯이 아테네의 입법가인 솔론을 모계 혈통으로 한 명문 엘리트 가문의 아들로 태어났다. 그는 23세였던 404년에 아테네의 패배로 전쟁이 끝난 뒤(흔히들 이 전쟁으로 아테네가 망했다고 하나 이는 사실이 아니다)에 그의 친척들이 포함된 엘리트정에 참여하려고 했으나 그것에 실망하게 되어 그만두었다. 엘리트정은 성립된 이듬해에 시민정에 의해 무너졌다. 이어 그가 28세가 된 기원전 399년에 그의 스승인 소크라테스가 처형당했다. 20대를 그렇게 보낸 플라톤이 시민정에 대해 적대감을 가졌으리라는 것은 누구나 쉽게 짐작할 수 있다. 아니, 그는 스승이 처형당하는 것을 보고 정치 자체에 환멸을 느끼고 철학으로 돌아섰는지도 모른다.

소크라테스가 처형된 지 4년 뒤에 코린트 전쟁이 터졌고, 이 전쟁에서 아테네는 다시 스파르타에 패배했다. 그 여파로 아테네를 비롯한 그리스의 폴리스들은 더욱더 몰락했다. 이어 기원전 338년에 그리스 북방의 마케도니아가 침략해왔다. 이때의 전쟁에서 그리스의 폴리스들이 패배함에 따라 그리스에서 폴리스는 독립된 정치단위로서의 기능을 완전히 상실했다. 그 뒤로 마케도니아의 알렉산드로스 대왕(기원전 336~323년 재위)이 페르시아 원정에 나선 것을 계기로 헬레니즘 시대가 시작됐고, 이로써 그리스의 시민정과 고전

문명은 끝났다.

  제2차 펠로폰네소스 전쟁을 다룬 역사책들은 이 전쟁이 기원전 404년에 아테네의 패배로 끝난 것을 중시해 기원전 404년에 아테네의 민주주의가 끝난 것처럼 서술하고 있다. 그러나 그 뒤에도 아테네의 민주주의자들이 30인 부자정을 무찔러 시민정을 회복한 적이 있었다는 데 유의해야 한다. 그러나 그 뒤로 아테네는 소크라테스를 처형한 것을 비롯해 많은 실수를 했다.

고대 그리스 시민정의 구조

뒤에서 다시 보겠지만, 시민정 말기에 살았던 아리스토텔레스는 농민, 기술자, 상인 등이 아테네의 시민정에 참여하는 것에 대해 개탄하면서 그들의 시민정 참여를 제한하거나 그들의 노동을 노예가 대신 하도록 해야 그들이 시민정에 제대로 참여할 수 있다고 주장했다. 하지만 이는 시민정의 현실과는 다른 아리스토텔레스 나름의 개혁론(실제로는 개혁으로 이어지지 못했지만)에 불과한 것이었다. 당시에 대부분의 아테네 시민은 농민, 기술자, 상인과 같은 직업인이었다. 따라서 아테네의 시민정이 노동에서 완전히 해방된 엘리트만의 것이었다고 보아서는 안 된다. 그런 것은 아리스토텔레스가 주장한 것이었을 뿐 아테네 시민정의 실제 모습과도 다르고, 당시 아테네 시민들의 일반적인 생각이 그랬던 것도 아니다.

아테네의 시민정은 추상적인 이론이나 원리, 또는 헌법에 토대를 둔 것이 아니라 시행착오를 거듭하며 형성된 토착적인 것이었고, 참여와 책임을 그 내용으로 한 것이었다. 그것은 가능한 한 많은 시민에게 정치참여의 기회를 주고(아마추어리즘), 정치가와 공무원에 대해 시민이 철저히 책임을 묻는 시스템(탄핵제도)을 갖춘 것이었다. 아테네의 시민정은 민회와 시민법원이 다수결로 국정을 결정하고, 공무원의 권력은 추첨과 임기 1년제의 순환에 의해 가능한 한 세분화되어 특정인에게 권력이 장기적으로 집중되는 것을 철저히 막는 것이었다.

아테네인은 모든 방면에 관심을 가지고 능력을 발휘하는 것이 시민정에 참여하는 시민이 갖춰야 할 바람직한 태도라고 생각했다. 아테네인은 사적으로는 가정의 평화와 가계의 수지를 관리하는 데 엄격했고, 공적으로는 민회와 시민법원 참여, 추첨에 의한 공무 담당, 전쟁 수행에 바빴으며, 그 모든 것을 위해 교양을 쌓고 체력을 단련했다. 그들은 공과 사, 정신과 육체의 모든 영역에서 자신의 능력을 최고도로 발휘하고자 노력했다.

공무원의 자격요건은 전문가가 아닌 폴리스 시민으로서의 덕성이었다. 아테네인은 소크라테스, 플라톤, 아리스토텔레스가 주장한 대로 하나의 전문분야만을 추구하는 것은 자유인이 아닌 비열한 자나 하는 짓으로 여겼고, 경제적으로 최대이윤을 추구하는 것도 부끄러운 짓으로 생각했다. 아테네 시민정의 원칙 가운데 하나인 아마추어리즘은 인간은 잠재적으로 모든 능력을 갖추고 태어난다는 가치관에 입각한 것이었다.

아테네인은 시민정을 하나의 생활방식으로 이해했고, 어떤 시민도 시민정에 참여할 수 있다고 생각했다. 그들은 공사 양면에서 경험을 쌓아 스스로 유능하게 되어야 했다. 따라서 정치활동에 참여할 수 없는 사람은 무능한 시민으로 간주됐다. 시민인 이상 누구나 다재다능하고 적응능력이 있으며 자주독립하고 자족적인 인격을 갖추어야 했다.

그런 자유인의 공동체인 폴리스는 자주를 기본으로 하는 자치체로서 시민의 그러한 생활방식을 보장하는 것이어야 했다. 폴리스란 '도시' 이상의 것, 곧 독립된 주권국가이자 자유인의 자율적 자치공동체를 뜻하는 것이었다. 그것을 누가 다스리느냐 하는 것은 중요한 문제였다. 즉 소수의 부자가 다스리느냐, 아니면 다수의 빈민이 다스리느냐는 문제가 중요했다. 아테네인은 다수의 빈민이 다스리는 것이 옳다고 보았다. 그래서 아테네 시민정의 조직이 민회, 평의회, 시민법원, 책임지는 공무원제로 구성된 것이다.

아테네 시민정은 이처럼 그 중심에 민회, 평의회, 시민법원이라는 민주적인 기관을 두고 그 밑에 집정관(아르콘)을 비롯한 여러 공무원을 두는 정체였다. 집정관은 오늘날에 비유하면 총리나 대통령, 또는 장관이라고도 할 수 있는 9명의 최상위 공무원이었다. 그러나 그들은 정치의 중심이 아니었고, 어디까지나 방금 말한 세 가지 시민기관의 하위에 위치했다.

아테네 시민정의 민회, 평의회, 시민법원을 입법부, 행정부, 사법부라는 현대의 3권분립 체제와 같은 것이었다고 보는 견해가 있다. 하지만 그 원리는 같을지 몰라도 그 구체적인 내용이 반드시 같지는 않다. 민회는 최고 의사결정기관, 평의회는 집행기관, 시민법원은 재판기관이라는 점에서는 그 각각을 입법부, 행정부, 사법부라고 볼 수 있지만, 이는 지극히 피상적인 관찰이다. 나중에 다시 설명하겠지만 아테네의 민회는 단순히 입법기관이기만 한 것이 아니라 국정의 기본을 담당한 행정부이자 스스로 재판을 담당한 사법부이기도 했다.

그러나 물론 권력분립의 원리로 보면 다를 게 없었다. 아테네 시민정에서는 행정, 사법과 함께 광의의 입법권도 중요하게 취급됐다. 그러나 아테네 시민정은 절대적인 직접적 시민정이었고, 그래서 동일한 시민이 행위의 위법성을 심사하는 시민법원과 그 심사를 받는 민회에 동시에 구성원으로 참여했다. 이런 점에서 아테네 시민정은 3권이 엄격하게 분리된 현대의 권력분립 제도와 다른 것이었다.

나아가 고대 아테네에는 권력분립에 따른 사법심사의 원리도 존재했다. 아테네인은 법의 절대성을 인정하고 그 개정을 부정했다. 따라서 그 헌법은 경성헌법이었고, 헌법 규정을 보호하기 위해 필요한 조치는 시민의 신청에 의거해 시민법원이 취했다. 민회의 행위에 대한 시민법원의 심사는 현대의 헌법재판소에 의한 위헌심사와 유사했다. 합법성에 대한 시민법원의 판단은 그 효력이 국가의 모든 활동에 미쳤고, 아르콘의 행위도 심사대상이 됐다. 아르콘의 자격충족 여부도 심사대상이 됐고, 아르콘도 권력을 남용하거나 부당행위를 하면 소추를 받았다.

이러한 고대 그리스의 시민정에 대해 19세기부터 여러 가지 평가가 나왔다. 그중 하나는 그것을 민주주의의 모델로 이상시하는 것이었고, 다른 하나는 그것을 군중심리에 의해 국정이 농단된 중우정으로 보는 것이었다. 둘 중 후자의 평가가 우세했다고 할 수 있다. 즉 그리스의 시민정을 민주주의의 이상적 모델로 보지 않는 경향이 그동안 지배적이었고, 지금도 그렇다.

고대 그리스의 시민정을 무조건 이상시할 수 없음은 두말할 필요가 없다. 그것은 성년남성 그리스 시민만 정치에 참여하는 정체였고 여성, 노예, 외국인은 정치활동에서 배제하는 것이었기 때문이다. 즉 고대 그리스의 시민이란 참정권을 독점한 소수의 특권계층이었다. 게다가 고대 그리스에는 인권이라는 개념도 없었다. 가령 현행범으로 체포된 강도범이나 유괴범이 스스로 죄를 인정하면 재판 없이 즉각 처형됐다.

그러나 그렇다고 해서 그것을 중우정이라고 할 수는 없다. 사실 '중우정'이라는 말 자체, 즉 '어리석은 무리의 정치'라는 말 자체에 이미 편견이 숨어있으므로 객관적인 용어라고 할 수 없다. 따라서 중우정은 적어도 학문적으로는 사용하기 어려운 말이다. 이것은 소크라테스, 플라톤, 아리스토텔레스 같은 철학자들이 주로 사용했던 말인데, 그들은 본래 시민정에 대해 비판적인 사회계층인 엘리트에 속하는 사람들이었다. 플라톤은 본래부터 엘리트 출신이었고,

소크라테스는 본래는 비엘리트 출신이었으나 평생 비엘리트를 경멸하고 엘리트처럼 노동을 하지 않고 살았으며, 아리스토텔레스는 엘리트이기는커녕 재류외인이었으니 시민에도 끼지 못하는 사람이었으나 플라톤과 마찬가지로 평생 비엘리트를 경멸하고 엘리트처럼 노동을 하지 않고 살았다. 고대 그리스의 철학자 중에는 이런 종류의 사람들이 많다. 그러나 앞에서 보았듯이 디오게네스만은 노예였다.

소크라테스는 추첨에 의해 공직에 취임한 적도 있으나 그 추첨제를 멸시했고, 전문성을 살리지 못하는 제도라는 이유에서 그것을 비합리적이라고 비판했다. 더 나아가 그는 직접적인 시민정 자체를 부정했다. 따라서 그가 시민정에 의해 재판을 받은 것은 어쩌면 사필귀정 같은 것이었다.

스승을 죽인 시민정을 플라톤은 소크라테스보다 더욱더 철저히 증오하면서 철인정치라는 이상국가를 몽상했다. 플라톤보다는 정치적으로 중용의 입장을 취한 그의 제자 아리스토텔레스는 시민정의 어떤 형태에 대해서는 호의를 품기도 했으나 아테네의 현실 시민정에 대해서는 역시 비판적이었다.

아테네 시민정에 관한 기록이 담긴 자료는 모두 다 시민정에 대해 비판적인 입장을 갖고 있었던 그들에 의해 쓰어진 것이 전해 내려온 것이고, 시민정에 대해 호의적인 내용의 자료는 하나도 남아 있지 않다. 시민정에 대해 호의적인 입장을 갖고 있었던 시민계층은 글을 써서 기록으로 남기지 못했기 때문이다. 따라서 당시의 엘리트가 써서 남긴 반시민정적인 글을 사료로 삼아 그리스의 시민정을 일방적으로 부정적으로 평가해서는 안 된다.

아테네 시민정에 대한 부정적인 평가는 로마시대, 르네상스시대, 계몽시대를 거쳐 19세기까지 이어지면서 유럽의 사상에 깊은 뿌리를 내렸고, 지금도 그러한 평가가 대세를 이루고 있다고 해도 과언이 아니다. 특히 우리나라의 경우에는 19세기 말에 일본이 수입한 유럽문화의 형태가 그대로 식민지 한국에 전달되면서 그와 같은 그리스상이 각인되었기 때문에, 그리고 해방 이후에는 고대 그리스에 대한 우리 학자들의 연구가 주로 보수적인 미국의 학풍에 의존했기 때문에 아테네 시민정에 대한 평가에서 여전히 보수적이다.

고대 그리스 시민정의 한계

앞에서도 강조했지만, 고대 아테네의 시민정은 물론 완전한 것이 아니었다. 그것은 무엇보다도 성년남성 시민만 참여하는 것이었다고, 여성이나 노예는 제외되는 폐쇄적인 것이었다. 게다가 성년남성 시민, 특히 '가난하고 무식한 다수 대중'의 아마추어리즘이 언제나 올바른 것은 당연히 아니었고, 도리어 그들의 전횡이 비판의 대상이 되곤 했다. 그리고 그러한 비판의 선봉이 플라톤과 아리스토텔레스였다.

현대의 학자 중에서도 마찬가지로 아테네의 시민정에 대해 비판적인 사람들이 많다. 가령 사회주의자인 하우저는 "시민정은 온갖 세력의 경쟁을 자유롭게 방임하고, 모든 인간을 그 개인으로서의 가치에 따라 평가하여 각자에게 그 최고의 능력을 발휘시키려고 한 점에서는 개인주의적이지만, 동시에 신분의 차이를 평준화하고 출생에 따른 특권을 폐지한다는 점에서 반개인주의적이기도" 했다고 본다.[77] 또한 "도시의 시민계급은 일면으로는 민주적 평준화의 경향을 환영하고 다른 한편으로는 자본가들의 새로운 특권을 만들어내는 데 열중하고 있었는가 하면, 엘리트계급은 또 그들대로 화폐경제에 의존하게 된 결과 옛날과 같은 통일성과 일관성을 가진 행동기준을 잃고 시민계급의 비전통적이고 합리적인 사고방식에 접근해간 것"[78]이라고 한다.

하우저에 의하면 시민정이 확립된 뒤에도 엘리트계급의 영향력은 여전히 막강했다. 페리클레스 등도 엘리트 출신이었고, 정치적으로 시민정이 성립됐어도 경제적인 민주주의는 요원했다. 즉 "기껏해야 혈통 위주의 엘리트에 대신하여 재산에 의한 엘리트가 등장한 것과 씨족 단위로 구성돼있던 엘리트 국가가 금리생활자가 지배하는 화폐경제 중심의 국가로 이행된 것 정도"에 불과했다.[79]

게다가 시인이나 철학자들은 소피스트와 에우리피데스 외에는 모두 엘리트 편이었다. 시민정에 호의적이던 아이스킬로스도 만년에는 변화가 너무 급격하다고 비판했다. 그들의 엘리트주의는 그들의 작품에서 신화나 영웅전설이 가장 일반적인 소재로 다뤄진 데서도 드러난다. 특히 시민을 위해 공연된 비극조차도 그들이 그런 엘리트적 소재를 가지고 썼다는 점에서 엘리트주의적이었다. 당시의 그런 공연은 작품의 선정이나 그것을 무대에 올리기 위한 준비가 부유한 시민들에 의해 이루어졌다는 점에서 비민주적이었다. 그런 것과 다른 민중연극도 존재했던 것으로 보이지만, 민중연극의 대본이 됐던 작품들은 전해진 것이 없다.

지금까지 유럽인들은 기원전 5세기의 페리클레스 시대 이후로, 보다 정확하게 말하면 기원전 429년에 페리클레스라는 천재적인 정치가가 사망한 이후로 고대 그리스가 쇠퇴했다고 보았고, 이런 관점은 우리나라에서도 그대로 통용되는 상식이 됐다. 그러나 이런 관점은 19세기의 제국주의 시대에 유럽의 역사학자들이 열강과의 경쟁에서 패배한 아테네에 대해 더 이상 매력을 느끼지 못했기 때문에 형성된 것이다. 그때 그들은 알렉산드로스 대왕이 동방정복을 하고 난 뒤의 그리스를 찬양하기 시작했고, 그 전 1세기 동안의 그리스에 대해서는 더 이상 관심을 기울이지 않았다. 알렉산드로스 대왕을 다룬 영화가 최근까지 여러 차례에 걸쳐 서구에서 인기를 끈 것도 이와 같은 맥락의 현상이었다.

페리클레스가 죽은 뒤로 고대 그리스에 천재나 거물이 등장하지 않은 것은 사실이다. 30인 정권이 타도된 것도, 시민정이 부활한 것도 어느 한 사람의 위대한 지도자에 의해 달성된 것이 아니라 수많은 지도자와 민중에 의해 달성된 것이었다. 시민정이 부활한 뒤에 시민정치가 이어졌지만, 그 지도자들도 과거와 같은 혈연이나 문벌 출신이 아니라 민회에서 변론을 통해 정책결정에 참여하면서 두각을 나타낸 새로운 유형의 정치가였다. 특히 정치장군이 사라졌고, 장군들은 군사에만 전념했다.

이렇게 된 것은 적어도 민주주의의 관점에서 보면 도리어 바람직한 것이었다. 인치에서 법치로 지배원리를 변경한 아테네의 시민들은 더 이상 페리클레스와 같은 카리스마를 가진 인물을 필요로 하지 않았다. 대신 재무관을 비롯한 각 분야의 전문가들이 등장하기 시작했다. 이러한 전문가들의 등장은 아마추어리즘이라는 시민정의 원리에 어긋나는 것이었고, 그래서 나중에 시민정을 파탄시키는 원인 가운데 하나가 됐다. 물론 시민정의 파탄에 그것만이 원인이었다고 볼 수는 없고, 다른 외부적 요인도 있었음에 주의해야 한다.

소크라테스가 재판을 받기 4년 전인 기원전 403년에 부활한 시민정은 그 뒤로 80년간 안정된 길을 걸었다. 아테네는 국제적으로는 과거의 힘을 회복하지 못했지만 국내적으로는 과거보다 더욱 충실한 시민정을 이루었고 그 경제도 부흥됐다. 위에서 살펴본 아테네의 민주적 제도도 더욱 충실하게 정비됐고, 특히 민회의 회의장이 더욱 넓어져 시민의 참여가 더욱 확대됐다. 아테네가 재정의 어려움에도 불구하고 민회에 출석하는 시민에게 수당을 지급해 민회 참여자 수가 늘어난 것도 시민정이 부활한 직후의 일이었다. 그때 연극관람 수당도 지급됐다. 그리스에서 연극이 성행했음은 널리 알려져 있으나, 당시에 연극관람이 시민정에 참여하는 방식의 하나로 중시됐다는 사실은 그다지 알려져 있지 않다.

알렉산드로스는 세계제국을 최초로 이룩한 대왕으로 유명하지만, 적어도 고대 그리스의 민주주의와 관련해서는 그를 민주주의 파괴자로 불러야 옳다. 폴리스를 구축하지 못한 마케도니아는 알렉산드로스의 아버지가 통치하던 시대부터 국력이 커졌다. 마케도니아에 대해 그리스는 어느 폴리스도 홀로는 대항할 수 없어서 연합으로 대항했으나 결국은 패배하여 모든 폴리스가 독립성을 상실했다.

폴리스가 존립하기 위한 전제는 자치였다. 자치는 폴리스 시민의 최대 자랑거리이자 다른 도시와 구별되는 폴리스만의 특징이었다. 따라서 그런 자치가 부정되자 시민정도 부정됐다. 알렉산드로스의 침략을 받은 뒤에 아테네에서 민주파를 중심으로 한 반란세력이 들고일어났지만 그들도 기원전 322년 여름에 항복해야 했고, 이로써 시민정은 결정적으로 종식됐다.

이때부터는 참정권이 2천 드라쿠마 이상의 재산을 갖고 있는 시민 9천 명에게만 인정됐고, 정치는 부자정으로 변했다. 시민법원, 공무원추첨제, 복수대표제, 공직순환제, 민회수당 등이 모두 폐지됐다. 빈민의 민회 참여도 금지됐다. 그 뒤로 80여 년 동안 아테네에서 정변이 8번 일어나고 시민정이 3번 부활했으나 그 모두가 헬레니즘 세력의 지원을 받은 것이었으니 사실상 기원전 322년이 시민정의 마지막 해였음에 틀림없다.

그렇게 아테네 시민정은 끝났다. 즉 아테네 시민정은 알렉산드로스 대왕이라는 외세에 의해 망한 것이었다. 따라서 세계사 교과서에 나오는 상투적인 설명, 즉 그리스가 펠로폰네소스 전쟁 이후에 중우정에 빠져서 망했다는 설명은 옳지 않다. 즉 시민정 자체의 문제 때문에 망한 것이 아니었다.

페리클레스

고대 그리스의 시민정을 대변하는 인물은 어느 철학자가 아니라 정치가인 페리클레스다. 펠로폰네소스 전쟁이 터진 직후의 기원전 431과 430년에 걸친 겨울에 페리클레스가 전몰자들을 위한 추도연설에서 한 다음과 같은 말이 그리스 민주주의의 정신을 가장 잘 보여준다. 그는 먼저 아테네인이라면 당연히 정치에 관심을 갖는다고 역설한다.

> 적어도 아테네 시민은 내 몸과 마찬가지로 국가에 대하여 관심을 갖지 않는 자가 없다… 대체로 정치에 관심이 없는 사람은 자기 일에 열성이 있는 사람이라고 말할 수 없다. 아니, 오히려 우리 아테네에서는 전혀 소용없는 자라고 나는 말하고 싶다. 비록 소수의 사람만이 정책을 발의할 수 있다고 해도 우리 모두 그것을 비판할 수 있다. 우리는 논의를 정치적 행위에 대한 장애물로 보지 않고, 현명한 행위를 위한 하나의 불가피한 예비행위로 본다. … 요컨대 나는 아테네는 그리스 세계의 학교이며, 아테네의 모든 개인은 적절한 재능을

연설하는 페리클레스

기르고 위기에 대처하며 자립적일 수 있도록 성장돼야 한다는 것을 주장한다.[80]

우리들이 행하는 정치를 민주주의라고 한다. 왜냐하면 우리들의 주권은 소수의 특권계급 사람들만의 것이 아니고 우리들 시민 자신이 장악하고 있기 때문이다. 우리들은 개인끼리의 분쟁을 해결하는 경우에 법 앞에 모든 사람이 평등한 권리를 갖고 있다. 어떤 인물을 사회적으로 책임 있는 지위에 오를 사람으로 선출할 경우 우리가 문제로 삼아야 할 것은 어디까지나 그 개인의 능력이지 결코 문벌 등은 아니다. 가난은 아무런 장애가 되지 않는다.[81]

여기서 공직자 선출 시 문제 삼아야 하는 것은 개인의 능력이라고 한 부분에 대해서는 약간의 보충설명이 필요하다. 고대 그리스에서 공직자를 선출하는 경우란 매우 드물었지만 그렇게 할 경우에는 전문적인 능력을 보지 않고 훌륭한 덕성을 기준으로 삼았다는 사실을 염두에 둬야 한다.

고대 그리스의 민주주의에 대한 가장 멋진 설명은 한나 아렌트가 《인간의 조건》[82]에서 한 설명이다. 아렌트는 나치의 전체주의를 경험한 뒤에 그 해결책으로 모든 사람에게 자유로운 판단과 행위를 보장하고 장려하는 이상적인 정치를 구상했고, 그 전형을 고대 그리스의 민주주의에서 구했다. 아렌트는 페리클레스 시대의 이상적인 아테네 시민이야말로 '정치적으로 존재하는 삶'의 전형을 보여준다고 보았다. 아테네의 자유로운 시민은 처에게 가계 관리를, 고용인과 노예에게 논밭의 경작을, 외국인에게 상업 문제를 맡기고 자신은 행위하고 토론하기 위해 도시국가의 공적 장소로 갔으며, 그곳에서 자유의 공기를 만끽하고 지배관계에서 벗어나 공적 이익을 추구하면서 공적 행복을 누렸다는 것이다.[83]

그러한 자유시민은 정치의 전문주의를 부정하고 스스로 입법, 사법, 행정의 책임을 졌다. 그러나 그러한 공무는 '참으로 정치적'인 활동인 담화를 할 공간을 창설하고 유지하는 데 필요한 절차일 뿐이었다. 즉 공무의 의미는 궁극적으로 공적 공간을 영속화, 안정화하는 데 있었다. 즉 공적 공간에서 모든 공적 문제가 개개인에 의해 자유롭게 표출되어 폭력이나 무력이 아닌 발언과 설득을 통해 결정되거나 해결될 수 있도록 보장해주는 데 공무 절차의 정치적 의미와 가치가 있었다. 아렌트는 폴리스가 그러한 공적 공간의 효시이자 전형이라고 보았다.

그러나 고대 그리스의 민주주의에는 명백한 한계가 있었다. 특히 노예제를 기반으로 했고, 같은 시민이라도 여성은 제외됐다는 결점을 가지고 있었다. 앞에서도 말했지만 고대 그리스는 노예제를 기반으로 한 사회였다. 그 정당성에 대한 의문은 소크라테스가 살아 있던 시대에 처음으로 제기됐으나, 소크라테스에 의해 제기된 것은 아니었다. 소크라테스도, 소크라테스의 제자인 플라톤도, 플라톤의 제자인 아리스토텔레스도 노예는 노예로 타고난 존재라고 주장했을 뿐 노예제를 부정하지 않았다.

소크라테스, 플라톤, 아리스토텔레스가 민주주의에 대해 비판적이었던 것은 그리스 민주주의의 그러한 한계 때문이 아니었다. 만일 그들이 그러한 한계를 비판하고 노예제가 없고 남녀가 평등한 민주주의를 주장했다면 그야말로 역사상 가장 위대한 민주주의의 성인이 됐으리라. 그러나 그들은 노예제를 인정하고 여성을 멸시했을 뿐만 아니라 민주주의 그 자체에 대해 반대한 국가주의자, 전제주의자, 반인권주의자였다. 반면에 디오게네스는 노예제를 부정했다.

소크라테스와 플라톤이 아테네의 식민지 경영을 비판적으로 보아 시민정에 반대했다고 보는 견해가 있다. 가령 우리나라에서 일찍이 소개된 헤어는 플라톤의 생애를 설명하면서 페리클레스를 시민정의 정치가로 소개하기는커녕 그가 "아테네가 바야흐로 속국으로 굴복시킨 동맹국들을 정당하게 대우하고 있는가라는 문제보다는 이제 막 부상하는 아테네 제국의 멋진 모습을 부각시키는 데 더 큰 관심을 가지고 있었다"고 비판하고, 이를 전제로 아테네 시민정에 대한 플라톤의 비판을 설명한다.[84] 그러나 플라톤은 물론이고 당대의 어느 누구도 그렇게 제국주의를 문제 삼지 않았다. 아테네 시민정에 대해 비판적인 견해를 갖고 있는 사람들은 그 근거의 하나로 아테네가 제국으로서 군림하며 식민지를 무자비하게 통치했다는 점을 들곤 하지만, 실제로는 그렇지 않았다.

3장 | 폴리스의 사상가들

고대 그리스의 반민주주의 사상가들

앞에서 본 신화의 주술적 기능에 대해 지성에 기반을 두고 의문을 품는 사람들이 생겨나면서 철학이 시작됐다. 최초의 철학자로 불리는 탈레스는 하늘의 별을 바라보며 걷다가 미끄러져 웅덩이에 빠진 에피소드로 유명하다. 별을 관찰했다고 하니 그는 지금의 우리식으로 말하면 철학자라기보다 과학자였다고 할 수 있지만, 당시에는 철학과 과학이 통합돼있었다는 데 주의해야 한다. 탈레스라는 최초의 철학자가 우연히 나타난 것은 아니었다. 그가 태어난 밀레토스(지금은 터키의 동남부에 있다)는 고대 그리스의 초기에 무역의 중심지였다. 그러니 탈레스가 만물의 근원을 '물'이라고 한 것도 우연이 아니었다.

그 뒤로 많은 과학자와 철학자들이 등장해 여러 가지 이야기를 했으나, 여기서는 그들의 이야기를 살펴볼 필요도 이유도 없다. 우리나라에서는 중고교 교육과정에서부터 그들에 대한 소개를 꽤나 상세히 하지만, 나는 그런 교육을 받을 때나 지금이나 과연 그렇게 해야 하는 것인지에 대해 의문을 품는다. 이 책에서 나의 관심은 그들이 민주주의를 어떻게 생각했느냐는 점에만 있다.

고대 그리스의 철학이 모두 반민주주의적인 것은 아니었지만, 유감스럽게도 플라톤을 비롯해 반민주주의적인 철학을 주장한 자들이 우리에게는 고대 그리스의 철학자로서 더 유명하다. 플라톤에 대해서는 뒤에서 다시 다룰 터이니 그때 살펴보기로 하고 여기서는 그의 선구자라고 할 수 있는 철학자 헤라클레이토스와 역사가 투키디데스에 대해 살펴보자.

기원전 500년경에 활동한 헤라클레이토스는 "만물은 유전한다"는 역사주의적인 주장과 변증법으로 유명한 철학자로서 플라톤, 아리스토텔레스는 물론이고 헤겔, 마르크스, 니체, 하이데거 등 여러 현대 반민주주의자들의 스승이 됐다. 그는 남을 철저히 멸시하고 민주주의에 정면으로 반대하는 다음과 같은 글을 남겼다.

> 군중은 금수처럼 배를 채운다. … 그들은 음유시인과 대중적인 미신을 그들의 길잡이로 삼는다. 왜냐하면 그들은 대부분이 나쁘고 오직 소수만이 선하다는 것을 알지 못하기 때문이다. … 법도 역시 일인의 지배에 복종해야 함을 요구할 수 있다.[85]

헤라클레이토스(왼쪽)　투키디데스(오른쪽)

헤라클레이토스는 선과 악은 동일하다는 가치상대주의에 서면서도 전쟁은 곧 정의라는 입장에서 "전쟁에서 죽은 자는 신과 인간에 의해 찬미된다"고 주장했다. "위대한 몰락일수록 그 운명은 더욱더 영광스러운 것이다. 위대한 인간이라면 그는 만 명의 인간들보다 더 가치 있다."[86]

우리에게 《펠로폰네소스 전쟁사》의 저자로 유명한 투키디데스는 흔히 역사학의 아버지라고 불리지만, 그가 반민주주의자로서 조국인 아테네에 적대적이었던 점은 그리 잘 알려져 있지 않다. 특히 최근에는 투키디데스가 미국 네오콘의 원조로 숭배된다는 점은 앞에서 설명했다.

소피스트

고대 그리스의 민주주의를 뒷받침한 민주주의 사상가들은 우리에게 그다지 널리 알려져 있지 못하다. 소피스트라고 불리는 사상가들이 바로 그러한 사람들이었지만, 소피스트라고 하면 우리는 궤변론자를 연상하며 멸시한다. 그러나 그들이 과연 그렇게 평가돼야 하는지에 대해서는 여러 가지 의문이 있다. 고대 그리스에서 소피스트란 단순히 '지혜로운 사람'을 뜻하는 말이었다. 그 말이 궤변론자, 즉 소크라테스 같은 '참된 철학자'가 아닌 '경박한 박식가'나 '거만한 허풍선이'를 뜻하게 된 것은 소크라테스, 플라톤, 아리스토텔레스 때문이다.

그러나 당시의 그리스 사람들에게는 소크라테스나 소피스트나 마찬가지였다.[87] 가령 아리스토파네스는 희극 《구름》(기원전 423년)에서 소크라테스를 냉소적인 소피스트로 묘사한다. 소크라테스는 돈을 받고 약한 논증을 강한 논증으로 만들어주는 프로타고라스의 수사학을 가르치는 자로 나온다. 이 작품에서 주인공의 아들은 소크라테스의 가르침을 받고 '아들은 부모를 때릴 수 있다'는 궤변을 그럴듯한 논증으로 만들 줄 아는 수사적 능력을 갖추게 된다. 이에 분노한 주인공이 소크라테스의 '생각하는 가게'를 불태워버리는 것으로 이 희극은 끝난다.

소크라테스, 플라톤, 아리스토텔레스는 소피스트들이 돈을 받고 사람들을 가르쳤다고 비난했지만, 그들이 그런 비난을 할 수 있었던 것은 그들 자신은 돈을 벌어야 할 필요가 없었기 때문이다. 소크라테스는 군인연금과 상속재산 덕분에 돈 걱정 없이 살았고,[88] 플라톤은 엘리트 집안 출신이었다. 반면에 소피스트들은 대부분 외국인으로서 당시의 아테네에서 시민으로 취급받지 못했으므로 당연히 돈을 벌어야 했다.

특히 그들은 엘리트에 대항하는 신흥 중산계급에게 웅변술과 논리학을 가르쳤다. 소피스트들이 등장하기 전에는 엘리트의 자녀들만 수준 높은 교육을 받을 수 있었다. 따라서 소피스트들은 엘리트의 반감을 샀다. 엘리트계급은 영웅적 기사를 숭상하고 이상적인 올림픽 경기자를 찬양했지만, 시민들 사이에서는 시민적 탁월성이 새로운 덕목으로 떠올랐고 그것은 지식, 논리적 사고, 정신과 말의 훈련을 통해 얻을 수 있는 것이었다.[89] 소피스트들은 이러한 가치관을 갖게 된 아테네 시민들을 가르치는 '시민의 철학자'였다. 반면에 소크라테스, 플라톤, 아리스토텔레스는 '엘리트의 철학자'였다.

소피스트들은 그리스의 엘리트들이 자연현상에만 관심을 갖는 것을 비판하고 인간문제에 관심을 집중했다. 소피스트들은 인간의 제도란 금기와 같이 마술적 특성을 가진 것이 아니라 인간이 만든 것이며, 자연적인 것이 아니라 관습적인 것이라고 보았고, 노예제와 민족주의에 반대하고 인류적 보편성을 강조했다. 그들은 전쟁을 어리석은 행위라고 비판했고, 아테네인들의 국수주의를 조소했다. 더 나아가 그들은 보통사람의 자유와 권리를 옹호했다. 그들은 세계시민주의자, 문화상대주의자, 경험주의자였다.

소피스트들의 위와 같은 주장은 당시의 노모스, 즉 실정법에 거스르는 반체제적인 주장이었다. 소피스트들은 실정법을 자연적인 인간의 자기완성, 즉 자유와 평등의 실현에 대한 부자연한 장애물로 보고 모든 나라에 적용되는 법, 즉 자연법을 추구했다. 이는 소피스트인 히피아스의 다음과 같은 말에 잘 표현돼있다.

우리 모두는 이 세상에 태어날 때부터 친구요, 친척이요, 형제라고 생각한다. 이는 법에 의해서가 아니다. 유사한 것은 태어날 때부터 동류이며 친숙하다. 그러나 법, 즉 인간을 압제하는 폭군은 자연에

반하는 강탈자다.[90]

 반면에 소크라테스, 플라톤, 아리스토텔레스는 이성이 우주를 지배한다고 보았고, 국가와 법도 그런 이성의 표현이므로 모든 개인이 국가와 법에 종속돼야 한다고 주장했다. 그들이 관심을 가진 것은 오로지 아테네를 포함한 그리스였지 그리스를 제외한 야만의 세계가 아니었고, 그들이 이상화한 국가와 법은 아테네 시민정의 그것이 아니라 군주정이나 엘리트정의 그것이었다. 그들은 노예제도 이성에 의해 성립된 것이라고 보았다. 그들과 달리 소피스트들은 노예제를 반대하고 국수주의를 비판했다. 소피스트들의 이런 태도는 선천적 노예론을 주장하고 '시민'과 '탁월한 인간'을 구별하는 소크라테스, 플라톤, 아리스토텔레스의 태도와 반대되는 것이었다.

 소크라테스, 플라톤, 아리스토텔레스가 엘리트교육론을 주장한 것과 달리 소피스트들은 모든 인간에게 무한한 가능성이 있다는 전제 아래 일반교육론을 주장했다. 소피스트들은 혈통에 근거를 둔 도그마와 신화, 전설, 인습 등을 배격했고, 덕은 후천적으로 계발할 수 있는 것이라고 믿었다. 자기인식, 자제, 비판 등을 중시하는 합리주의와 역사적 상대주의는 소피스트들에게서 비롯된 것들이다. 즉 과학적 진리, 윤리적 규범, 종교적 신앙이 모두 역사적으로 상대적인 인간노력의 산물이라는 관점을 그들이 처음으로 밝혔다.

소피스트들의 사상이 위와 같았기에 그들은 아테네의 시민정에 커다란 영향을 끼쳤다.[91] 그들은 활동의 중심을 변론술 교육에 두었다. 그들이 현대의 민주주의자들과 같이 민주주의를 이념적인 이상으로 삼아 그 실현을 도모하는 활동을 한 것은 아니었다. 그러나 그들이 상대주의적인 철학에 근거하여 민주주의 이념을 제시하고 실천한 점은 높이 평가돼야 한다.[92]

그들은 인간의 도덕은 사회적 관습이라고 생각했다. 그들은 정의와 법은 사회의 생성과 함께 발생하고 사회는 그 속에서 발전하는 것으로 보았다. 정의와 법은 일정한 인간의 행위와 태도에 붙여진 이름에 불과하고 역사와 함께 영원히 변화하며, 따라서 정의와 관련된 문제의 해결은 사람들 사이의 의견교환과 합의에 의해서만 가능할 뿐 어떤 개인의 정신에 의해 결정되는 것이 아니라고 그들은 보았다.

소피스트들의 생각에 입각하면 민주주의의 기본적인 원칙은 모든 사람이 발언권을 동등하게 허용받고 모든 의견이 대등하게 존중받는 데 있다. 민주주의에서 정치지도자는 도덕적 우월성을 요구받는 존재가 아니라 사람들의 다양한 의견을 조정하고 정리하여 합의를 형성하는 능력을 요구받는 존재다. 소피스트의 변론술은 바로 그런 능력을 발휘하게 해주는 것이었다.

반면에 소크라테스와 플라톤은 시민정에 대해 철저히 반발했고, 아리스토텔레스는 소크라테스와 플라톤에 비해서는 상당히 중립적이긴 했지만 역시 시민정에 대해 비판적이었다. 당시의 학문은 우리의 실학자와 비슷한 소피스트들이 장악하고 있었고 소크라테스, 플라톤, 아리스토텔레스는 평생 그들과 싸웠다. 소크라테스, 플라톤, 아리스토텔레스는 소피스트들이 신성을 더럽히고 국가에 혼란을 가져온다고 비난했다. 그래서 소크라테스는 소피스트를 대표하는 프로타고라스가 죽은 뒤에 그의 책을 불태우는 데 앞장섰다. 그가 만일 그렇게 극단적인 증오를 표현하지 않았다면 재판에서 사형을 선고받지도 않았을 것이다.[93]

흔히 원자론자로 불리는 데모크리토스도 위와 같은 생각을 소피스트들과 공유했다. 그런데 플라톤은 그가 쓴 책의 어디에서도 데모크리토스에 대해 언급하지 않았다. 이는 데모크리토스가 플라톤이 반대하는 민주주의자였기 때문이다. 심지어 플라톤은 데모크리토스의 책을 모두 불태우고 싶어 했다.[94] 그의 스승인 소크라테스가 프로타고라스의 책을 불태운 것에서 영향을 받아서였는지도 모른다. 데모크리토스의 원자론은 고대 그리스의 어떤 사상보다 현대적이지만 여기서는 그것에 대한 설명은 생략하고 민주주의와 세계시민주의에 대한 그의 생각만 간단히 살펴보자. 그 골자는 다음과 같다.

시민정 하에서의 가난이 엘리트정이나 군주정에 보통 수반된다고 하는 번영보다 낫다. 그것은 자유가 노예보다 좋은 것과 같은 이치다. 현자는 모든 국가에 속한다. 왜냐하면 위대한 영혼의 집은 전 세계이기 때문이다.[95]

3장 폴리스의 사상가들

데모크리토스

데모크리토스의 이러한 생각은 앞에서 본 디오게네스의 생각과 유사한 것이었다.

소크라테스

소크라테스의 출생연도는 정확하지는 않으나 대체로 기원전 469년으로 추정되는 반면에 그의 사망연도는 기원전 399년이 확실하다. 나는 소크라테스가 당시 그리스의 여느 아이들처럼 6세부터 18세까지 학교교육을 받았고, 그 후 2년간 당시에 꽤나 돈이 많은 사람들이 흔히 그랬듯이 중장보병으로 군대에 복무했으리라고 짐작한다. 그는 사회에 나와 처음에는 아버지를 이어 조각가로 일했으나, 얼마 안 가 아버지가 죽으면서 유산을 남기자 조각가의 일을 그만두고 평생 장돌뱅이 또는 철학자로서 무위도식하게 된 것 같다. 이는 그가 조각을 비롯한 예술을 경멸한 탓이기도 했다.[96] 소크라테스는 외모가 지극히 못생겼고, 평생 몸을 씻지 않아 더러웠으며, 사시사철 모직외투를 입고 맨발로 다녔던 사람으로 유명하다. 그러나 그가 실제로 가난했는지는 알 수 없다.

소크라테스라고 하면 당장 떠오르는 것은 '너 자신을 알라' 라는 말, '나는 아무것도 모른다' 는 무지의 자각에 대한 강조, 그리고 무지의 자각을 가능하게 하는 문답식 대화에 의한 토론, 그런 토론의 방법에 의해 밝혀졌다고 하는 '탁월성은 지식이지만 그것은 결코

소크라테스

가르쳐질 수 없다'는 명제 등이다. 이것이 그의 철학이다. 내가 그의 철학을 이렇게 간단하게 말하는 것에 대해 철학자들이 분노할지도 모르겠지만, 사실 그의 철학은 이런 정도에 불과하다.

우리나라에서 오랫동안 정치사상사의 표준 교과서처럼 읽힌 세이빈의 《정치사상사》[97]라는 책을 보면, 플라톤의 지적 발전이 소크라테스의 '탁월성은 지식이다'라는 명제에서 비롯됐고 그것이 플라톤의 엘리트주의를 결정한 것으로 서술돼있다.[98] '탁월성은 지식이다'라는 명제는 인간이 깨우쳐야 할 어떤 객관적 선이 존재하는데 그것은 직관이나 추측, 또는 요행이 아닌 합리적이고 논리적인 탐구에 의해서만 파악될 수 있음을 뜻한다.[99]

소크라테스는 참된 지식은 절대적인 정의(定義)를 통해서만 얻어질 수 있다고 하면서, 그런 지식은 소수만 얻을 수 있는 것이라고 생각했다. 그래서 그는 이렇게 말했다. "탁월성이란 타고나는 것도 아니고 가르쳐질 수 있는 것도 아니며, 오히려 탁월성을 갖춘 사람이 있다면 그것은 지성과도 관계없이 신의 은혜로 얻은 것이다." 그리고 신은 "그것을 받는 사람들이 이해할 수 없게" 주기 때문에 보통사람들은 그것을 갖지 못한다고 했다. 이런 소크라테스의 주장은 '제한적 천부탁월성설(天賦卓越性說)'이라고 할 만하다. '제한이 없는 천부탁월성설'이라면 인간이면 누구나 탁월성을 갖는다는 말이 되겠지만, 소크라테스는 특별한 사람인 철학자만이 신으로부터 탁월성을 얻는다고 보았다.

그러나 고대 그리스의 시민들은 시민이 되기 위해 철학의 대가는

커녕 철학자일 필요도 없고 이성을 가진 상식인이면 충분한 탁월성을 가질 수 있다고 생각했다. 소크라테스와 아테네 시민들은 탁월성과 지식에 대해 이처럼 근본적으로 서로 다른 견해를 갖고 있었다. '탁월성은 지식'이라는 소크라테스의 명제는 가령 용기라는 탁월성의 경우에 문제가 된다. 그리스어에서 탁월성이라는 말은 '용기'라는 뜻도 포함한다. 그래서인지 소크라테스도 용기를 탁월성의 하나로 보았고, 더 나아가 탁월성으로서의 용기도 지식이라고 주장했다. 그러나 그와 달리 그리스인들은 일반적으로 용기가 반드시 지식에서 나오는 것은 아니고, 지식이 오히려 용기를 약화시킬 수도 있으며, 용기가 지식을 넘어설 수도 있다고 생각했다.

이러한 철학적 논란을 우리는 상식의 차원에서 이해할 필요가 있다. 소크라테스가 말한 것처럼 탁월성은 지식인데 지식은 아무나 얻을 수 있는 것이 아니라면 가령 범죄자가 무지로 인해 본의 아니게 죄를 지었다고 주장하면 그에게 죄를 물을 수 없게 된다. 이런 결과는 현실적으로 용납될 수 없는 것이고 따라서 이런 결과를 낳는 논리는 비상식적인 것이지만 플라톤은 《법》에서 그와 같은 논리를 거듭해서 주장한다.

소피스트들은 스스로 지식과 탁월성의 교사를 자처했다. 이에 대해 소크라테스와 플라톤은 지식과 탁월성은 가르쳐질 수 있는 것이 아니라는 입장에서 그들에 대해 사기꾼이라고 욕했다. 소크라테스와 플라톤의 이런 비난 때문에 소피스트들은 그 뒤로 오랜 세월에 걸쳐 두고두고 비난을 받게 됐다. 그런데 여기서 우리는 소크라테스와 플라톤이 지식과 탁월성은 가르쳐질 수 없다고 주장한 이유가 무엇이었는지를 따져볼 필요가 있다.

첫째는 그들의 반민주주의 때문이었다. 만약 탁월성과 지식이 가르쳐지고 배울 수 있는 것이라면 '아는 자'가 통치하고 나머지는 무조건 그에게 복종해야 한다는 그들의 주장과 모순된다. 둘째는 절대적 확실성을 부정하는 그들의 철학 때문이었다.

그러나 소크라테스와 플라톤이 소피스트들을 욕한 더욱 기본적인 이유는 그들이 인간의 평등을 주장하고 노예제도를 부정한 데 있었다. 소크라테스와 플라톤은 물론이고 아리스토텔레스도 빈민을 멸시하고 노예제도를 긍정했다. 물론 그 뒤로도 스토아학파, 성 바울, 로마의 법률가들, 심지어는 미국의 헌법 기초자들 대부분에 이르기까지 노예제도 긍정론자들의 계보는 역사적으로 길게 이어졌다. 그러나 이런 사실을 이유로 소크라테스, 플라톤, 아리스토텔레스를 변호할 수는 없다. 그들이 적대시한 당대의 소피스트들은 노예제도를 부정했기 때문이다.

소크라테스와 플라톤과는 반대로 나는 탁월성이 반드시 지식에 의해 얻어지는 것이라고 생각하지 않는다. 만일 탁월성이 지식에 의해서만 확보되는 것이라면 지식인, 특히 철학자야말로 탁월성이 가장 높은 사람이리라. 그러나 우리가 상식으로 알고 있듯이 지식인 중에는 탁월성이 낮거나 아예 없는 사람도 많다.

따라서 누군가가 요사이 유행하는 '아는 만큼 보인다'라는 말을 탁월성에 적용해 '아는 만큼 탁월성이 있다'라고 주장한다면 나는

3장 폴리스의 사상가들 **139**

그에게 동의해줄 수 없다. 나는 인간이 볼 수 있는 것은 누구나 다 볼 수 있고 지식은 그 보는 정도를 조금 더 높여줄 뿐이라고 생각하므로 '아는 만큼 보인다'라는 말도 일부만 인정하지만 '아는 만큼 탁월성이 있다'라는 말도 일부만 인정한다. 지식이 탁월성의 함양에 어느 정도 기여할 수는 있으리라. 그러나 지식이 없다고 해서 탁월성이 없다고는 할 수 없다. 그런데 소크라테스는 지식이 곧 탁월성이라고 했다.

소크라테스의 반민주적 독재주의

이처럼 아테네의 일반 사람들과 소크라테스는 생각이 매우 달랐다. 무엇보다 중요한 차이는 인간사회에 대한 관점의 차이였다. 일반 사람들은 인간사회는 곧 폴리스, 즉 자유도시라고 생각했으나 소크라테스는 그것을 양떼와 같은 집단으로 보았다. 아테네의 일반사람들이 생각한 자유도시란 그 시민이 자신의 삶과 도시에 영향을 미치는 사안에 대해 토론을 하고 투표를 할 권리를 갖는다는 것을 뜻했다. 이는 바로 지금 우리가 믿는 민주주의의 원리와 같다.

앞에서도 말했지만 폴리스란 '도시' 이상의 것, 즉 독립된 국가이자 자유인의 자율적 자치공동체를 뜻하는 것이었는데 그런 폴리스를 누가 다스리느냐는 것이 중요한 문제였다. 다시 말해 소수의 부자가 다스리느냐, 아니면 다수의 빈자가 다스리느냐는 문제가 그것이었다. 그런데 소크라테스는 어느 쪽도 지지하지 않았다. 그가 원한 것은 오로지 철인정치였다.

그러나 철인정치는 당시의 대다수 사람들에게 절대왕정으로 복귀하는 것을 뜻했으므로 너무나도 이상한 주장으로 여겨졌다. 왜냐하면 누구도 절대왕정으로의 복귀를 원하지 않았기 때문이다. 소크라테스는 아테네와 대조되는 전체주의 독재국인 스파르타를 이상국가로 보고 동경했다. 이 점에서 그는 20세기까지도 흔히 나타난 전체주의나 독재주의의 선구자였다고 할 수 있다. 크세노폰이 전한 바를 보자. 아래 인용에서 '그'는 소크라테스다.

> 그는 왕자와 치자(治者)란 권장을 손에 든 자를 말하는 것이 아니고, 또 대중에 의해 선출된 자도 아니며, 제비를 뽑아 선출된 자도 아니고, 사기수단을 쓴 자도 아니라 오직 다스리는 길을 터득한 자를 말하는 것이라고 했다.[100]

여기서 '권장을 손에 든 자'란 전통적인 군주정의 권력자, '대중에 의해 선출된 자'나 '제비를 뽑아 선출된 자'란 선거나 추첨에 의해 선출된 시민정의 대표자, '사기수단을 쓴 자'란 독재정의 독재자를 각각 지칭하는 것이다. 이에 비해 '오직 다스리는 길을 터득한 자'란 플라톤이 《국가》에서 '순수한 존재 또는 존재 자체를 관조할 수 있는 자'라고 부른 '철인', 《정치가》에서 이상화한 절대군주정의 권력자, 《법》에서 법을 제정하는 입법자인 철학자나 철학회의 참석자라고 할 수 있다.

크세노폰에 의하면 소크라테스는 "다스리는 자의 직분은 해야 할 일에 대해 명령하는 것이며, 피통치자의 할 일은 이에 복종하는 것"[101]이라고 했다. 이것이 바로 플라톤이 《국가》에서 말하는 철인정의 원리다. 다시 말해 그는 그리스인들이 민주주의의 원리로 주장한 피통치자의 동의를 불필요한 것으로 보고 피통치자에게 복종만을 요구했다. 이러한 소크라테스와 플라톤의 주장은 당시 그리스인들에게 당연히 절대적인 군주정을 찬양하는 것으로 비쳤을 것이다.

소크라테스는 군주정을 독재정과 구별했다. 군주정은 "사람들이 이것을 승복하고 국법에 의해 다스려지는 것"이지만 독재정은 "사람들의 의사를 무시하고 법에 의하지 않으며 위정자의 멋대로 다스리는 것"이라고 그는 구별했다.[102] 그러나 그런 구별은 사실 무의미하다. 어떤 경우에든 지배자가 비합법적인 행동을 하면 어떻게 되는가? 이에 대해 소크라테스는 지배자가 올바른 조언을 무시하거나 성실한 백성을 죽이면 벌이 내리기 때문에 비합법적인 행동을 할 수 없다고 대답한다.[103]

그러나 그런 독재자를 수없이 보아온 당시의 그리스인들에게 그런 독재자에게는 "벌이 내린다"는 소크라테스의 주장은 대단히 실망스럽거나 독재를 합리화하는 것으로 들렸을 것이 틀림없다. 소크라테스가 주장한 바와 같은 입장은 지금도 존재한다. 가령 독재자를 비난하는 목소리에 대항해 그가 벌을 받지 않았으니 독재자가 아니라고 하거나 그가 독재자라면 언젠가 벌을 받을 것이니 그때까지 기다리라는 주장을 우리는 주변에서 얼마든지 들을 수 있다. 사실 쿠데타로 집권한 독재자도 벌을 받아야만 비로소 독재자로 불리고, 그 전에는 성공한 정치가로 여겨지는 일이 흔하다.

군주정을 지지하는 소크라테스의 태도는 그가 '훌륭한 군주'에 대해 설명하면서 호메로스가 아가멤논을 '백성의 목자'라고 부른 것에 빗대어 그런 군주를 '진정한 목자'에 비유하는 데서도 엿볼 수 있다. 그가 말하는 '진정한 목자'란 "양떼를 무사하게 지키고 식량을 마련하여 양을 치는 목적을 달성할 수 있도록 배려"하는 자다.[104] 이처럼 소크라테스는 인간사회를 시민의 자치조직이 아니라 목자나 왕을 필요로 하는 무리로 보았다. 반면에 아테네인들은 인간은 다른 동물들과 달리 이성을 갖고 있으며, 폴리스를 이루어 자치를 할 수 있는 정치적 시민이라고 믿었다.

위와 같은 소크라테스의 태도는 플라톤의 대화편 가운데 초기에 씌어진 것에 속하는《고르기아스》에서 소크라테스가 네 명의 저명한 아테네 정치가를 비판하는 대목에서도 볼 수 있다. 그는 그리스의 정치사에서 가장 위대한 네 사람을 '입맛에 맞는 것만을 고려하는 사람'이라는 의미로 요리사에 비유하고, 특히 민주주의자이자 개혁가인 페리클레스를 "공무원에게 급료를 지불하는 제도를 처음으로 제정함으로써 아테네인들을 게으르고 비겁하고 말이 많고 돈을 탐내는 인간으로 만들어버렸다"고 공격한다. 이런 공격은《국가》에서 크레타와 스파르타의 제도를 최상의 정치형태라고 찬양하고 그 다음이 부자정이며 제일 못한 것이 시민정이라고 하는 발언으로 이어진다. 나아가 크세노폰의《회상》에서 소크라테스는 아테네인들을 "낙후된 자들"이라고 비난하고, 특히 아테네는 스파르타보다 군사훈련이 낙후됐다고 비판한다.

그러나 실제로는 당시에 스파르타와 크레타가 그리스에서 가장 낙후된 곳이었고, 외국여행을 규제하는 폐쇄사회였다. 두 곳의 외국여행 금지에 대해 소크라테스는 "청년들이 고국에서 배운 것을 잊지 않도록 하기 위해 다른 도시로 여행하는 것을 금하는" 것이라고 변호한다. 외국여행을 금지하는 것은 소크라테스 자신의 이상적인 정책 가운데 하나이기도 했다. 플라톤은《법》에서 40세를 넘은 소수의 정보요원에게만 외국여행이 허용돼야 한다고 주장한다.

플라톤의 대화편 가운데 또 하나의 초기작인《크리톤》에서는 의인화된 법이 감옥의 소크라테스에게 "당신이 항상 잘 통치되었다고 말한 크레타나 스파르타에 당신은 가지 않았다"고 말한다. 소크라테스가 크레타나 스파르타에 가지 않은 것은 그곳 사람들이 철학자를 환영하지 않는다는 사실을 잘 알고 있었기 때문이다. 그러나 소크라테스는 "철학은 그리스의 여느 지역보다도 크레타와 스파르타에서 가장 먼저 왕성한 발전을 이룩했으며, 소피스트들이 이 지역에 가장 많이 있다"고 주장한다. 그리고 스파르타가 폐쇄적인 이유는 철학을 얼마나 높이 평가하는지를 바깥세상에서 알아채지 못하도록 하려는 데 있다고 둘러댄다.

소크라테스가 아테네 시민들과 현저히 다른 또 하나는 폴리스와 시민의 관계에 대한 생각이었다. 아리스토텔레스가 인간을 정치적 동물이라고 한 것은 사실 폴리스에 적극적으로 참여하는 시민을 두고 한 말이었고, 그러한 정치참여는 그리스 시민들의 상식이었다. 그러나 소크라테스는 그것을 부정하는 것이 영혼을 완성하는 길이라고 말했다. 그리스인들은 도시의 운영에 참여하는 것은 권리이자 의무라고 생각했으나 소크라테스는 그것을 부정한 것이었다.

플라톤

소크라테스의 제자인 플라톤은 기원전 427년에 태어났다고들 하지만 이 역시 정확하지는 않다. 플라톤의 부모는 모두 아테네의 오랜 엘리트 가문 출신이었고, 특히 어머니의 가계는 '솔론의 친척이자 친구'인 조상까지 거슬러 올라가는 명문가였다. 플라톤이 태어났을 때 아테네는 스파르타와 전쟁 중이었다. 이 전쟁은 30년 가까이 계속돼 플라톤이 23세가 된 기원전 404년에 아테네의 패배로 끝났다. 그때 패전국인 아테네에 승전국인 스파르타의 괴뢰정권이 수립됐다. 플라톤의 외가 친척들도 포함된 30인의 엘리트정이 그것이었고, 이 엘리트정은 1년 만인 403년에 시민정에 의해 무너졌다.

　플라톤은 소크라테스가 죽기 8년 전인 기원전 407년에 소크라테스의 제자가 됐다. 즉 플라톤은 20세 무렵에 이미 60세가 넘은 소크라테스의 제자가 된 것이다. 플라톤이 28세였던 기원전 399년에 그

소크라테스의 죽음을 슬퍼하는 제자들

의 스승인 소크라테스가 처형당했다. 플라톤은 스승의 재판을 지켜보았으나 그의 임종에는 병으로 참석하지 못했다. 그 뒤에 플라톤은 소크라테스 추종자들과 함께 외국으로 나갔다. 20대를 그렇게 보낸 플라톤이 시민정에 대해 적대감을 가졌으리라는 것은 누구나 쉽게 짐작할 수 있다. 아니, 그는 정치 자체에 환멸을 느끼고 철학으로 돌아섰으리라.

소크라테스의 죽음을 다룬 《소크라테스의 변론》과 《크리톤》 등은 소크라테스가 처형된 뒤 플라톤이 30대에 쓴 것이라고 짐작된다. 물론 그것은 실제의 소크라테스를 충실하게 재현한 것이 아니라 플라톤의 창작이라고 보는 것이 옳다. 플라톤은 자신의 스승인 철인 소크라테스의 죽음이 억울한 죽음, 아니 부당한 죽임이라고 생각했다. 지금도 사람들이 흔히 그렇게 말한다. 아니, 성스러운 죽음이라고 생각한다. 그런 일반적인 생각과 달리 나는 소크라테스가 아테네 시민정에 반대하고 적국인 스파르타에 동조했기 때문에 처형을 당했다고 본다.

외국에 나갔다가 아테네로 돌아온 플라톤은 35세 무렵인 기원전 394년경에 다시 전쟁에 참전하고 40세경에는 이탈리아와 이집트 등을 방문했다. 또 그는 시칠리아의 동해안에 있는 시라쿠사이를 여행하며 독재자 디오니시오스 1세와 교분을 맺은 뒤 42세 무렵인 385년경에 아테네로 돌아왔다. 당시에 플라톤이 디오니시오스 1세의 독재와 불의를 비판하여 그의 노여움을 사서 노예로 팔렸으나 친구들이 몸값을 지불해 노예상태에서 벗어났다는 이야기도 있으나, 확실한 것은 역시 누구도 알 수 없다.

아테네로 돌아온 플라톤은 일 년 정도 뒤인 386년경에 학문에 관심 있는 사람들의 비공식적 집합장소로 아카데미아를 세웠다. 아카데미아라는 이름은 그 근처에 사당을 둔 지방유지의 이름에서 비롯됐다고 한다.[105] 그 지방유지가 돈을 냈는지 땅을 기부했는지는 알 수 없으나 평생 거리의 철학자로 살았던 소크라테스와 달리 그의 제자인 플라톤은 유럽 최초의 대학으로 불리게 되는 아카데미아를 세운 것이 분명하다. 사립대학 설립자가 됐으니 지금이라면 이사장이라고 불렸겠지만, 지금 사립대학의 이사장이 총장이나 교수도 겸하듯이 그때 플라톤도 그랬는지는 모르겠다.

아카데미아를 창설한 뒤 50대 중반에 이를 때까지 플라톤은 《향연》, 《국가》, 《파이돈》, 《파이드로스》, 《파르메니데스》 등의 책을 쓴 것 같다. 플라톤의 일생 중 이 시기를 가리켜 흔히 '플라톤이 소크라테스의 범주를 벗어나 그 자신의 이데아론을 정립한 시기' 라고 한다. 이데아란 이 세상과는 다른 세계의 실체를 말한다. 그중에서도 최고의 것, 가령 태양 같은 것을 플라톤은 '선 또는 좋음의 이데아' 라고 하고 정의를 포함한 모든 것은 이에 입각해야 유용하고 이롭게 된다고 한다. 그리고 이를 아는 철학자들이 생산계급을 지배하는 이상국가를 세워야 한다고 주장한다. 이것이 《국가》에서 그가 말하는 철인정이라는 것이다.

플라톤은 기원전 367~366년에 다시 시칠리아의 시라쿠사이를 방문했다. 그곳의 디오니시오스 1세가 죽고 그의 아들인 디오니시오스 2세가 취임하게 되자 그를 가르쳐 철인정치를 실현해볼 기회가 왔다고 생각했기 때문이다. 그러나 디오니시오스 2세와 그 부하들은 플라톤을 유폐시켰다. 플라톤은 몇 달 뒤에 풀려나 아테네로 돌아왔으나 디오니시오스 2세의 요청으로 기원전 361~360년에 그곳을 다시 찾았다. 이번에도 플라톤은 여러 사건에 연루되어 생명의 위협까지 당했으나 추방당했다. 그 뒤에 시라쿠사이는 내란으로 파멸했다. 《국가》에서 설명되는 철인왕의 모델은 디오니시오스 2세라는 견해도 있지만, 플라톤이 자신을 추방한 자를 철인왕으로 보았다고는 믿기지 않는다.

《티마이오스》, 《소피스트》, 《정치가》, 《법》 등은 플라톤이 위와 같은 자신의 쓰라린 경험을 반영해 만년에 쓴 것으로 보인다. 그중에서도 《법》은 그가 《국가》에서 논의한 정치에 관한 문제를 보다 광범하게 다룬 책인데, 그다지 체계적이지 못해 이것은 그가 쓴 책이 아니라고 말하는 학자들도 있다. 최근에는 《국가》에서 그가 완전한 진리로 본 이데아가 《법》에서는 가치 문제에 대한 기본방향을 담은 추상적인 실체 정도로 조정됐다고 보는 학자들도 있다. 또한 《법》에서는 플라톤이 철인왕에 대한 기대도 버리고 법에 의한 지배를 국가원리로 삼았다고 보는 의견도 있다. 그러나 내가 보기에는 《국가》에서는 전면에 드러났던 철인왕이라는 개념이 《법》에서는 뒤로 숨었을 뿐이며, 《법》의 내용과 《국가》의 내용이 원리적으로 다르지는 않다.

소크라테스는 글 한 줄 남긴 것이 없고, 우리가 아는 소크라테스는 플라톤이 대화편으로 전한 소크라테스다. 따라서 소크라테스와 플라톤의 사상을 엄밀히 구분하기는 어렵다. 우리는 소크라테스가 쓴 자료는 직접 보지 못하고 단지 그를 주인공으로 한 플라톤의 대화편을 통해 그의 말을 듣게 된다. 따라서 어디까지가 소크라테스이고 어디부터가 플라톤인지를 정확하게 알 수가 없다. 그러나 학자들은 각자 나름의 기준(대부분 주관적인 기준이긴 하지만)에 따라 두 사람의 사상을 구분해왔다. 두 사람의 사상이 대체로 같다고 보는 입장도 있으나 다르다고 보는 입장도 있다.

가령 고대 그리스의 직접민주주의를 좋아한 한나 아렌트는 소크라테스는 평화적 설득이라는 방법을 사용했으나 그가 사형 당한 뒤에 플라톤은 설득을 불신하고 정치에 진리를 도입해 타인을 자기 생각에 맞춰 고치려고 했으며, 그런 플라톤으로부터 이성 중심의 서양 정치철학이 형성되어 의견의 다양성에 대해 늘 부정적이 됐다고 말한다. 그러나 나는 아렌트와 달리 서양 정치철학은 소크라테스에서부터 이성 중심이었다고 본다. 또 아렌트에 의하면 소크라테스에 대한 재판은 철학자와 폴리스 사이의 긴장을 반영하는 것으로서 당시까지 잠재돼있던 폴리스에 대한 철학자의 적대감을 보여준 것이라고 한다.

아렌트에 의하면 철학자가 지배해야 한다는 플라톤의 정치사상은 "폴리스나 정치를 위해서라기보다도 철학과 철학자의 안전을 위해" 주장된 것이었다.[106] 스승인 철학자 소크라테스가 대중을 설득하려고 했으나 실패하고 사형을 당했기 때문에 플라톤이 그렇게 주장했다는 것이다. 플라톤은 철학자가 사람들을 지도하는 데는 설득이 아닌 다른 방법이 필요하다고 생각했고, 당장 폭력을 생각할 수도 있었겠지만 그것은 당시 폴리스의 사람들이 극도로 혐오하는 것이었으며 플라톤이 철인왕국을 세우기 위해 상대해야 하는 사람들은 모두 권력자였기에 폭력은 처음부터 불가능했다고 보았다. 그래서 플라톤은 '이성적인 진리'의 강제가 필요하다고 생각했는데, 문제는 그 진리에는 소수만 따르고 다수는 따르지 않는다는 점이었다. 이 문제를 해결하기 위해 플라톤은 '동굴의 비유'와 '지옥의 신화'를 만들었다. 진리에 따르는 소수와 철학자를 위해 그가 만든 것이 동굴의 비유였고, 진리에 따르지 않는 다수를 겨냥해 그가 만든 것이 내세에서 보상이나 처벌을 받는다는 지옥의 신화였다. 플라톤은 그 각각을 《국가》의 중반부와 후반부에서 설명했다.[107] 플라톤은 다수가 "그 이야기를 액면 그대로 믿기를 바랐고, 자신의 거의 모든 정치 대화편의 끝에서 소수를 겨냥해 그것을 사용하라고 권했다."[108]

카를 포퍼는 아렌트보다도 더 명백하게 소크라테스와 플라톤을 구분했다. 포퍼는 《열린사회와 그 적들》에서 소크라테스는 열린사회의 대변인인 '훌륭한 민주주의자'인 반면에 그의 제자인 플라톤은 열린사회의 반대인 닫힌사회의 대변인인 '전체주의자'로 본다. 포퍼가 소크라테스를 그렇게 본 이유 가운데 하나는 30인 엘리트정 아래서 그가 취한 행동이라고 하는데, 그 행동이란 장군들을 재판에 회부하는 것이 개별적으로 되지 않고 집단적으로 됐다는 이유에서 말도 없이 집에 가버린 것을 가리킨다. 그러나 나는 그런 것이 민주주의자의 행동이라고는 결코 보지 않으며, 설령 그렇게 본다고 해도 그것만으로 소크라테스를 민주주의자로 볼 수는 없다고 생각한다.

이어 포퍼는 소크라테스의 주지주의는 평등주의적이고 반권위주의적인 것이었지만 동시에 권위주의적인 경향을 야기할 수 있는 측면도 가진 것이었다고 지적하면서, 그런 요소는 소크라테스의 지적 겸손과 과학적 태도에 의해 최소한으로 줄여졌으나 플라톤의 주지주의는 그것과 전혀 달랐다고 비교한다.[109] 포퍼의 이러한 주장에 대해 주로 그의 플라톤관이 비판을 받았지만, 나는 그의 플라톤관은 옳은 반면에 그의 소크라테스관에 도리어 문제가 있다고 생각한다. 나는 소크라테스가 플라톤 이상으로 권위주의적이고 비민주주의적이었다고 보기 때문이다.

나는 소크라테스에 대한 재판에서 폴리스의 원리인 말에 의한 설득에 배심원들이 넘어가지 않음을 본 플라톤이 설득과 토론은 확실성과 불가항력성을 갖고 있지 않아 사람들의 정신을 계도할 수 없다고 생각하게 되어 자명한 진리라는 더욱 강력한 무기에 의존하게 됐다고 본다. 즉 플라톤은 설득과 토론은 동굴 안에 비친 그림자와 같은 의견(doxa)의 차원에서만 유효하다고 보고, 이것을 참된 지식(episteme)에 대치시켰다.

이어 플라톤은 《국가》에서 좋은 국가는 영원한 진리에 의해 질서가 잡히고 통치됨으로써만 실현가능하다고 주장하고, 그런 영원한 진리에 따른 철인의 지배는 철인 자신에게 이익이 된다기보다는 모든 사람에게 이익이 된다고 주장했다. 그리고 이성만이 이데아를 이해할 수 있는 최고의 능력이므로 그런 능력에 따라 사람들을 등급화해야 한다고 주장했다. 따라서 플라톤은 비민주주의적인 닫힌 사회를 구상했다고 볼 수 있는 것이다.

그러나 《국가》 등에 나타나는 이러한 사상이 플라톤의 것인지, 아니면 소크라테스를 《국가》 등의 주인공으로 삼은 만큼 소크라테스의 것인지는 아무도 정확하게는 모른다. 나는 아렌트나 포퍼와 달리 세이빈[110]처럼 그것을 플라톤의 생각이자 소크라테스의 생각이라고 본다. 그렇지 않다면 왜 플라톤이 소크라테스를 자기 책의 주인공으로 삼았겠는가? 그러나 대부분의 학자들은 플라톤이 초기에 쓴 '소크라테스의 대화'와 중기나 후기의 플라톤 사상이 서술된 대화를 구별한다. 그러나 크세노폰의 《소크라테스 회상》을 보면 플라톤의 대화편에 나오는 사상은 모두 소크라테스의 그것이라는 생각을 하게 된다.

정치에 관한 소크라테스의 사상은 세이빈이 지적했듯이 "전반적으로 도덕을 지식과 동일시하려는 의도"[111]의 표현인 것이 분명하다. 즉 아테네의 민주주의가 누구나 공직을 갖게 하는 것을 비판한 주지주의다. 따라서 《국가》의 상당부분도 소크라테스의 생각이 서술된 것이라는 세이빈의 판단이 옳다고 나는 본다.

소크라테스와 플라톤의 정치학

소크라테스와 플라톤의 정치학은 국제적으로 그리스 우월주의에 입각한 것이었다. 소크라테스와 플라톤은《국가》에서 비그리스인을 야만인이자 선천적인 적으로 규정하고 그들과의 전쟁과 그들의 멸종을 자연의 명령이라고 했다. 두 철학자는 비그리스인인 야만인에게는 인간적인 관용을 베풀거나 보호해주지 말아야 한다고 주장했다. 반면에 평등한 그리스인들 사이의 전쟁은 '불화'라고 부르며 그리스인과 비그리스인 사이의 전쟁과 구별했다. 따라서 그들에게서는 세계시민주의를 볼 수가 없고, 그들의 정치학은 어디까지나 그리스인을 위한 폴리스의 정치학이었다.

또한 소크라테스와 플라톤의 정치학은 국내적으로 엘리트 우월주의에 입각한 것이었다. 플라톤은《국가》에서 하나의 국가가 형성되는 과정을 설명하면서 그 기본을 '최소한도의 국가' = '돼지들의 국가',[112] 즉 농부, 목수, 직조공, 제화공, 상인 등이 사는 국가로 설정했다. 그 국가는 각자 자신의 '성향'에 따라 다른 사람들을 위해 자기의 전문분야에서 일을 하는 '협력(공동) 관계'의 국가다. 단 임금노동자인 노예는 공동체의 구성원이 될 자격을 갖추고 있지 못하다. 그러한 분업의 결과로 그들 사이에 교환이 일어나고 '시장과 교환을 위한 표인 화폐'[113]가 생겨난다. 플라톤은 사람들을 수호자와 생산자(노예는 제외된다)로 구분한다. 수호자, 군인과 통치자는 '확대된 국가'인 폴리스에서 필요하게 된다. 수호자란 '가문 좋은 젊은이'[114]이자 '훌륭하디훌륭한'[115] 자들, 즉 엘리트를 가리키는 말이다. 그들은 태어나면서부터 특별하게 관리되어 그 순수한 혈통을 유지하게 된다.

플라톤은 《국가》 8권에서 정의사회인 철인정이 타락한 형태의 정체로 엘리트정, 부자정, 시민정, 독재정을 설명한다. 이러한 구분은 사람들의 '성격' 과 '혼' 의 상태에 따라 이루어지는 것이다. 즉 플라톤은 정체와 자아의 타락이 다음과 같이 일치한다고 본다.

철인정 — 이성
엘리트정 — 기개
부자정 — 욕망(필수적인 것)
시민정 — 욕망(불필요한 것)
독재정 — 욕망(불법적인 것)

이러한 타락이 필연적이라고 보는 점에서 플라톤은 포퍼가 말하는 역사주의자다. 철인정은 완벽한 이상정체이므로 변할 수 없는 것이지만, 플라톤은 신화를 빌어 "생성된 모든 것에는 쇠퇴가 있다"고 한다. 이처럼 신화를 빌어 역사를 설명한다는 것은 대단히 황당무계하지만, 그것을 따져보아야 더욱 황당무계하니 여기서는 플라톤의 타락사관은 현대의 진보사관과 반대라는 점만 주목하도록 하자.

플라톤은 당대의 크레타와 스파르타를 엘리트정으로 보았다. 플라톤은 엘리트정이 철인정과 가장 유사하다고 하면서도 그 둘을 구별하는데, 그 차이는 별로 중요하지 않다. 엘리트정을 부자정으로 변화시키는 요인은 "황금으로 가득 찬 각자의 금고" 때문에 돈이 지배하게 되는 것이나, 이는 시민정도 마찬가지라는 점에서 크게 의미 있는 요인은 아니다. 플라톤이 명시하지는 않았지만 시민정은 아테네를 일컫는 것임에 틀림없으나, 아테네는 시민정 이후 독재정으로 타락하지는 않았음에 주의해야 한다. 플라톤이 아테네가 독재정으로 빠지지 않도록 경고하는 의미로 그렇게 보았다고 보는 견해도 있는데, 이에 따르면 플라톤은 독재정에 빠지기 전의 시민정 자체의 타락을 강조했다고 볼 수 있다. 따라서 결국 남는 것은 철인정과 시민정이다. 즉 스파르타와 아테네다.

《법》에서 제시된 이상정체는《국가》에서 제시된 철인정이 아니라 법치정체라고 볼 수 있다. 즉 지배자든 피지배자든 법에 절대적으로 복종하는 정체가《법》의 이상정체다.《국가》에서 제시된 정체, 즉 일부 인간이 다른 인간을 지배하는 정체는《법률》에서는 '도시정주'에 불과한 것으로 간주된다.《법》에서 플라톤은《국가》에서 언급했던 구체적인 귀족정 등을 부정하고, 이성의 분신인 법에 의한 지배가 이루어져야 한다고 주장한다. 이어 플라톤은 지배층이 그런 법을 유린하여 자신들의 사욕이나 당리당략을 추구한다면 그들은 단순한 당파의 무리에 불과하고, 그 나라는 국가라는 이름을 가질 가치가 없다고 주장한다.《법》에서는《국가》에서 제시됐던 정체가 부정되고, 군주정체와 민주정이 혼합된 정체가 찬양된다. 이런 태도는 나중에 아리스토텔레스의 《정치학》 제4권, 몽테스키외의 《법의 정신》 제11권 등에까지 이어진다.

그러나 그 법은 어디까지나 이성의 법이다. 여기서 이성이란 철인의 이성이라는 점에서 《국가》의 철인정은 여전히 《법》에서도 살아 있으나,[116] 그것이 《법》의 주제는 아니다. 그보다 바람직한 법을 제정하여 그것이 권위를 갖는 사회가 인간의 사욕과 무법을 억제하여 국가를 살리는 유일한 길로 제시된다.

《국가》에서도 법이 존재하고 입법도 존재하나, 《법》에서는 지배자가 철학적 인식을 가져야 한다는 것이 거의 무시되는 반면에 법의 존재가 더욱 중시된다. 《정치가》에서 플라톤은 철인정치가 이상이지만 그것이 불가능한 경우의 차선책으로서 법의 지배를 말하며, 이러한 차선책이 《법》에서 더 자세히 설명된다.

또한 플라톤은 《국가》에서 구상한 수호자층의 처자와 재산 공유제도 《법》에서는 주장하지 않고 그 차선책으로 토지와 가옥 분배제를 주장한다.[117] 그 분배는 평등한 것이고, 호수의 증가는 금지되고, 상행위나 수공업에 시민이 참여하는 것도 금지된다. 《국가》에서 주장된 교육론은 《법》에서도 그대로 되풀이되지만, 《국가》에서는 지성교육에 중점이 두어졌다면 《법》에서는 감정교육에 중점이 두어진다.

플라톤이 제시한 폐쇄된 전체주의 국가는 오웰의 《1984년》에 나오는 체제와 비슷하지만 그것은 실현불가능한 것이기 때문에 전혀 두렵지 않다고 이야기한 정치사상가가 있었다. 그러면서도 그는 정치사상에 끼친 플라톤의 영향력은 아직 그 누구도 흉내 낼 수 없다고 했다.[118] 이러한 평가는 도저히 받아들이기 어렵다. 플라톤의 국가나 《1984년》의 체제는 최근의 나치즘이나 파시즘에 이르는 수많은 독재국가로 실현된 바 있기 때문에 정치사상에 미친 영향력이 막강했다고 봐야 한다. 위와 같이 이야기한 정치사상가가 말한 정치사상이 자기와 같은 학자들의 정치사상만을 가리킨 것인지도 모르겠지만, 그들의 사상에 대해 영향력이 있고 없고는 중요한 문제가 아니다.

4장 | 디오게네스

《그리스 철학자 열전》

고대 그리스 철학자들에 대한 가장 오래된 문헌은 기원후 3세기경 디오게네스 라에르티오스가 쓴 《그리스 철학자 열전》이지만, 이것은 여러 가지로 의문점이 많은 책이다. 우선 저자의 이름이 맞는지가 의문이다. 그 저자의 이름이 디오게네스 라에르티오스가 아니라 라에르티오스 디오게네스라고 하거나 디오게네스 또는 라에르티오스라고도 하는데 나는 이 책에서 디오게네스와 구별하기 위해 라에르티오스로 표기하도록 한다. 나아가 그 저자에 대해서 아무것도 알려진 것이 없다. 대체로 그가 그리스인이고 기원후 3세기 전반에 살았던 사람 정도로 추정되고 있을 뿐이다.

그 책의 제목에도 의문점이 있다. 즉 본래의 제목이 무엇이었는지를 알 수가 없다. 게다가 책의 내용은 "누가 이렇게 말했다"는 식으로 여러 사람의 말을 그냥 모아놓은 것이어서 앞뒤가 맞지 않는 부분도 많다. 특히 디오게네스처럼 그 자신의 저작이 전혀 남아 있지 않은 경우에는 저작이 남아 있는 플라톤이나 아리스토텔레스의 경우와 달리 본인의 저작과 대조해보는 것이 가능하지 않아 그 내용의 진위를 따질 수가 없다. 디오게네스와 같이 저작이 남아 있지 않은 경우에는 그 책 외에 달리 참고할 책이 없다. 따라서 여기서 우리는 그 책에 따라 디오게네스를 검토하도록 한다. 그러나 그 내용은 반드시 체계적이지는 않다. 따라서 우리가 그 책을 읽을 때 주의해야 할 점이 많다.

《그리스 철학자 열전》은 10권으로 구성돼있는데 그중 2~7권은 이오니아학파, 8~10권은 이탈리아학파를 다루었다. 모두 82명의 그리스 철학자에 대한 책이다. 번역서를 기준으로 보면 그중 30쪽 이상의 분량으로 설명되는 철학자는 플라톤(54쪽), 디오게네스(32쪽), 제논(76쪽), 에피쿠로스(72쪽)뿐이다. 이에 비해 소크라테스(16쪽), 아리스토텔레스(20쪽), 피타고라스(24쪽), 엠페도클레스(17쪽)는 모두 30쪽 미만으로 설명된다. 이것이 물론 그 책에서 다루어진 84명의 철학자 중에서 그 8명이 가장 위대하다는 것을 뜻하지는 않지만, 그 8명이 가장 중요한 철학자들임을 뜻하는 것임에는 틀림없다. 그 쪽의 분량으로 순위를 매기면 제논, 에피쿠로스, 플라톤, 디오게네스, 피타고라스, 아리스토텔레스, 소크라테스 순서인데 이런 순서 역시 중요도 순서는 아니겠지만 우리의 예상을 벗어나는 것임은 틀림없다.

그러나 《그리스 철학자 열전》의 저자가 플라톤에 대해 길게 서술한 이유는 그 책이 플라톤 애호자였던 어느 부인에게 헌정된 탓이고 에피쿠로스를 플라톤보다 더 길게 서술한 이유는 저자가 에피쿠로스파의 사람인 탓으로 추측되므로 그 두 사람에 대한 서술의 편중이 반드시 객관적인 지면배정의 결과로 보기 어려울지도 모른다. 제논과 디오게네스를 길게 서술한 것도 두 사람을 객관적으로 가장 중요한 철학자로 본 때문이라고 볼 수 없는 것인지도 모르지만, 나로서는 이를 그들이 결코 소홀하게 취급될 철학자가 아님을 강조한 것으로 볼 수 있다고 생각한다. 또 그 8명 가운데 소크라테스가 가장 꼴찌인 것도 눈여겨볼 부분이다. 그를 두고 인류의 4대 성인 중 한 사람이라고 하는 평가나 철학의 아버지라고 하는 일반적인 평가와 달리 당시에는 소크라테스가 그리 높이 평가되지 못했고, 그에 대한 높은 평가는 그 후에 이루어진 것인지도 모른다.

《그리스 철학자 열전》에 의하면 디오게네스는 13편의 대화와 7편의 비극 등을 썼다고 하지만 그 가운데 지금까지 전해진 것은 하나도 없다. 디오게네스는 일반적으로 기원전 400년경에 태어나 기원전 323년에 죽었다고 하지만 이것도 정확한 것은 아니다. 반면에 아리스토텔레스가 기원전 384년에 태어나 기원전 322년에 죽었다는 것은 확실하다. 두 사람이 태어난 시점은 차이가 있지만 죽은 시점은 거의 같으니 동시대인이라고 볼 수 있겠다.

아래에서 우리는 디오게네스의 사상이 자유와 평등, 무욕과 평화에 근거한 것임을 살펴보겠다. 디오게네스에게 자유란 인간이 개인으로서는 어떤 권력이나 욕망에도 복종하지 않고 자족하는 것, 인간 사이에서는 모두가 서로 공개적으로 당당하고 대등하게 행동하는 것을 뜻한다. 그러한 자유를 전제로 하면 노예제도는 당연히 인정될 수 없는 것이며, 인간들 사이의 평등까지 고려하면 그것은 더욱더 용인될 수 없는 것이다. 뒤에서 다시 보겠지만 아리스토텔레스는 노예는 '타고난 노예'라고 주장한 반면에 디오니소스가 보기에는 '타고난'이란 말은 "악덕을 부각시키는 장식"[119]에 불과했다. 또한 디오게네스에게 무욕이란 세속적인 욕망을 버리고 소박하게 사는 것을 뜻했고, 평화란 세계시민주의를 뜻했다.

이러한 디오게네스의 삶과 생각은 그 자신이 극장에 들어갈 때 나오는 사람들과 맞부딪치듯이 들어가는 것에 대해 한 말, 즉 "나의 전 생애를 통해서 이루려고 힘쓰고 있는 것"[120]이라는 말로 요약된다. 다시 말해 그는 평생 주류를 거스르는 생각과 행동만 했다. 그는 당시의 계급제와 노예제에 반대했고, 그리스 중심주의에 반대했다. 이런 의미에서 그는 최초의 비주류였고, 최초의 반체제 인사였다. 그렇다고 기이한 행동을 일삼은 철학자로만 그를 보아서는 안 된다. 그동안에는 그의 그런 점만 부각됐다. 최근에는 그의 세계시민주의도 주목되고 있지만, 그의 철학에서 가장 중요한 측면은 반화폐주의, 반물질주의, 반경제주의, 반자본주의, 반성장주의에 있다. 요컨대 돈, 돈, 돈 하는 것에 대해 그가 반대했던 것이다. 이런 그의 태도는 그가 최초로 철학을 하게 된 계기였다는 통화위조 사건과 관련이 있다. 디오게네스는 자신을 추방한 일을 비난하는 사람에게 "그런 일이 있었기에 나는 철학을 하게 된 것"이라고 말했다.[121]

통화위조 사건과 반경제주의

라에르티오스가 《그리스 철학자 열전》에 쓴 바에 의하면 디오게네스는 "환전상 히케시아스의 아들이고 시노페 사람"이었다.[122] 시노페는 터키 북쪽에 있는 항구로 지금도 그 이름이 그대로 남아있다. 그리스 신화에서는 시노페가 여전사족 아마존이 세운 도시로 나오며, 그 이름은 아마존의 여왕인 시노바(Shinova)에서 비롯됐다고 한다. 과거에는 꽤나 번성했으나 지금은 2만 명 정도의 농민만 사는 작은 마을이다.

디오게네스는 알렉산드로스가 죽은 날 죽었다[123]고 하니 323년에 죽은 것으로 여겨진다. 그는 "제113회 올림픽대회기(기원전 324~321년) 무렵에는 노령"이었고 "90세 가까이에" 생애를 마쳤다[124]고 하니 대체로 기원전 413년경에 태어난 것으로 보인다. 이에 대해서는 이견도 있으나 달리 볼 확실한 증거도 없으니 여기서는 413년경에 태어난 것으로 보도록 하자.

그 무렵에 시노페는 앞에서 언급한 아테네의 장군 페리클레스가 이룩한 '황금시대'의 아테네, 즉 아테네 제국의 식민지였다. 디오게네스의 아버지 히케시아스는 아테네에서 시노페로 가서 살게 됐는데, 페리클레스가 시노페에 도입한 시민정 아래서 투표로 선출되어 공직으로 환전업무를 맡게 된 것 아닌가 하는 짐작도 들지만, 이는 어디까지나 짐작에 불과하다. 히케시아스가 시노페의 원주민이었을지도 모른다. 사실이 그랬다면 그가 나중에 아테네에 갔을 때에는 그곳에서 시민이 아닌 재류외인으로 살았을 수도 있다. 그러나 분명한 것은 누구도 알 수 없다.

히케시아스는 '환전상' 또는 '시의 공금을 다루는 환전업자'였는데 "통화를 위조해 이를 조악한 것으로 바꿔버렸기 때문에"[125] 추방당했다고 한다. 또는 디오게네스 자신이 통화를 위조했고 이로 인해 그가 아들과 함께 망명했다고도 하는 등 여러 가지 이야기가 있다.[126] 디오게네스를 추방한 조치를 비난하는 사람에게 디오게네스 자신은 "그런 일이 있었기에 나는 철학을 하게 된 것"[127]이라고 말했다는 점과 관련시켜 보면 디오게네스가 통화위조 사건과 직접 연루됐던 것이 분명해 보인다. 이에 대한 설명에 델포이의 신탁에 관한 이야기가 덧붙여지기도 한다. 소크라테스가 신탁을 받았다는 이야기를 연상시키는 이 에피소드는 허구일 가능성이 높으니 무시하기로 하겠지만, 그 신탁의 내용이 "현재의 가치를 변화시켜라"였다고 하니 어찌 보면 이것이 디오게네스의 삶을 상징하는 말이 될 수도 있겠다.[128]

이 사건에 대해 일부 학자들이 "디오게네스가 선한 사람에게 위조화폐를 만드는 법을 가르친 자신의 위선에 대해 괴로워했다"[129]고 설명하지만, 그랬다고 볼 근거는 없다. 또한 그 뒤에 그가 고향에서 추방된 것을 두고 "일체의 비극적인 해악이 그의 머리 위에 엄습해왔다"[130]고 볼 근거도 없다. 도리어 디오게네스는 그 일로 인해 화폐를 경멸하는 철학자가 됐다고 봐야 한다. 나는 디오게네스가 가치 있는 모든 것이 무가치한 화폐와 교환되는 당시의 경제현실에 분노하여 당당하게 화폐를 위조했다고 생각한다. 이런 그의 태도는 나중에 그가 모든 법과 관습에 대항하게 되는 것과 연결된다.

통화위조 사건이 디오게네스의 삶에 어떤 영향을 미쳤는가를 알기 위해서는 통화위조 사건이 언제 발생했고 디오게네스는 언제 아테네에 갔는지를 따져볼 필요가 있다. 아리스토텔레스가 《수사학》 제3권 제10장에서 "개가 … 선술집들을 아테네풍의 페이디티아(함께 식사를 하는 것)라고 불렀다"[131]라고 말한 구절에 나오는 '개'는 디오게네스이고 《수사학》은 아리스토텔레스가 플라톤의 아카데미아에 머물던 시절에 쓴 것이므로 기원전 347년에는 디오게네스가 아테네에 있었던 것으로 추측한다면, 통화위조 사건은 기원전 347년 이전에 일어난 일이었던 것으로 짐작된다. 그랬다고 보고 그 밖의 여러 정황도 감안하면 디오게네스는 그의 나이가 56세 전후였을 때, 즉 기원전 357년 전후에 아테네로 갔으리라고 짐작된다. 이는 곧 그의 인생에서 상당히 늦은 시기에 아테네로 갔음을 의미한다. 우리나라의 어느 원로 그리스 연구자는 고대 그리스 철학자들의 평균수명이 매우 길었다고 하면서 당시에는 철학자들만이 아니라 일반 시민들도 대체로 그렇게 건강했다고 말한 적이 있다. 하지만 놀고먹는 철학자들이야 오래 살 수 있었을지 모르겠으나 디오게네스처럼 차별받는 재류외인 신분의 철학자나 일반 시민들은 어떤 식으로든 먹고살아야 했고 전쟁이나 사고나 전염병의 피해도 자주 입었을 것이니 평균수명이 지금보다 길었다고 보기 어렵다.

여하튼 통화위조 사건은 디오게네스에게 일생일대의 사건이었고 "금전에 대한 사랑은 모든 화의 근원"[132]임을 일깨워주었다. 이는 그 뒤에 "무지한 부자를 그는 황금색 양"이라고 불렀다[133]는 점에서도 알 수 있다. 돈에 초연해진 그는 스스로 돈이 필요하게 되면 "빌려달라"고 하지 않고 항상 "돌려달라"고 했다.[134] 그렇게 한 논리는 "신들은 모든 것을 소유하고 있다. 그리고 현자는 신들과 친한 자이다. 그런데 친한 자의 소유는 모두 공통이다. 그러므로 현자는 모든 것을 소유하고 있다"[135]는 것이었다. 여기서 현자란 디오게네스 자신을 가리킨다. 그가 말한 현자는 소크라테스와 플라톤이 말한 철인이나 아리스토텔레스가 말한 탁월한 인간으로서의 철학자와는 다르다. 그는 철학자로서의 현자나 탁월한 인간에 대해 특별히 말한 적이 없다. 그는 학자나 철학자를 자처한 적도 없고, 사람들을 가르친다고 자부한 적도 없으며, 플라톤이나 아리스토텔레스처럼 학교를 세우거나 제자를 둔 적도 없다. 소크라테스는 학교를 세운 적은 없지만 자기가 모든 인간을 깨우치게 해준다고 자부했고, 많은 제자를 거느렸다. 디오게네스가 죽은 뒤에 그의 뜻을 잇고자 하는 제자들이 나타나긴 했지만, 그들이 반드시 디오게네스의 생전에 그에게서 배운 사람은 아니었다.

　디오게네스가 말한 현자가 그 자신과 같은 거지나 노숙자, 매춘부와 같은 사회 저변의 민중이나 물건 취급을 당하던 노예를 뜻하는 말일 수는 있다. 당시에 아리스토텔레스가 "어떤 사고나 본성으로 인하여 국가가 없는 자는 인간 이하거나 인간 이상", "친족도 없고 법률도 없고 가정도 없는 자", "전쟁광이며 장기판에서 혼자 앞서나간 말처럼 독불장군", "공동체 안에서 살 수 없거나 자급자족하여 그럴 필요를 느끼지 못하는 자"는 "국가의 부분이 아니며, 들짐승이거나 신일 것"¹³⁶이라는 말을 했을 때 지칭한 '들짐승을 포함한 모든 버림받고 차별받는 사람들' 이 바로 디오게네스가 현자라는 말로 지칭한 사람들일 수는 있다. 이렇게 본다고 해서 디오게네스의 그러한 태도를 고매한 인류국제주의의 표현이라고 미화할 필요는 없다. 디오게네스 자신이 재류외인이었을 수 있고, 그랬다면 차별받는 존재였기에 그렇게 생각한 것이었다고 봐도 상관없다.

앞에서 보았듯이 통화위조 사건으로 인해 추방당하게 된 것이 디오게네스가 철학을 하게 된 계기였다. 누군가가 디오게네스에게 "시노페인들이 당신에게 추방을 선고한 것이군"이라고 말하자 디오게네스는 "그러나 나는 그들에게 고국에 머물도록 선고했다"고 대답했다.¹³⁷ 또 "당신은 어느 나라 사람이냐"는 물음에 디오게네스는 "세계시민"이라고 대답했다.¹³⁸ 그리고 "유일하게 올바른 국가는 세계적인 규모의 것"¹³⁹이라고도 말했다. 이를 두고 그 자신이 재류외인이어서 차별을 받는 입장이었기에 그렇게 생각할 수밖에 없었을 것이라고 생각해도 무방하다. 그러나 이런 디오게네스의 태도는 그와 같이 재류외인이면서도 자신이 재류외인이라는 의식을 전혀 갖지 않고 오히려 재류외인을 차별하는 시민이나 지배자의 편만 들었던 아리스토텔레스의 태도와는 전혀 다른 것이었다는 점에서 흥미롭다.

디오게네스가 '유일하게 올바른 국가' 라고 한 것이 구체적으로 어떤 국가를 가리킨 것인지를 알 수 있게 해주는 그의 말은 전해진 바 없다. 그러나 그의 제자인 크라테스가 지은 것으로 알려진 다음 시를 통해 그 국가가 적어도 소유가 없지만 풍요하고 모두가 자유롭고 평등하며 평화롭게 사는 나라일 것이라고 상상해볼 수 있다.

> 포도주 빛을 띤 허영(바다)의 한가운데 펠레(동냥자루)란 나라가 있다.
> 그 나라는 훌륭하고 결실이 풍요로운데 모두가 더럽고 아무것도 소유하지 않는다.
> 그 나라로 가면 어리석은 자도, 식객도, 또 창녀의 엉덩이에 광란하는 음란한 사내도 배를 저어 나아가지 않는다.
> 하지만 그 나라에는 사향초도, 마늘도, 또 무화과도, 빵도 있다.
> 그렇기 때문에 사람들은 그런 것을 둘러싸고 다투지도 않고,
> 금전이나 명성 때문에 무기를 준비해두는 일도 없다.[140]

어쩌면 세계 최초의 유토피아 시인지도 모를 이 시에서 동냥자루란 가난을 상징한다. 따라서 그 나라는 디오게네스가 꿈꾸는 가난한 유토피아 나라다. '유일하게 올바른 국가'에 대해 그가 한 말은 전해진 바가 없지만, 그는 자기와 같이 동냥자루를 지니고 사는 사람들의 나라로 그 국가를 생각했던 게 틀림없다. 그런 국가에 대한 그의 생각을 일부 엿볼 수 있게 해주는 그의 말은 전해진 것이 있다. 가령 그는 모든 것이 신들의 소유라고 한 뒤에 법에 관해 다음과 같이 말했다고 한다.

법에 관해서 그것이 없으면 (문명화한) 시민생활을 보내는 것이 불가능하다고 그는 말했다. 왜냐하면 그의 주장에서는 시민국가가 존재하는 것이 아니면 문명화하고 있어도 아무런 이익도 되지 않기 때문이었다. 그런데 시민국가는 문명화를 가져오는 것이고, 또 시민국가가 존재하는 것이 아니라면 법은 아무런 쓸모도 없다. 따라서 법은 문명화를 가져오는 것이다.[141]

이 인용문에 나오는 법과 시민국가란 당시에 현존하던 실정법과 폴리스를 가리키는 것이 아니라 "고귀한 출신성분이라든가, 명성이라든가, 그와 같은 모든 것"이 "악덕을 부각시키는 장식"[142]으로 더 이상 이용되지 않는 이성적인 사회의 법과 그런 국가를 가리키는 것으로 볼 수 있다. 이런 태도는 출신성분과 명성을 중시한 소크라테스, 플라톤, 아리스토텔레스의 태도와 반대되는 것이다.

디오게네스는 또한 그런 나라에서는 "부인은 공유"여야 하고 "설득을 한 사내가 설득을 당한 여자와 하나가 되면" 좋으며 "아이도 공유"여야 한다고 했다.[143] 이 점에서도 디오게네스는 소크라테스, 플라톤, 아리스토텔레스와 달랐다. 아리스토텔레스는 부인과 자녀의 사유제를 분명히 주장했고, 소크라테스와 플라톤은 극소수 '수호자' 층의 가족에 대해서만 공유제를 주장했다. 반면에 디오게네스의 가족공유제는 모든 사람에게 적용되는 것이었다.

디오게네스를 비롯한 퀴니코스학파가 "세계를 지배하는 최고의 전제적 지배자를 생각"했고 "세계군주는 하나의 세계로 통일된 인간사회의 이념을 상상했을 것"이라고 보는 견해[144]나 디오게네스가 "스파르타를 방문했을 때 그는 무엇보다도 스파르타의 제도에 대해 찬탄을 아끼지 않았다"[145]고 보는 견해가 있으나, 이런 견해들을 뒷받침할 근거는 없다.

안티스테네스와 개

라에르티오스에 따르면 디오게네스는 "아테네로 오자 안티스테네스에게 몸을 의지"했고,[146] 안티스테네스는 소크라테스의 제자가 되어 그로부터 "'가난에 견디는 것'을 배우거나 또 '정념에 흐트러지지 않는 마음'을 보고 배우거나 해서" '퀴니코스적인 삶의 방식'의 창시자가 됐다[147]고 한다. 그런데 안티스테네스는 기원전 445년경에 태어나 기원전 365년경에 죽은 것으로 알려져 있다. 그렇다면 디오게네스가 기원전 357년 전후에 아테네로 갔다고 추정하는 경우 그때 안티스테네스는 이미 죽은 뒤이므로 디오게네스가 그의 제자가 될 수는 없었다.

라에르티오스에 따르면 안티스테네스가 '흰 개'란 뜻의 퀴노사르게스(Cynosarges)라는 이름을 갖고 있는 체육장에서 사람들과 대화를 했다고 해서 퀴니코스학파라는 이름이 생겨났다고 한다.[148] 퀴노사르게스는 순수한 아테네 혈통이 아닌 사람들이 모이는 곳이었다. 안티스테네스는 아테네인인 아버지와 트라키아인이자 노예인

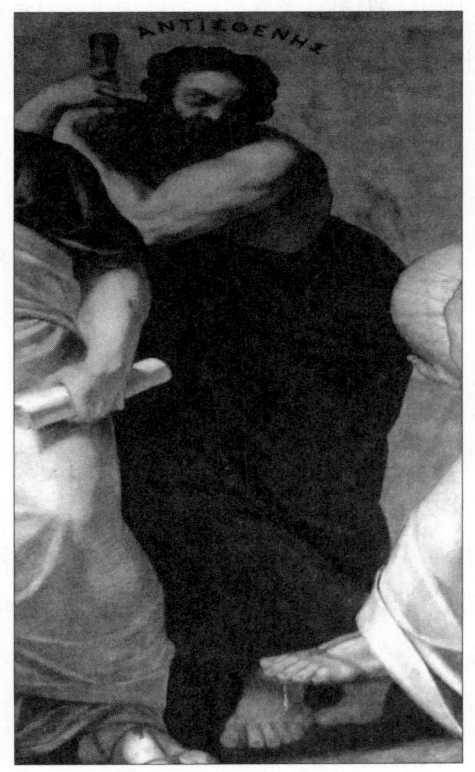

안티스테네스

어머니 사이에서 태어났기 때문에 퀴노사르게스에서 활동했다. 라에르티오스는 안티스테네스가 "입이 아니고 말로 사람들의 가슴을 물어뜯게 태어난 개"라고 했다.[149] 그러나 고대 문헌 중에서 디오게네스를 처음으로 '개'로 지칭한 것은 아리스토텔레스의 《수사학》이다.

라에르티오스에 따르면 디오게네스는 안티스테네스의 제자가 됐고, 자신이 망명한 신분이었기에 검소한 생활을 했는데, 그가 그렇게 한 것은 "쥐가 잘 곳도 찾지 않고, 어둠도 두려워하지 않으며, 또 맛있는 것을 좇지도 않으면서 돌아다니는 것을 보고" 배웠기 때문이라고 한다.[150] 그는 "오래 입어서 낡아진 웃옷을 두 겹으로 접어서 입은 최초의 사람"이었고, 식량이 든 동냥자루를 지니고 있었으며, 그 동냥자루를 "어떤 장소이건 모든 일에, 즉 식사를 하는 데에도, 잠을 자는 데에도, 대화를 하는 데에도 이용했다"고 한다.[151] 즉 그는 동냥자루를 먹기 위한 식량을 보관하는 데도 이용했고, 잠을 잘 때 이불로도 이용했으며, 사람들을 만나 이야기할 때 깔고 앉거나 그늘을 만드는 데도 이용했다는 것이다. 디오게네스는 누군가에게 오두막을 한 채 마련해달라고 부탁했으나 그가 시일을 끌며 부탁을 들어주지 않자 공문서 보관소에 있던 큰 술통을 가져다 주거수단으로 사용했다[152]는 이야기도 전해진다.

디오게네스는 개로 불리는 것을 좋아하지만은 않았던 것 같다. 그는 자신을 개라고 부르는 사람들에게 "오줌을 깔겼"[153]고 "너희들이야말로 개다. 내가 아침식사를 하고 있는 것을 둘러서서 보고 있는 너희들이야말로"[154]라고 말했다고 하니 말이다. 그러나 그는 개로 불리는 것을 싫어한 것도 아닌 것 같다. 왜냐하면 그는 주위의 소년들이 "물어뜯기지 않게 조심하자"고 말하자 "애송이들아, 개는 피트(풋내기)를 먹지 않는다"[155]라고 했고, 알렉산드로스 대왕이 "왜 개로 불리느냐"고 묻자 "무엇인가 주는 사람들에게는 꼬리를 흔들고, 주지 않는 사람에게는 짖어대고, 나쁜 자들은 물어뜯기 때문"[156]이라고 대답했으며, 사람들이 개에게 잘해주다가도 사냥에 데려갈 때는 그렇게 하지 않듯이 "그대들도 또 어려운 일을 당하는 것이 두려워서 나와 생활을 함께 할 수 없는 것"이라고 말했다고 하기 때문이다. 라에르티오스에 따르면 디오게네스는 자신에 대해 "조국을 빼앗겨 나라도 없고 집도 없는 자, 일상의 양식을 동냥하고 방황하는 인간"이라고 말했다고 하니, 그런 자신을 스스로 개라고 생각했는지도 모른다.[157] 아니면 당시에 그런 소외된 사람들이 모두 개로 불렸던 것인지도 모르겠다.

소크라테스와 디오게네스

앞에서 보았듯이 안티스테네스가 소크라테스의 제자였다고 하므로 디오게네스가 안티스테네스의 제자였다면 소크라테스의 제자의 제자였던 셈이다. 안티스테네스가 소크라테스에게서 '가난에 견디는 것'이나 '정념에 흐트러지지 않는 마음'을 배웠다는 이야기가 사실이더라도 그런 태도나 마음은 디오게네스가 이미 스스로 갖고 있었던 것이니 반드시 그가 소크라테스의 제자의 제자여서 배운 것이라고 볼 수는 없다.

소크라테스의 사상은 플라톤과 아리스토텔레스에게로 전수됐고, 플라톤과 아리스토텔레스는 디오게네스와 사상적으로 대립되는 철학자였다. 한 스승의 제자들 사이가 벌어지는 것이야 흔한 일이지만 사상적으로 극단적인 대립을 보이는 경우는 흔하지 않다. 도대체 그들은 무엇 때문에 그렇게 대립했을까? 이 질문은 그들이 갖고 있었던 사상의 본질적인 측면과 관련이 있으므로 검토해볼 가치가 있다.

앞에서도 말했지만, 소크라테스는 기록을 전혀 남기지 않았다. 그래서 우리가 그에 대해 알고 있는 것은 다른 사람들이 그에 대해 한 이야기를 통해 우리에게 전해진 것일 뿐이다. 특히 소크라테스의 제자인 플라톤이 남긴 방대한 대화편에는 소크라테스가 주인공으로 등장하므로 우리는 그 대화편을 통해 소크라테스의 사상을 접할 수 있다. 그러나 그 대화편에 등장하는 소크라테스가 진짜 소크라테스인지, 아니면 플라톤이 지어낸 소크라테스인지는 누구도 정확하게 알지 못한다. 그러나 《그리스 철학자 열전》의 저자도 플라톤의 대화편에 의거해 소크라테스에 대해 말하고 있으니, 여기서 나도 대화편에 혼재하는 소크라테스의 생각과 플라톤의 생각이 크게 다르지 않다고 가정하고 설명을 해나가도록 하겠다.

안티스테네스가 소크라테스에게서 '가난에 견디는 것'과 '정념에 흐트러지지 않는 마음'을 배웠다는 점과 관련된 에피소드는 소크라테스의 애인이자 엘리트인 알키비아데스가 집을 지으라고 넓은 땅을 주려고 했지만 소크라테스가 사양했다는 것, 소크라테스가 가게에서 팔리는 물건은 살아가는 데 쓸모없는 것이라고 말했다는 것, 그가 왕들에게서 돈을 받지도 않고 그들의 궁전에 가지도 않았다는 것 등이다. 소크라테스는 또한 누구에게도 절대로 대가를 요구하지 않았고, 최소한의 것만 필요로 하는 사람이 신과 가장 가까운 거리에 있다고 말했다는 이야기도 전해진다.[158] 그러나 안티스테네스와 디오게네스의 가난은 그런 정도에 그친 것이 아니다. 소크라테스는 아내를 둘이나 두고 첩도 여럿 두었지만, 안티스테네스와 디오게네스는 결혼을 한 적이 없고 부녀공유를 주장했으며 집도 없이 개처럼 거지로 살았다.

《그리스 철학자 열전》에서는 위와 같은 것들 외에는 소크라테스와 관련된 이야기를 볼 수 없다. 따라서 결국 우리는 소크라테스에 대해서는 플라톤과 크세노폰 등이 남긴 기록에 의존할 수밖에 없다. 그래서 소크라테스의 사상과 플라톤의 사상을 구별하기란 사실상 불가능에 가깝다.

자유와 자족

《그리스 철학자 열전》에 따르면 디오게네스가 "자유보다 뛰어난 것은 없다"고 하면서 실제로 그렇게 살았던 것은 그가 통화를 위조하는 행위를 한 데서도 알 수 있듯이 "법에 따르는 것에는 자연본디에 바탕을 둔 것에 부여한 것과 같은 가치를 조금도 부여하려고 하지 않았던 것"과 같은 의미였다.[159] 그는 "운명에는 용기를, 법에는 자연본디의 것을, 정념에는 이성을 대항시키는 것"[160]이라고 자신의 입장을 밝혔다. 여기서 우리는 디오게네스가 법, 운명, 정념보다 용기, 자연본디의 것, 이성을 중시했음을 알 수 있다. 그는 "인생을 살기 위해서는 이성을 갖추거나, 그렇지 않으면 (목을 묶기 위한) 밧줄을 준비해두지 않으면 안 된다"[161]고 늘 말했다고 한다.

그리스어에서 '자유'라는 말은 "삶을 스스로 지도하는 것, 만사의 자율, 생각하는 대로 사는 능력, 자신을 지배하는 것"을 뜻했다. 따라서 자유는 남에게 자기 일을 시키는 것일 수 없었고, 당연히 노예를 부리는 것을 거부하게 하는 것이었다. 이런 점을 디오게네스는 하인더러 자기 발에 신을 신기게 하는 자에게 "그대는 코도 풀어달라고 하지 않으면 아직 행복하지 않은 것 같군. 그러나 그것은 그대의 두 손을 쓰지 못하게 될 때의 일이 아닐까"[162]라고 말하는 것을 통해 설명했다. 그에게 그런 인간은 자율의 인간이나 자립의 인간이 아니라 노예나 하인에 의존해야 비로소 살아갈 수 있는 인간이었다. 따라서 그에게 자유는 "자제하여 타자에 의해 지배받지 않는" 것, 즉 '자족'과 통하는 것이었다. 디오게네스를 비롯한 퀴니코스학파에게 자유와 자족이란 생활의 필요를 최소한으로 줄여 간소한 삶을 사는 것을 뜻하는 말이었다. 퀴니코스학파에 대해 라에르티오스는 다음과 같이 설명한다.

그들은 몸을 기르기에 넉넉할 만큼의 음식을 섭취하고 속옷만을 입고 검소한 생활을 보내도록 역설하였으며, 부도 명예도 좋은 가문도 경멸했다. 사실 그들 가운데 어떤 자들은 야채만을 먹고, 언제나 찬물을 마시며, 또 그때그때 발견한 오두막이나 술통을 주거로 삼았다. 디오게네스는 이와 같이 살았는데 이 사람은 '무엇 하나 필요로 하지 않는 것'이 신들의 특질이고, 또 조금밖에 원하지 않는 것이 신들을 닮은 자들의 특질이라고 말했다.[163]

디오게네스의 자족하는 생활을 단적으로 보여주는 에피소드로는 아이가 두 손으로 물을 떠서 마시는 것을 보고 그가 컵을 내던졌고 아이가 접시를 깨뜨린 뒤에 빵의 패인 곳에 수프를 넣는 것을 보고 그가 그릇을 내던졌다[164]는 이야기가 있다. 그는 편리와 사치와 학문과 예술도 거부했다. 예를 들면 해시계를 보여주는 사람에게 그는 그것은 식사에 늦지 않기 위해서는 편리하겠다고만 말했을 뿐이고, 음악을 연주해 들려준 사람에게 그는 나라의 통치나 집안의 평화는 음악에 의해 이루어지는 것이 아니라 사람들의 견식에 의해 이루어지는 것이라고 말했다.[165] 또한 그는 디오니소스 축제의 경연에 대해 "바보들에 의한 대규모 인형연극"이라고 말했고, 민중 지도자들에 대해 "군중의 하인"[166]이라면서 "그들에게 수여되는 영예의 관은 명성의 부스럼에 지나지 않는다"[167]고 말했다.

디오게네스는 자기단련을 강조했다. 그는 "여름에 뜨거운 모래 위를 뒹굴거나 겨울에 눈으로 뒤덮인 조각상을 껴안거나 해서 온갖 수단을 다해 자신을 단련"[168]했고, 늙어서도 마찬가지였다. 늙었으니 편하게 지내라는 사람들에게 그는 골인 지점에 다 왔는데 힘을 빼라는 것이냐고 응수했다.[169] 그는 단련에는 정신의 단련과 몸의 단련이 있다고 했다.[170]

디오게네스는 자신이 가지고 다닌 동냥자루를 자신과 같은 '현인이자 자유로운 인간'의 상징이라고 보았고, 그것을 지니지 않은 자를 '열악한 자'라고 보았다.[171] 그가 대낮에 램프에 불을 켜고 "나는 인간을 찾고 있는 것"이라고 말했을 때[172]의 '인간'은 그런 자유로운 인간을 뜻하는 것이었다.

디오게네스가 자유를 어떻게 생각했는지는 정확하게 알 수 없다. 그러나 그를 이은 제논이 자유에 대해 이렇게 말한 것으로 전해진다. "현자만이 자유인이고 열악한 자들은 노예다. 왜냐하면 자유란 자주적으로 행동할 수 있다는 것이고 예속이란 자주적인 행동을 빼앗긴 상태를 뜻하기 때문이다."[173] 라에르티오스에 따르면 디오게네스는 세상에서 훌륭한 것은 "무엇이든 할 수 있는 것"이라고 했다.[174] 번역서에는 이 말 옆에 '언론의 자유'라는 해석이 병기돼있는데, 이런 해석은 문제가 있다. 왜냐하면 디오게네스가 말한 "무엇이든 할 수 있는 것"은 식사와 성교를 포함한 모든 것을 공개적으로 당당하게 하는 것[175]을 뜻하는 것으로 보이기 때문이다. 즉 디오게네스에게 자유는 모든 것을 공개적으로 하는 것이었다.

디오게네스

그러나 그것이 방종한 욕망 발산을 뜻하는 것은 아니었다. 디오게네스는 "열악한 인간은 욕망을 섬기"는 자들이라고 했다.[176] 가령 자신의 결점은 모르면서 옛 문헌에 나오는 인물의 결점을 찾는 문헌학자, "자신의 혼의 상태는 부조화인 채로 있으면서" 악기의 현을 맞추는 음악가,[177] "태양이나 달에는 눈을 돌리면서 자신의 발밑에 있는 일은 지나치는" 수학자나 천문학자, "정의에 대해서 논하는 데는 매우 열성이면서도 그것을 조금도 실행하지 않는" 변론가, "돈을 헐뜯고 있는 주제에 그것을 지나치게 선호"하는 돈 좋아하는 사람, 재산을 갖고 있다는 것보다도 뛰어나다는 것을 이유로 "올바른 사람을 칭찬"하면서도 "다른 한편으로는 크게 재산을 축적한 사람을 부러워하는 자", "건강하기를 바라는 마음에서 신들에게 희생을 바치면서 바로 그 희생식의 와중에 건강을 해칠 정도로 성찬을 드는" 자 등이 바로 디오게네스가 말한 '열악한 인간'이었다.[178] 또한 "무지한 부자",[179] "돼지고기와 쇠고기로 몸이 이루어"진 무신경한 운동선수,[180] "꿈에서 본 것에 두려워하는 사람",[181] 미신을 믿는 사람,[182] "신전을 관리하는 관리",[183] "자신의 부친을 경멸하고 있는 사람"[184] 등도 그러한 인간이었다. 디오게네스는 "해몽가나 점쟁이, 그들에게 빌붙어 다니는 사람들, 또는 명성이나 부를 자랑하고 있는 사람들을 보면" 인간처럼 어리석은 존재는 없는 것처럼 생각된다고도 했다.[185]

디오게네스는 '열악한 자' 중에서도 가장 '열악한 자'는 권력자, 특히 독재자라고 생각했다. 즉 그가 보기에는 알렉산드로스처럼 끝없는 명예욕과 정복욕의 포로가 되어 타인을 자신에게 예속시키고 타인에게 자신을 숭배하도록 강요하는 교만하고 무례한 인간이 가장 열악한 자였다.

그는 반면에 "결혼할 생각은 있는데 결혼하지 않고 있는 사람, 배 여행을 떠날 생각은 있는데 떠나지 않고 있는 사람, 정치에 종사할 생각은 있는데 그렇게 하지 않고 있는 사람, 아이를 기를 생각은 있는데 그렇게 하지 않고 있는 사람, 권력자들과 함께 살 준비는 되어있는데 그들에게 접근하지 않고 있는 사람"을 칭찬했다.[186]

디오게네스는 자신의 성적 욕망을 충족시킬 필요를 느끼는 경우에는 광장에서 자위행위를 했고 그의 제자 크라테스는 공개적으로 성행위를 했다고 하는데, 이런 그들의 행위를 단순히 반도덕적인 행위로만 보아서는 안 된다. 푸코는 《성의 역사》 제2권 《쾌락의 활용》에서 이렇게 말한다. "도발은 사실상 그것이 공공연하다는 특성에서 비롯된다. 이것은 그리스에서는 모든 관습에 대립되는 것이었다. 사람들은 사랑을 밤에만 해야 하는 이유로 시선을 피해야 할 필요성을 든다."[187] 디오게네스는 바로 그런 태도를 비판한 것이라고 푸코는 보았다. 사랑이 나쁜 것이 아니고 자연스러운 것이라면 공공연하게 사랑을 한다고 해서 나쁠 게 없다는 것이 디오게네스의 생각이었다는 것이다. 디오게네스는 자위행위가 성적 욕망을 충족시켜주듯이 배고픔을 해결할 수 있는 '자위행위 같은 것'이 있으면 좋겠다는 생각도 했다.

4장 디오게네스 **183**

노예

디오게네스에게도 노예가 있었다고 한다. 아마도 그가 시노페에서 생활할 때였으리라. 《그리스 철학자 열전》에 그의 '도망간 노예'에 관한 이야기[188]가 나오는데, 이는 전후맥락으로 보아 디오게네스가 아테네로 가기 전의 일이었으리라고 짐작된다. 그 뒤로는 디오게네스가 그야말로 '개'처럼 홀로 살았기 때문이다. 여하튼 도망간 노예를 찾으라고 충고하는 사람에게 디오게네스는 만일 노예가 디오게네스 없이도 살아갈 수 있는데 디오게네스는 노예 없이는 살아갈 수 없다고 한다면 그것은 "이상한 이야기"라고 했다.[189] 이는 자신의 자족생활과 노예의 자족생활을 비교해 말한 것인 동시에 자신과 노예의 평등함을 말한 것이기도 하다.

디오게네스는 어느 도망친 노예가 우물가에 앉아 있는 것을 보고 "어이, 젊은이! 빠지지 않도록 조심해"라고 말했다고 한다. 이는 우물이라는 그리스 말에 함정이라는 뜻도 들어있으니 디오게네스도 그런 뜻을 담아 말한 것으로 해석되지만, 불필요한 사치의 삶을 살지 말라는 경고의 의미로 말한 것으로도 해석할 수 있다. 왜냐하면 디오게네스는 "주인들이 게걸스럽게 먹는 것을 보면서도 주인이 먹는 것을 무엇 하나 빼앗으려고 하지 않는 노예들에게"[190] 감탄했다고 하기 때문이다.

노예와 관련된 디오게네스의 일화 가운데 가장 중요한 것은 그 자신이 만년에 노예로 살았다는 점이다.[191] 디오게네스는 배를 타고 아이기나 섬으로 가던 중에 해적들에게 붙잡혀 크레타 섬으로 끌려가서 노예 매물로 나오게 됐다. 그때 고시(告示)하는 일을 맡은 자가 "무슨 일을 할 수 있느냐"고 묻자 그는 "사람들을 지배하는 일"이라고 대답하고는[192] "누군가 자기를 위해 주인을 사려는 자"가 없는지를 고시해달라고 했다. 그리고 그때 앉아있지 못하게 하자 디오게네스는 "그런 것은 아무래도 상관이 없는 것이다. 물고기도 어떻게 놓여있건 팔려나가는 것이니까"라고 응수했다.[193] 이어 디오게네스가 그곳에 있던 크세니아데스를 가리키며 그가 "주인을 필요로 한다"고 말했고, 결국 크세니아데스가 디오게네스를 매수했다. 크세니아데스는 아이들을 감독하는 일과 집안일을 디오게네스에게 맡겼는데 디오게네스는 그 모든 일을 잘 해서 주인인 그가 디오게네스를 자랑스러워했다.[194] 디오게네스는 주인에게 명령을 하면서 "당신은 나의 명령에 복종해야 한다"고 말했다.[195] 그야말로 노예가 주인행세를 한 것이었다. 이에 주인이 "이제 강의 흐름은 위쪽으로 향하고 있다"는 말로 하극상에 대해 불평하자 "만일 당신이 병에 걸려있고 의사를 사들였다고 한다면 그 경우에 당신은 의사가 말하는 것에는 따르지 않고" 그런 말을 하겠느냐고 되물었다.[196]

누군가가 디오게네스에게 노예가 왜 '다리인간(footman)'이라고 불리게 됐느냐고 묻자 그는 "인간의 다리를 가지고 있으면서 혼쪽은 그런 것을 탐색하고(그런 질문을 하고) 있는, 지금 그대의 혼과 같은 상태이기 때문"이라고 답했다.[197] 이 에피소드는 그 뜻이 명확하지는 않지만, 노예를 '열등하게 타고난 존재'로 전제하는 아리스토텔레스 같은 자들을 디오게네스가 비판하는 뜻으로 풍자한 것으로 여겨진다.

그러나 디오게네스가 노예해방에 적극적인 입장을 갖고 있었던 것은 아니다. 이는 그의 친구들이 노예인 그를 자유로운 몸으로 만들어주기 위해 몸값을 지불하려고 하자 "사자도 이를 기르고 있는 자들의 노예가 아니고 오히려 기르고 있는 자들 쪽이야말로 사자의 노예"라면서 그들을 "어리석은 자들"이라고 말했다는 에피소드[198]를 통해 알 수 있다. 그는 죽을 때까지 노예로 살았을 가능성이 있다. 그가 노예의 신분에서 벗어났다는 기록은 전해진 것이 없다.

미친 소크라테스

라에르티오스는 플라톤과 디오게네스가 만나서 벌인 몇 가지 에피소드도 소개했다. 그런데 플라톤은 기원전 428~427년에 태어나 기원전 348~347년에 죽었다고 일반적으로 알려져 있으므로 디오게네스가 아테네에 간 무렵에는 죽었거나 살아있었다고 해도 78~79세의 고령이었음을 고려하면 그러한 에피소드가 실제로 있었던 일이라고 믿기 어렵다.

그러나 만약 플라톤이 살아있었다고 한다면, 디오게네스가 "플라톤의 수업은 심심풀이"[199]라고 말했다는 것이나 플라톤이 디오게네스를 개라고 불렀을 때 그가 "사실이지. 왜냐하면 나는 나를 팔고 다니는 놈에게로 거듭 돌아갔으니까"[200]라고 응수했다는 것이 사실이었을 수 있다. 플라톤이 디오게네스를 가리켜 "미친 소크라테스"라고 말했다는 것[201]도 사실이었을 가능성이 있다. "미친 소크라테스"란 앞에서 본 아리스토파네스의 희극 《구름》에서 소피스트로 그려진 소크라테스에 빗댄 표현일 것이다.

누군가가 디오게네스에게 "철학을 하고 있는 주제에 아무것도 모른다"고 하자 디오게네스는 "설사 내가 지혜가 있는 척하고 있는 것뿐이라고 해도 그것도 또한 철학을 하고 있는 것"이라고 응수했다고 한다.[202] 이는 플라톤이나 아리스토텔레스에 대한 풍자였다고 볼 수 있다. 즉 이는 그들이 지혜가 있는 척하는 것을 풍자한 것으로 여겨진다.

그러나 디오게네스는 철학 자체를 부정하지는 않았다. 철학의 가치에 대해 디오게네스는 "적어도 어떤 운명에 대해서나 마음의 준비가 되어있다는 것"[203]이라고 했고, 철학은 "훌륭하게 살 생각"이 있는 인간에게 필요한 것[204]이라고도 했다. 철학자들에 대해서도 그는 배의 키잡이나 의사를 만날 때와 마찬가지로 그들을 만나면 "인간이란 동물들 가운데서 가장 총명한 자"라고 생각하게 된다고 했다.

알렉산드로스

디오게네스가 알렉산드로스의 '참모'였다고 보는 견해[205]도 있으나 이는 근거도 없는 이야기다. 설령 어떤 근거가 있는 이야기라고 해도 그 근거라는 것이 사실일 리 없다.

라에르티오스에 따르면 디오게네스는 크레타 섬에서 알렉산드로스를 만났다. 당시에 알렉산드로스는 마케도니아의 왕에 즉위한 직후였고, 크레타에 있는 그리스인들에 의해 페르시아 정복을 위한 전쟁을 책임지는 총사령관으로 선출되어 그곳에 머물고 있었다. 기원전 336년의 가을과 겨울 사이였다.

앞에서도 이야기했지만, 알렉산드로스가 디오게네스의 앞에 서서 "나는 대왕인 알렉산드로스다"라고 하자 디오게네스는 "나는 개인 디오게네스다"라고 했다. 알렉산드로스가 왜 개로 불리느냐고 묻자 "무엇인가 주는 사람들에게는 꼬리를 흔들고, 주지 않는 사람에게는 짖어대고, 나쁜 자들은 물어뜯기 때문"[206]이라고 답했다. 그리고 알렉산드로스가 "무엇이건 원하는 것을 말해보라"고 하자 디오게네스는 "햇빛이나 가리지 말고 비켜라"라고 대답했다.[207]

알렉산드로스가 "그대는 짐이 두렵지 않은가"라고 묻자 디오게네스는 "도대체 당신이 누구인가? 선한 자인가, 아니 악한 자인가?"라고 되물었다. 이에 대왕이 "물론 선한 자다"라고 대답하자 디오게네스는 "그러면 누가 선한 자를 두려워하겠는가?"라고 말했다.[208] 그 뒤에 알렉산드로스는 만일 자신이 알렉산드로스가 아니었

알렉산드로스와 디오게네스

으면 디오게네스이기를 바랐을 것이라고 말했다고 한다.²⁰⁹

이 에피소드와 유사한 기록이 《플루타르크 영웅전》에도 있다. 알렉산드로스가 총사령관에 임명됐을 때 많은 정치가와 철학자들이 와서 축하해주었으나 디오게네스는 오지 않자 알렉산드로스가 직접 그를 찾아갔다고 한다. 그리고 햇빛을 가리지 말고 비키라는 디오게네스의 말을 듣고 알렉산드로스는 모욕을 당했다고 느끼면서도 그의 큰 도량에 탄복했다. 사람들은 디오게네스를 비웃었지만 알렉산드로스는 그에 대한 존경심에서 자신도 디오게네스이고 싶다고 했다는 것이다.²¹⁰

《그리스 철학자 열전》에는 디오게네스가 알렉산드로스의 아버지인 필리포스 왕에게 붙잡혔던 이야기도 나온다. 디오게네스는 기원전 338년에 카이로네이아 전쟁에서 붙잡혔다. 그때 필리포스 왕이 디오게네스에게 누구냐고 묻자 "당신의 끝없는 욕망을 탐지하는 정찰병"이라고 대답했고, 이에 왕이 "기특한 놈"이라면서 그를 석방해주었다는 것이다.²¹¹ 그런데 만일 그 당시에 디오게네스가 크레타에 있었다고 한다면 거의 70세 노인이었을 그가 크레타와는 상당히 멀리 떨어진 카이로네이아의 전쟁터까지 갔다고 보기 어려우므로 이는 누군가가 꾸며낸 이야기로 생각된다.

《그리스 철학자 열전》에는 알렉산드로스의 부하들과 디오게네스 사이에서 벌어진 일에 관한 이야기도 많이 나온다. 가령 크라테로스가 자기에게 와달라고 디오게네스를 부르자 "아테네에서 소금을 빠는 쪽"이 낫다고 하면서 거절했다는 이야기²¹²가 나오지만, 당시에 디오게네스가 아테네에 갔을 가능성이 없으니 이는 꾸며낸 이야기로 생각된다. 알렉산드로스가 부하인 안티파트로스 앞으로 편지를 보냈을 때 디오게네스가 그 편지에 대해 풍자했다[213]는 이야기도 꾸며낸 이야기로 생각된다. 알렉산드로스의 부하인 페르디카스가 디오게네스를 자기에게 와달라고 불렀을 때 거부한 이야기[214]도 마찬가지다. 다만 알렉산드로스의 부하인 카리스테네스에 대해 디오게네스가 "그는 불행한 사내다. 점심도 저녁도 그는 알렉산드로스가 적당하다고 생각할 때밖에 먹지 못하니까"라고 말했다는 이야기[215]는 사실이었을 수 있다. 디오게네스는 카리스테네스에 대해서만이 아니라 알렉산드로스의 부하들 모두에 대해 그렇게 생각했을 수 있다.

디오게네스는 죽을 때 어떻게 매장되기를 원하는지를 묻는 사람에게 "얼굴을 밑으로 해서"라고 대답했다.[216] 그리고 그 이유가 무엇이냐는 질문에 그는 "곧 뒤집혀 밑에 있는 것이 위로 올라올 것"이기 때문이라고 대답했다. 이에 대해 라에르티오스는 그때 마케도니아인들이 패권을 장악하고 있었다는 점, 즉 그들이 낮은 지위에서 출세해 신분이 높은 자들이 돼있었다는 점을 디오게네스가 염두에 두고 한 말이라고 전한다.[217] 이는 곧 디오게네스가 당시의 지배자 집단인 알렉산드로스 대왕을 비롯한 마케도니아인들에게 적대적인 태도를 갖고 있었음을 의미한다. 그러나 "이제 곧 뒤집혀 밑에 있는 것이 위로 올라올 것"이라는 디오게네스의 말은 단지 그런 적대감의 표현이기만 한 것이 아니라 디오게네스의 변혁사상을 단적으로 보여주는 것이라고 생각된다.

제논

디오게네스에게는 몇 명의 제자가 있었다. 그중에는 히파르키아라는 여성도 있었다. 히파르키아는 디오게네스의 제자답게 구혼자의 재산, 출신성분, 용모에 무관심했고, 역시 디오게네스의 제자인 크라테스와 결혼했다. 결혼을 부정한 스승 디오게네스와 달리 그들은 결혼을 한 것이다.

크라테스는 알렉산드로스가 조국을 재건하길 원하느냐고 묻자 다른 알렉산드로스가 그걸 파괴할 것이므로 그럴 필요가 없다고 대답했다.[218] 크라테스는 디오게네스의 충고에 따라 양목 농장을 포기하고 갖고 있던 재산과 돈을 모두 바다 속에 던져버렸다. 그의 집에는 누구라도 자유롭게 드나들었고, 찾아오는 모든 사람을 크라테스는 즐겁게 환대했다. 그러나 그는 스스로 거지의 상태가 되기를 거부하고 최소한의 물질소유를 긍정한 점에서는 디오게네스와 달랐다.

크라테스의 제자 중에 제논(기원전 335경~263경)이 있었다. 제논은 디오게네스가 죽기 10여 년 전에 키프로스 섬에서 태어나 20대에 아테네로 가서 크라테스의 제자가 됐다. 그가 '스토아 포이킬레', 즉 채색된 주랑(柱廊)에서 강의를 했기 때문에 그의 제자들이

크라테스와 히파르키아

스토아학파로 불리게 됐다.[219] 그는 아름다움(탁월성)과 절제를 같은 것으로 보았다.[220] 그는 탁월성이 없는 한 부모나 가족도 원수라고 했고, 부녀는 공유이고 남녀가 같은 옷을 입어야 한다고 했다. 또 도시 안에 신전, 법정, 체육장을 지어서는 안 되고, 화폐를 만들어서도 안 된다고 했다.[221] 이런 점에서 그는 명백히 디오게네스를 잇는 사람이었다.

여기서 제논이나 그를 이은 스토아 철학자들의 사상에 대해 상세히 들여다볼 필요는 없겠지만, 이 책의 주제와 관련이 있는 몇 가지는 언급하고 넘어가자. 스토아학파는 대체로 소크라테스와 플라톤의 이데아론과 영혼불멸에 관한 논증을 거부했다. 제논은 당시 그리스의 상식인 유물론으로 플라톤 등의 형이상학과 맞서 싸웠다. 그리고 개인의 삶에서 선은 건강, 행복, 재산과 같은 것들에 있는 것이 아니라 오직 개인적 의지의 탁월성에 있다고 보았다. 그러므로 인간은 세속적 욕망에서 해방돼야만 자유로워진다고 그는 생각했다.

그러나 스토아학파의 철학자라고 해서 다 같은 사상을 갖고 있었던 것은 아니다. 가령 마르쿠스 아우렐리우스를 너스봄 등은 디오게네스와 같은 세계시민주의자로 보지만, 나는 그렇게 보지 않는다. 마르쿠스 아우렐리우스는 이렇게 말했다. "나의 본성은 이성적이고 국가적이다. 내가 속하는 도시와 조국은 황제 안토니우스로서는 로마이지만 인간으로서는 우주다."[222] 이 말은 로마시대 가톨릭 학문의 일반적인 사고방식, 즉 로마제국의 황제는 교회 안에 있는 존재이지 교회 위에 있는 존재는 아니라는 사고방식과 일맥상통한다. 가톨릭(보편적) 교회가 로마제국을 포함하면서 그 황제의 권력 위에 있다는 것이 당시의 일반적인 사고방식이었다. 마르쿠스 아울렐리우스에게 우주는 정신의 고향이었고 지구는 그 우주의 일부[223]에 불과했지만 "로마인으로서, 남성으로서"[224] 최후까지 지켜야 할 조국은 로마였다. 이러한 마르쿠스 아우렐리우스의 입장은 디오게네스가 말한 세계시민주의와 다른 것이라고 나는 생각한다.

예수

예수가 디오게네스의 정신적 제자라고 하면 기독교도들은 화를 낼 지도 모르겠다. 하지만 나로서는 철학사에 나오는 그 어떤 디오게네스의 제자보다 예수가 더 분명하게 그의 제자라고 생각한다. 우선 두 사람은 집이 없는 홈리스였다는 점에서 같다. 예수를 홈리스라고 부른 것에 대해서도 기독교도는 화를 낼 지도 모르겠다. 하지만 성경은 분명히 그렇게 말하고 있다. 가령 《마태복음》 8장 20절과 《누가복음》 9장 58절을 보면 예수는 "여우도 굴이 있고 새도 보금자리가 있으나 나는 머리 둘 곳이 없다"고 했다. 디오게네스와 마찬가지로 예수도 집과 가정을 부정했다. 《마태복음》 10장 35~36절을 보면 예수는 이렇게 말했다고 한다. "나는 아들과 아버지, 딸과 어머니, 며느리와 시어머니가 서로 다투게 하려고 왔다. 나보다 자기 부모를 더 사랑하는 사람은 내 제자가 되기에 적합하지 않고, 나보다 자기 자식을 더 사랑하는 사람도 그렇다."

그러나 예수와 디오게네스 사이의 사상적 연관성을 보다 직접적으로 보여주는 성경구절은 《마태복음》 19장 21~30절과 《마가복음》 10장 21~31절에 나온다. 예수는 다음과 같이 말했다. "네 재산을 다 팔아 가난한 사람들에게 나눠주어라." "부자가 하나님의 나라에 들어가는 것보다 낙타가 바늘귀를 통과하는 것이 더 쉽다." "나와 복음을 위해 집이나 형제나 자매나 부모나 자녀나 논밭을 버린 사람은 이 세상에서 그 모든 것을 백배나 받을 것이고, 아울러 핍박을 받겠지만 오는 세상에서는 영원한 생명을 얻을 것이다." "앞선 사람이 뒤떨어지고 뒤진 사람이 앞설 것이다." 이 가운데 마지막 말은 《마태복음》 20장 1~16절에 나오는 포도원 에피소드에서도 반복된다. 또한 《마가복음》 9장 35절에 나오는 "누구든지 으뜸이 되고 싶은 사람은 모든 사람의 끝이 되고 모든 사람의 종이 되어야 한다"라는 예수의 말과 《누가복음》 9장 48절에 나오는 "너희 중에 가장 작은 사람이 가장 위대한 사람이다"라는 예수의 말도 같은 의미다.

"앞선 사람이 뒤떨어지고 뒤진 사람이 앞설 것이다"라는 예수의 말은 추상적인 표현이기는 하지만 "곧 뒤집혀 밑에 있는 것이 위로 올라올 것"이니 "얼굴을 밑으로 해서" 자신을 매장해달라고 한 디오게네스의 말과 같은 것이라고 나는 생각한다. 디오게네스가 극장에 들어갈 때 마치 나오는 사람들과 맞부딪치듯이 하는 자신의 행동에 대해 스스로 "나의 전 생애를 통해서 이루려고 힘쓰고 있는 것"[225]이라고 설명한 것이나 '노예와 주인의 역전'을 이야기한 것도 같은 맥락으로 볼 수 있다.

예수가 죽은 뒤에 사도들이 어떻게 살았는지를 보여주는《사도행전》의 2장 44절에 재산 포기에 관한 이야기가 나오는데, 이것도 같은 맥락이다. "믿는 사람들은 다 함께 지내며 모든 것을 서로 나누어 쓰고 재산과 물건을 팔아 각자의 필요에 따라 나누어주었다." 그 뒤에 그들이 함께 식사했다는 이야기가 이어진다. 또한《사도행전》5장 32~35절을 보면 믿는 사람들은 모두 한마음 한뜻이 되어 아무도 자기 재산을 제것이라 하지 않고 모든 것을 서로 나누어 썼고 그래서 "생활이 어려운 사람이 아무도 없었다"고 한다. 초기 기독교인들이 모두 그렇게 살았는지에 대해서는 논쟁이 있지만, 성경 말씀이니 일단 믿도록 하자.

그 밖에도 성경에 나오는 예수에 관한 이야기 중에 디오게네스와 관련해 전해지는 이야기와 유사한 것이 많다. 가령 디오게네스가 동물에 비유해 무소유의 사상을 피력하곤 했는데 예수도 공중의 새(《마태복음》6장 26절), 까마귀, 백합화, 양떼(《누가복음》12장 24절) 등에 비유해 그런 사상을 피력했다.

기원후 3세기경의 기독교 신학자인 루키아누스는 초기 기독교도들과 퀴니코스학파 사람들 사이에 폭넓은 교류가 있었음을 보여주는 에피소드를 전했다. 어느 퀴니코스학파 사람이 체포되자 기독교도들이 물심양면으로 그를 도왔다는 이야기가 그것이다.[226] 당시에는 유태인, 퀴니코스학파, 기독교도가 그리스로마 문명의 일반적 풍조에 대해 동일한 적대감을 갖고 있었다는 점에서 당연한 그랬을 것으로 생각된다.

5장 | 아리스토텔레스

아리스토텔레스

서양의 철학이나 정치학을 공부하거나 그 역사를 읽으면 소크라테스, 플라톤, 아리스토텔레스부터 만나게 된다. 그런 분야의 책에서는 그 세 사람을 언급하는 것이 마치 전통이나 관례처럼 됐다. 모두들 세 사람을 철학과 정치학의 시조로 보는 탓인지 그들을 비판적으로 다룬 책은 좀처럼 보기 어렵고, 그야말로 세 사람을 찬양하는 책 일색이다. 마치 신학이 예수와 성경을 절대시하고 성경을 주석하는 것으로 일관하는 것과 같다. 그런데 나처럼 그 세 사람을 보수주의자로 보는 경우에는 그 세 사람을 찬양하는 사람들도 모두 보수주의자로 보이기 마련이다. 이는 나뿐만 아니라 많은 비서양 세계의 논자들의 경우에도 마찬가지다.

《그리스 철학자 열전》에 따르면 아리스토텔레스는 "다리는 가늘고 눈은 작으며 화려한 옷을 걸치고 반지를 끼었으며 머리는 짧게

아리스토텔레스

깎"²²⁷았다고 하니 용모부터 디오게네스와 달랐던 게 틀림없다. 또한 플라톤은 "마치 망아지가 자기를 낳은 어미를" 차듯이 아리스토텔레스가 스승인 자기를 차버렸다고 말했다고 한다.²²⁸

《그리스 철학자 열전》이 플라톤 애호자를 위해 씌어진 책이어서 그런 내용이 들어간 것인지는 알 수 없지만, 여하튼 이 책에서 아리스토텔레스에 대한 설명은 번역서 기준으로 20쪽 분량이므로 대단히 짧고, 거기에 특별한 평가가 있는 것도 아니다. 이 책이 씌어질 당시에 아리스토텔레스에 대한 일반적인 평가가 그런 정도였는지는 알 수 없다. 그러나 아리스토텔레스는 그 뒤로 2천 년 이상이나 높게 평가됐으니 이 책의 저자인 라에르티오스는 물론이고 아리스토텔레스 자신도 그런 사실을 알게 되면 놀랄지도 모르겠다.

아리스토텔레스는 기원전 384년에 칼키디케 반도의 스타게이로스에서 마케도니아 왕 아뮌타스 2세의 시의(侍醫) 니코마코스의 아들로 태어나 어려서는 소피스트들로부터 교육을 받았다. 17세쯤에는 아테네로 가서 플라톤의 아카데미아에 입학했는데, 그때는 플라톤이 두 번째 시라쿠사 여행을 떠난 직후였다. 몇 년 뒤에 플라톤이 아카데미아로 돌아온 뒤에 아리스토텔레스는 플라톤의 강의를 듣게 됐고, 이어 그곳에서 수사학을 강의했다. 아리스토텔레스는 아카데미아에서 수학, 윤리학, 정치학 등을 공부하는 학생 겸 교수로 20년을 지냈다. 기원전 346년에 플라톤이 죽자 그는 아카데미아를 떠났는데, 이는 자기가 아카데미아의 후임 원장이 되지 못했기 때문이었다는 설도 있다.

아리스토텔레스는 처음부터 플라톤의 이데아론을 비판했다. 현상이 이데아를 모방하고 분유한다는 플라톤의 주장은 시적 비유에 불과한 것이라고 생각한 그는 이데아와 현상의 관계에 관한 플라톤의 사상을 버리고 그 대신 형상과 질료의 관계에 관한 자신의 새로운 사상을 내세웠지만, 형상의 능동성을 인정했다는 점에서는 플라톤을 완전히 벗어나지 못했다.

기원전 348년에 36세의 아리스토텔레스는 몇몇 제자들과 함께 소아시아 트로아스 지역의 해안도시인 아소스로 가서 그곳 왕의 궁정에서 강의와 저술을 했다. 3년 뒤인 345년에 그곳 왕이 페르시아군에 의해 처형당하자 아리스토텔레스는 미텔레네에 가서 2년을 보낸 다음 마케도니아로 돌아가 당시 13세였던 알렉산드로스를 가르쳤다.

그가 그 뒤로 4~5년 동안 무엇을 했는지는 알 수 없으나, 기원전 336년에는 아테네로 가서 학교 뤼케이온을 세우고 그곳에서 12년간 문학, 과학, 철학 등을 가르쳤다(1996년에 뤼케이온의 터가 발굴됐다). 뤼케이온은 아카데미아보다 50년 뒤에 세워진 학교였다. 아리스토텔레스는 뤼케이온에서 오전에는 제자들에게 강의하고 오후에는 일반인들에게 강의했다. 제자들은 스스로 지도자를 선출하고 규칙적인 생활을 했으며, 아리스토텔레스도 그들의 공동식사에 참여했다. 뤼케이온에서 매달 한 번씩 열린 심포지움은 어느 한 사람이 발표를 하고 나서 모두가 함께 토론하는 방식으로 진행됐다.

당시의 아테네에서 그는 시민이 아닌 재류외인이었으므로 원래는 재산을 소유할 수 없었지만, 아테네를 비롯한 그리스의 도시국가들이 이미 알렉산드로스의 지배 아래 들어간 뒤였으므로 그가 재산을 소유하고 뤼케이온을 운영하는 것이 가능했다. 기원전 323년에 알렉산드로스가 사망하자 벌어진 반(反)마케도니아 운동으로 인해 61세의 아리스토텔레스는 무신론자라는 이유로 고발됐다. 그의 스승의 스승인 소크라테스가 재판을 받고 독배를 받아 마셨던 것과 달리 그는 아테네를 도망쳐 에우보이아 섬의 칼키스에 가서 살다가 이듬해에 62세로 그곳에서 죽었다.

아리스토텔레스는 100여 권의 책을 썼다고 하지만, 그 가운데 지금까지 전해진 것은 강의록뿐이다. 환상적이고 극적인 문체를 구사하며 관념주의적 태도를 보였던 플라톤과 달리 아리스토텔레스는 냉철한 분석과 논증을 기초로 하여 경험적이고 실증적인 학문을 세웠다. 또한 엘리트적이고 금욕적이었으며 독신으로 살았던 플라톤과 달리 아리스토텔레스는 시민계층을 어느 정도 대변했고 두 번이나 결혼했다. 그러나 아리스토텔레스의 사상도 기본적으로는 플라톤의 사상과 마찬가지로 엘리트주의적인 것이었다.

아리스토텔레스는 노예제도에 기초를 둔 당시의 폴리스를 인간의 본성에 근거한 영원한 제도라고 본 점에서 플라톤과 다르지 않았다. 그는 그리스인은 야만인보다 우수하고, 그리스인 중에서도 정신력이 뛰어나 완전한 탁월성을 지닌 자가 그리스를 통치해야 하고, 육체력이 뛰어나 불완전한 탁월성만을 지닌 자는 복종과 봉사에 알맞게 태어난 존재이고, '태어날 때부터 타인의 소유물'인 노예는 이성을 갖지 못한다고 생각했다.

아리스토텔레스는 국가는 인간의 자연적인 욕망에 의해 발생한 것이며 그 목적은 윤리의 실현에 있다고 주장했다. 아리스토텔레스는 국가의 기원을 신화나 위대한 정치가의 역량에서 찾았다는 점에서 플라톤과 달리 비종교적인 국가기원론을 펼친 셈이다. 또한 이상국가를 구상한 플라톤과 달리 아리스토텔레스는 인간의 본성은 국가 속에서만 발전되고 따라서 국가를 떠난 개인은 윤리적일 수 없다고 보았다. 그래서 그에게 국가의 과제는 참된 인격의 도야와 개발에 있었다. 플라톤의 이상국가에서는 가족과 사유재산제가 포기되지만, 아리스토텔레스는 그렇게 하는 것은 개인의 특성을 없애고 보편에 대한 복종을 요구하므로 국가의 참된 목표에 어긋난다고 보았다.

뿐만 아니라 시민정을 비판한 플라톤과 달리 아리스토텔레스는 시민(물론 노예를 제외한)들인 집단적으로는 옳은 결정을 할 수도 있지만[229] 개인별로는 올바른 판단을 할 수 없다는 이유에서 고위관직은 엘리트계층에 한정돼야 한다고 주장했다. 또한 정치적 탁월성과 윤리적 탁월성은 지배자에게서만 일치하므로 법은 지배자의 의지로부터 나와야 한다고 그는 주장했다.

플라톤이 정체를 구분했듯이 아리스토텔레스도 정체를 구분했다. 아리스토텔레스는 통치자의 수에 따라 정체를 우선 군주정, 엘리트정, 공화정으로 구분하고, 그 각각이 타락하면 전제정, 부자정, 시민정이 된다고 했다. 플라톤과 마찬가지로 아리스토텔레스도 타락한 정체의 경우에는 소수의 지배보다 다수의 지배가 더 좋으므로 전제정보다 시민정이 더 낫다고 보았다.

국가를 유지하는 직종에 대해서도 아리스토텔레스는 플라톤과 같은 생각을 갖고 있었다. 그것은 농민, 수공인, 시민, 군인, 사제, 통치자 등 여섯 가지 계층에 대응하는 직종이었다. 시민은 인격의 완성에 방해가 되는 농사나 수공업에 종사해서는 안 된다고 본 것도 두 사람이 똑같았다. 따라서 공유지와 사유지로 나뉘는 토지 가운데 공유지에서 나온 수확은 종교적 목적으로 사용되는 것을 제외하고는 시민의 음식으로 사용돼야 한다고 그는 주장했다.

교육에 대해서도 아리스토텔레스는 플라톤과 마찬가지로 국가주의 교육을 주장했다. 5세까지는 가정교육, 이어 2년간의 예비교육 후 7세부터 사춘기까지는 1차 교육, 그 뒤로 21세까지는 2차 교육이 이루어져야 한다고 그는 주장했다. 그는 신체단련과 함께 체조는 용기를 북돋워주므로 일찍부터 교육돼야 한다고 보았고, 교양 과목으로는 문법, 미술, 음악을 중시했다. 그는 돈벌이를 목적으로 한 교육과 스포츠에 편향된 교육은 피해야 한다고 주장하기도 했다.

아리스토텔레스의 《정치학》에는 위와 같은 내용이 담겨 있다. 아리스토텔레스의 《정치학》은 플라톤의 《국가》나 《법》에 비해서는 현실적이지만 그 내용이 엘리트주의적이고 국가주의적이라는 점은 플라톤의 《국가》나 《법》과 다르지 않다.

아리스토텔레스의 책

아리스토텔레스는 많은 책을 썼다. 지금 전해지는 그의 저작은 50편 정도인데, 이는 그가 실제로 쓴 저작 전부의 4분의 1 정도에 해당하며 대부분 강의 초안이다. 그동안 없어진 것 중에는 플라톤의 대화편과 같은 형태로 씌어진 것도 있었다고 한다. 그런 대화 형태의 저작이 지금까지 전해졌다면 러셀이 "극적인 효과가 높은 걸작"을 쓴 플라톤과 달리 아리스토텔레스는 "플라톤만큼 문학적 재능이 있는 인물"이 아니었고 "무미건조한 교과서"나 만들었다고 비판하지 못했을지도 모르겠다.[230]

《그리스 철학자 열전》에 따르면 아리스토텔레스의 철학은 실천적인 것과 이론적인 것으로 나누어지고 전자에는 윤리학과 정치학이, 후자에는 자연학과 논리학이 포함된다.[231] 아리스토텔레스의 철학을 해설하는 사람들은 이론적인 것을 먼저 설명한 다음에 실천적인 것을 설명하고, 실천적인 것에 대해서는 윤리학을 먼저 설명한 다음에 정치학을 마지막으로 설명하는 경향이 있다.

아리스토텔레스는 이론과 실천의 관계에 대해 체계적인 설명을 한 적이 없고, 그가 어느 것을 우선시했는지에 대해 우리가 불필요한 짐작을 할 이유도 없다. 다만 아리스토텔레스는 정치학을 "으뜸가는 학문, 가장 총기획적인 학문"이라고 했으니 윤리학은 정치학에 포함되는 것으로 보았던 게 분명하다. 그 이유는 폴리스에 어떤 학문들이 있어야 하는지, 그리고 시민들이 어떤 종류의 학문을 배워야 하는지 등을 정치학이 규정하기 때문이었다.[232] 따라서 아리스토텔레스에게 윤리학은 정치학적인 것이었다.[233]

이제부터 아리스토텔레스의 윤리학과 정치학을 살펴보자. 대체로 《정치학》을 먼저 살펴보고 그 다음에 《니코마코스 윤리학》을 살펴보도록 하되 서로 연관되는 부분은 교차시켜 보기로 하자. 《정치학》을 먼저 살펴보려고 하는 것은 그것이 추상적인 《니코마코스 윤리학》보다 훨씬 구체적이기 때문이다. 가령 《니코마코스 윤리학》만 읽으면 거기서 아리스토텔레스가 말하는 행복이니 선이니 하는 개념들이 모든 인간에게 공통으로 적용되는 것으로 착각할 수 있지만 《정치학》부터 읽으면 그런 개념들이 노예나 노동자를 제외한 소수의 시민 또는 그보다 더 소수의 철학자에게만 적용되는 것임을 알 수 있기 때문이다.

아리스토텔레스가 사용한 개념들에 내재된 이런 문제점에 대한 기존의 논의에서는 아리스토텔레스가 살았던 당대 그리스의 현실이 그러했으니 문제 될 것이 없다는 입장이 주류였다. 하지만 앞에서 보았듯이 아리스토텔레스와 동시대인인 디오게네스와 같은 사람들은 아리스토텔레스와 다르게 생각했음을 나는 강조한다. 예를 들어 아리스토텔레스가 노예제에 대해 그것이 정의이고 선이라고 한 것은 당대의 현실을 인정하고서 한 말이었고, 당대의 현실을 부정한 디오게네스는 그것을 불의이고 악이라고 보았다.

아리스토텔레스가 노예해방이 이루어진 뒤의 현대에 살았더라면 당연히 노예제를 부정했을 테지만 노예제가 당연시되던 시대에 살았기 때문에 그런 식의 이야기를 할 수 밖에 없었을 것이라고 그를 변호하는 사람들도 있다. 이런 사람들은 아리스토텔레스가 경험의 한계 안에서 사실에 대한 이론적인 설명을 성실하게 하려는 노력을 기울인 사람이었다고 주장하기도 한다. 그러나 나는 이와 같은 변호의 말이나 주장을 용납할 수 없다.

고대 그리스 사회와 아리스토텔레스

아리스토텔레스의 사상을 본격적으로 살펴보기 전에 그가 살았던 시대와 그 시대의 그리스에 대해 최소한으로나마 개관해볼 필요가 있다.[234] 당시에 그리스에서는 토지분배 문제를 둘러싸고 한편으로는 토지를 소유하고 있는 부유한 시민계급, 다른 한편으로는 토지를 소유하고 있지 못하거나 적게만 갖고 있는 빈곤한 시민계급과 비시민계급 사이에 격렬한 투쟁이 벌어졌다. 이에 대해 부유한 시민계급을 대표하는 소크라테스와 그의 제자인 플라톤, 그리고 플라톤의 제자인 아리스토텔레스는 비시민계급을 정치적으로 배제하고 시민계급끼리의 타협을 도모했다. 당시 아테네의 인구는 20만 명 정도였고, 그 가운데 시민계급은 2만 명 정도였다. 아리스토텔레스의 정의 개념에 핵심이 되는 '중간' 또는 '중용'은 그런 소수의 시민계급에 국한된 타협책이었고, 그 내용은 사실은 '돈'이었다. 즉 돈이 결정하는 가치가 정의라는 개념의 핵심이었다. 이런 식의 정의 개념은 당시에 시민계급 내부의 질서를 안정시키기 위한 개념으로는 유용할 수 있었을지 모르지만, 다수의 비시민계급을 원천적으로 배제하는 개념이라는 점에서 처음부터 사회 전체의 질서를 안정시키는 데 도움이 되는 것일 수는 없었다.

아리스토텔레스의 제자인 알렉산드로스 대왕의 아버지이자 마케도니아의 왕인 필립포스 2세가 주도한 코린토스동맹(기원전 338~337)에 참여한 그리스의 여러 도시국가들은 각자의 자유를 포기했다. 그 대신에 그들은 동맹을 침해하는 도시국가에 대해 공동으로 무력보복을 하고 토지재분배, 부채탕감, 재산몰수, 혁명 등을 기도하는 노예해방운동을 철저히 분쇄했다. 도시국가들이 자유를 지키기 위해 비시민계급과의 연대를 도모할 수도 있었지만 어느 도시국가도 그렇게 하려고 하지 않았다.

그런 상황에서는 그리스 도시국가들의 자유를 지키기 위해 비시민계급과의 연대를 주장하는 것이 양심적인 지식인의 올바른 태도이자 정의로운 태도였겠지만, 아리스토텔레스는 도리어 그러한 연대를 부정하고 그리스의 자유 포기를 이론적으로 합리화했다. 즉 그는 소수 토지소유자들의 기득권을 옹호하는 보수적 이론을 수립하고, 빈곤한 다수의 비시민계급은 물론이고 빈곤한 시민계급도 부유한 시민계급의 지배를 받는 것이 정의라고 주장했다. 나아가 그는 비그리스인을 노예와 같이 취급해 그들에 대한 알렉산드로스의 제국주의적 정복을 합리화했다. 이런 점에서 나는 알렉산드로스를 제국주의자로 보고, 그의 스승인 아리스토텔레스를 제국주의 철학자이자 반민주주의 철학자라고 본다.

알렉산드로스와 아리스토텔레스의 관계에 대해서는 옛날부터 학자들 사이에 의견이 분분했다. 헤겔처럼 두 사람을 모두 숭배하는 사람들은 위대한 교사인 아리스토텔레스가 위대한 제자인 알렉산드로스에게 영향을 미쳤다고 본다. 지금도 이런 주장을 하는 사람들이 많다. 이에 비해 아리스토텔레스만 숭배하고 알렉산드로스는 멸시하는 비정치적 성향의 철학자들은 아리스토텔레스가 알렉산드로스에게 영향을 미친 것이 없다고 본다. 그래서 "철학이 오만, 만취, 잔혹, 복수, 지독한 미신 같은 알렉산드로스의 성격보다 더 나은 증거를 (그를 통해) 보여주지 못했다면 불행한 일일 것이다. … 그는 스코틀랜드 고지대를 질주하던 추장의 잔혹한 특징과 동양 전제군주의 광포한 특징을 합쳐놓은 인물에 지나지 않았다"고 알렉산드로스를 평하기도 한다.[235] 또는 이런 견해에 찬동하면서도 알렉산드로스가 없었다면 헬레니즘 문명의 전통이 사라졌을 것이라는 점에서 그의 업적을 인정하는 러셀 같은 학자도 있다.

러셀은 알렉산드로스가 이룬 세계제국은 아리스토텔레스가 꿈꾼 시민 수 만 명의 이상적인 그리스 국가와는 분명히 다르고 알렉산드로스의 행태도 아리스토텔레스가 가르친 중용과 다르다고 지적하면서 아리스토텔레스가 알렉산드로스에게 영향을 미쳤음을 부정한다.[236] 그러나 뒤에서 다시 보겠지만, 아리스토텔레스는 분명히 그리스가 다른 민족을 지배하는 것을 정당하다고 보았다. 나는 러셀이나 세이빈[237]과 달리 아리스토텔레스가 알렉산드로스에게 영향

아리스토텔레스와 알렉산드로스

을 미친 것이 없다고 보지 않는다. 아리스토텔레스가《정치학》에서 당시의 가장 강력한 정치가였던 알렉산드로스에 대해 전혀 언급하지 않은 것은 사실이지만, 이는 아리스토텔레스가 그를 야만국의 정복자로 봤기 때문일 것이다.

아리스토텔레스의 무엇이 문제인가?

철학사에 관한 책이나 아리스토텔레스의 철학에 관한 책을 보다 보면 아리스토텔레스의《정치학》이 아예 거론조차 되지 않는 경우가 많다는 것을 알게 된다. 마치《정치학》은 그의 사상에서 그리 중요하지 않은 것처럼 말이다. 단적인 예로 앤서니 고틀립은《이성의 꿈》에 다음과 같이 말한다. "여기에서는 아리스토텔레스의 정치학 저작들을 논하지 않을 것이다. 그 저작들에서 그는 좋은 정치를 가능케 할 특수한 법들과 사회형식들을 탐구했다(헌법에 관련해 그는 공산주의를 공격하는 데 상당한 지면을 할애하고 있으며, 결국 제한된 형태의 민주주의를 마지못해서 옹호하는 데 이르고 있다.)"[238] 여기서 '헌법'은 constitution을 번역한 말인 듯한데 그보다는 '정체'로 번역하는 게 낫고, 아리스토텔레스를 "제한된 형태의 민주주의를 마지못해서 옹호"했다고 보는 관점도 나중에 살펴보겠지만 문제가 있다.

그러나 나의 불만은 그런 점에 있는 것이 아니라 현대의 언론인인 고틀립이 "저널리스트가 지향해야 할 그런 철학 이야기를 쓰는 것"을 목적으로 해서 "전통적인 지혜로 간주되어오던 모든 것들에 대해 의문을 제기한다"[239]고 해놓고서 그런 태도를 취한다는 점에 있다. 게다가 그는 소크라테스, 플라톤, 아리스토텔레스를 "그들보다 더 나은 세 사람이 있겠는가?"[240]라고 찬양한다. 이런 점으로 미루어 고틀립은 대단히 보수적인 사람인 것 같다. J. L. 아크릴이 쓴 《철학자 아리스토텔레스》[241]에도 정치학에 대한 설명은 없는데, 그 역시 대단히 보수적인 사람으로 보인다.

내가 읽은 바로는 아리스토텔레스에 대해 가장 공정하게 설명하고 평가한 사람은 버트런드 러셀이다. 그가 1945년에 쓴 《서양철학사》와 1959년에 쓴 《서양의 지혜》만큼 서양철학에 대해, 특히 아리스토텔레스에 대해 공정하게 설명한 책은 없다고 나는 본다. 이 두 권의 책을 러셀이 각각 73세, 87세라는 원숙한 경지에 이른 나이에 썼다는 이유에서만이 아니다. 내가 보기에 그 뒤에 나온 다른 사람들의 논의는 러셀의 이 두 책에 비해 수준이 조금도 나아지지 못하고 도리어 후퇴했다.

다행히도 러셀이 쓴 《서양철학사》는 우리말로 여러 번 번역됐고, 최근에도 다시 번역됐다. 러셀은 아리스토텔레스에 대해 "오늘날의 교수처럼 글을 쓴 첫 인물", "영감을 받은 자가 아니라 전문교사"[242]라면서 그가 "범한 오류는 습관이 형성한 편견에서 자유로울 리 없는 시대적 한계에서 비롯된 오류"이며 "상세한 서술이나 비판의 측면에서는 최고 수준을 자랑하지만, 기초의 명확성이나 티탄의

광휘가 부족하기 때문에 거대한 체계를 구축하는 데 실패한다"[243]라는 평가를 내렸다. 나는 러셀의 이 평가에 동의하며, 아울러 그가 아리스토텔레스의 학설에 대해 "현학적으로 표현된 상식적 편견일 따름"[244]이라고 한 말에도 동의한다.

러셀은 아리스토텔레스의 철학을 다섯 가지로, 즉 형이상학, 윤리학, 정치학, 논리학, 자연학으로 나누어 설명하는데 그중 윤리학과 정치학을 가장 상세하게 설명한다. 아리스토텔레스의 철학에 대해 설명하는 태도로는 그의 이런 태도가 가장 적절하다고 나는 생각한다.

러셀은 《니코마코스 윤리학》에 대해 "품행이 바른 시민들의 행동을 규제하는 원칙들을 체계적으로 설명하는 내용"으로 돼있다고 소개하고 "품행이 건실한 중년층의 호감을 사며, 특히 17세기 이래 젊은이의 열정과 열광을 억압하는 데 이용되었"지만 "아마 깊은 데서 우러난 강렬한 감정을 느끼는 사람에게는 반감을 불러일으킬 것"[245]이라고 지적한다. 그러나 나는 이런 러셀의 지적에 대해 전적으로 동의하지는 않는다. 왜냐하면 나는 《니코마코스 윤리학》은 엘리트나 엘리트의 행동을 규제하는 것에 관한 책이고 엘리트에게만 호감을 산다고 생각하기 때문이다.

러셀은 아리스토텔레스를 그 전의 철학자들과 비교하면 그의 장점이 두드러지게 나타나고 그 후의 철학자들과 비교하면 단점이 두드러진다고 하는데, 이는 어느 철학자의 경우나 마찬가지이지 아리스토텔레스에게만 특별한 것은 아니리라. 여하튼 17세기 이전에는 아리스토텔레스가 그야말로 무소불위의 절대자나 다름없는 대접을 받기도 했으나, 그 뒤로는 상황이 달라졌다. 그 전에도 물론 시대별로 차이는 있었다. 가령 고대 로마시대나 중세의 초반에는 아리스토텔레스가 큰 의미를 갖지 않았다. 중세의 후반에 기독교 철학자들이 아리스토텔레스의 철학, 특히 그의 논리학을 재흥시켰으나 르네상스의 시기에는 다시 아리스토텔레스를 거부하고 플라톤을 재흥시키는 운동이 벌어졌다.

국가가 개인에 우선한다는 관점에서 서술된 아리스토텔레스의 《정치학》은 개인이 강조된 르네상스 이후에는 크게 주목받지 못했다. 다만 르네상스 이후에도 마키아벨리, 홉스, 헤겔, 마르크스는 아리스토텔레스의 영향을 받았다.

아리스토텔레스의 플라톤 비판

러셀은 이렇게 지적했다. "아리스토텔레스를 이해하기 위해서는 그가 최초로 플라톤을 비판한 사람이라는 사실을 기억해야 한다. 그렇지만 아리스토텔레스의 비판이 언제나 플라톤을 제대로 이해하고 진행된 것이라고 할 수는 없다."[246] 플라톤에 대한 아리스토텔레스의 비판 가운데 대표적인 것이 플라톤의 이데아론에 대한 비판이다.

플라톤은 예를 들어 '아름다움' 자체와 '아름다운 것들'을 구별한다. '아름다운 것들'인 예술품을 수집하는 자와 '아름다움' 자체를 사랑하는 철학자는 다르다. 전자는 꿈을 꾸고 있는 자이고, 후자는 깨어있는 자다. 전자는 의견을 갖는 데 그치는 반면에 후자는 지식에 도달한다. 이것이 플라톤과 그를 통해 말하는 소크라테스가 이데아, 즉 형상이라고 이르는 것이다. 그리고 이것을 설명하는 비유로 유명한 것이 바로 동굴의 비유다. 여기서 문제가 되는 것은 하나뿐인 형상과 다수인 개별자 사이의 관계다. 이에 대해 플라톤과 소크라테스는 개별자는 형상의 일부만을 갖는다고 한다. 그러나 그렇다고 한다면 원래의 형상은 아무것도 설명할 수 없게 된다.

이에 대해 아리스토텔레스는 질료형상이론을 제시한다. 가령 조각상의 경우에 질료는 돌이라는 물질이고 형상은 설계도. 그런데 실제로 완성된 조각상이 이 두 가지의 결합이라는 점에서 보면 둘 다 추상적인 것이다. 아리스토텔레스는 재료일 따름일 물질을 이 세계에 존재하는 어떤 것이 되게 하는 것은 물질에 부과된 형상이라고 주장한다. 즉 형상은 물질에 특성을 부여하여 물질을 실체로 바꾸어 놓는다는 것이다. 여기서 실체란 성질을 실어 나르면서 그 자체는 변하지 않는 어떤 것이다. 아리스토텔레스는 형상이 질료보다 중요한 실체라고 본다. 그러나 이러한 아리스토텔레스의 질료형상이론은 앞에서 본 소크라테스와 플라톤의 이데아론과 다른 것이 아니다.

이 문제는 아리스토텔레스가 말하는 4원인론과도 관련된다. 그는 우리가 어떤 사물에 대해 탐구할 때 네 가지 중요한 사실이 있다고 한다. 첫째, 그것은 무엇으로 만들어졌는가, 둘째, 그 형상은 어떠한 것인가, 셋째, 어떤 목적을 위해 사용되는가, 넷째, 무엇이 그것을 존재하거나 변화하게 하는가다. 이를 각각 질료인(質料因), 형상인(形相因), 목적인(目的因), 작용인(作用因)이라고 한다. 가령 조각상의 경우 질료인은 돌, 형상인은 제작될 조각상의 설계도, 작용인은 대리석을 끌로 쪼는 행동, 목적인은 조각가가 마음에 품은 목적이라는 것이다.

아리스토텔레스 이전의 자연철학자들은 주로 질료인에만 관심을 가져 물, 공기, 불 등으로 만물이 만들어졌다고 보았는데, 아리스토텔레스는 이런 관점을 비판했다. 그리고 피타고라스학파는 형상인에만 관심을 가져 수학에 몰두했고, 데모크리토스는 목적인을 무시했으며, 플라톤은 형상인에 대해 혼란된 생각을 하게 됐다고 그는 비판했다. 그러나 그의 비판 중에서 가장 중요한 것은 플라톤에 대한 비판이다.

여하튼 아리스토텔레스가 말한 질료인과 형상인을 우리는 원인이라고 보지 않는다. 4원인 가운데 작용인만이 우리가 말하는 원인이다. 목적인의 경우에는 현대의 자연과학이 그것을 원인으로 인정하지 않지만 윤리학이나 정치학 등에는 행위나 정치의 동기를 목적론에 입각해 설명하기 위한 개념으로 남아 있다. 목적인은 의인적 설명이나 신학적 설명을 만들어낼 수 있다는 결함을 갖고 있지만 아리스토텔레스에게는 대단히 중요한 개념이었다.

아리스토텔레스의 동물학과 논리학

아리스토텔레스의 아버지는 의사였다. 아버지의 영향 탓인지 아리스토텔레스는 생물학에 큰 관심을 갖고 있었고, 그래서인지 현존하는 그의 저작 중 5분의 1이 동물을 비롯한 생물학에 관한 것이다. 동물에 관한 그의 저작은 오랫동안 사람들의 사고에 영향을 미쳤으나, 지금 우리가 들여다보면 이상한 부분이 많다.

가령 아리스토텔레스는 남성은 선천적으로 여성보다 치아의 수가 많다고 했는데, 이는 객관적 관찰이라고 보기 어렵다. 이를 두고 그 시대에 "치아를 온전한 상태로 유지하고 살았던 사람이 거의 없었을 것"[247]이라고 추측하며 아리스토텔레스를 변명해주는 입장도 있으나, 그랬다고 볼 근거는 없다. 오히려 이는 아리스토텔레스의 억지스러운 남녀불평등론에서 나온 것이라고 본다. 아리스토텔레스가 "자연은 어떤 암컷에게도 싸울 무기를 주지 않기 때문에"[248] 침을 갖는 일벌에는 암컷이 없다고 한 것도 마찬가지다.

아리스토텔레스는 논리학으로도 유명한데, 그의 논리학에 나오는 삼단논법 등은 누구나 다 아는 것이니 여기서는 설명을 생략하겠다.

아리스토텔레스의 형이상학

형이상학은 한자로 形而上學이라고 쓰는데 그 본래 말은 영어로

metaphysics이고 이 낱말은 physics 즉 물리학이나 자연학 '다음에 (meta)' 라는 뜻이다. 그러므로 metaphysics는 한자말로 形以後學이라고 하는 것이 더 적절한지도 모른다. 이와 대립되는 형이하학(形而下學)은 자연과학과 같은 '형체를 갖추고 있는 사물에 관한 학문' 이라고 하는데, 그런 것을 왜 '형' 밑의 것이라고 하는지 알 수 없다.

여하튼 형이상학이라는 낱말을 국어사전에서 찾아보면 '초경험적인 우주의 근본원리를 연구하는 학문' 이라고 풀이돼있다. 여기서 '우주' 가 '천체 등 만물을 포용하는 공간' 을 뜻하는 말이라고 한다면 그런 학문은 천문학 같은 것이 될 것이고, 더 나아가면 과학이 될 것이다. 그러나 형이상학은 그런 것이 아니다. 형이상학은 과학과 대립되는 의미의 철학이나 그 일부를 가리키는 말이다. '이성적 사유나 독특한 직관에 의해서만 포착되는 구극적인 것' 을 탐구하는 학문이 형이상학이라고 한다.

아리스토텔레스가 쓴 책 중에《형이상학》이라는 것이 있다. 하지만 이는 아리스토텔레스 자신이 붙인 이름이 아니라 후대 사람들이 붙인 이름이다. 그 뒤로 형이상학은 '자연학이나 과학을 넘어서는 학문' 이라는 의미를 갖게 됐다. 그런데 '자연학이나 과학을 넘어서는 학문' 이라는 것은 없다고 보는 경우에는 형이상학이란 신비하고 궤변적인 수수께끼를 뜻하게 될 수밖에 없고, 그런 학문이라면 경험적 증거와 과학적 지식을 무시할 것이기 때문에 의미 있는 성과를 내지 못하는 지적 시간낭비가 될 뿐이라고 생각될 것이다.

실제로 많은 학자들이 그렇게 생각하기도 한다.

14권으로 구성된 아리스토텔레스의 《형이상학》은 그 내용이 매우 다채롭다. 그중에서 그가 '제1철학'이라고 부른 주제는 '존재하는 모든 것'에 대한 가장 일반적인 원리, 원인, 개념이며, 이에 대한 그의 논의 중 하나가 앞에서 본 형상이론이다.

6장 | 아리스토텔레스의 국가

아리스토텔레스의 '국가'

아리스토텔레스의 《정치학》은 "모든 국가(폴리스)는 분명 일종의 공동체"[249]라는 말로 시작된다. 즉 국가란 여러 공동체 중 하나이고, 공동체에는 국가 외에도 가정이나 마을을 비롯해 여러 가지가 있다는 것이다.

여기서 '국가'로 번역된 폴리스(polis)를 '도시'나 '도시국가'로 번역하는 이들도 있다. 그런데 그 크기로 보면 '도시'라고 하기도 어렵다. 고대 그리스에는 수백 개의 폴리스가 있었는데 대부분 1천 명 정도의 사람들이 사는 곳이었으니 사실 우리가 볼 때에는 '시골마을' 정도였다. 아리스토텔레스가 살았던 당시에 폴리스 중 하나인 아테네의 인구는 20만 명 정도였고, 그중 시민은 2만 명 정도에 불과했다. 여기서 시민이란 국가공동체의 구성원인 시민, 즉 참정권 등의 시민권을 가진 사람들을 말한다. 단적으로 말해 25세 이상의 성인남성 자유민이 곧 시민이었다.

폴리스에 사는 사람들은 크게 자유민과 비자유민으로 구분됐다. 비자유민에는 외래인, 이방인, 노예가 포함된다. 자유민은 엘리트와 비엘리트로 구분된다. 여기서 엘리트는 고대 그리스에서 사용된 말이 아니라 현대에 우리가 사용하는 말이지만, 달리 적절한 말이 없으니 엘리트라는 말을 사용하도록 하자. 비엘리트는 참정권을 갖지 못하는 여성과 노동자(농민, 기술자, 상인)다. 참정권 중에서 특히 공직취임권은 일정한 재산을 가진 엘리트에게만 제한적으로 부여됐다. 참정권에는 그 밖에 민회참석권과 투표권 등이 있었다.

비엘리트와 비자유민은 참정권을 갖지 못한다는 점에서는 같았지만 시민권을 갖는가 갖지 못하는가에서는 달랐다. 시민권에는 분쟁의 해결을 위해 법원을 이용할 권리, 납치되어 노예가 되는 것으로부터 보호받을 권리, 폴리스의 종교적, 문화적 행사에 참여할 권리 등이 있었다. 비엘리트도 이러한 시민권은 갖고 있었다. 다만 여성의 경우에는 시민권에서 제한을 받았다. 즉 여성은 법원을 이용할 수는 있어도 직접 나설 수는 없고 자신의 이익을 대변하는 남자를 앞세워야 했다. 여자는 결혼 전에는 아버지의 보호를 받고 결혼 후에는 남편의 보호를 받아야 했다. 이는 결혼과 출산을 통제하고 가정의 재산을 지킬 수 있게 하기 위한 관습이었다.

아리스토텔레스가 말하는 폴리스는 비자유민을 제외하고 자유민만이 참가하는 공동체이고, 특히 엘리트가 지배하는 공동체라는 점에 유의해야 한다. 그것은 더 나아가 엘리트 중에서도 철학자가 지배하는 공동체임을 주의해야 한다.

폴리스에서 자유민 가운데 가난한 사람들에게도 참정권이 부여됐다는 점은 과거에 비해 진보한 측면이었으나, 그렇게 된 경위와 이유에 대해서는 알 수 없다. 이에 대한 종래의 통설은 중장보병 혁명론이었으나 최근에는 이에 대해 의문이 제기되고 있다.

중장보병이란 금속갑옷으로 무장한 보병을 가리키는 말이다. 그들은 팔랑크스(phalanx)라는 직사각형의 전투대형을 이루어 적진으로 공격하는, 시민 민병대의 주력 공격부대였다. 그들이 엘리트를 압박하여 참정권을 확보했다는 것이 중장보병 혁명론이다. 그러나 이 이론은 그런 금속갑옷을 살 수 없는 가난한 사람들에게도 참정권이 허용된 점을 설명하지 못한다. 여하튼 가난한 사람들도 자유민인 한 참정권을 누렸던 것이 분명하다.

노예는 전쟁 중 포로로 붙잡힌 자들이 중심이었고, 노예의 가정에서 태어나 노예가 된 경우는 드물었다. 전쟁에서 패배한 그리스인도 노예가 됐다. 그러나 지주가 수백 명의 노예를 거느린 경우는 드물었다. 왜냐하면 그리스의 곡식 경작은 1년에 몇 달만 집중적인 노동력 투입을 필요로 했기 때문이다. 노예는 차차 늘어나 기원전 5세기에는 인구의 3분의 1에까지 이르렀다. 노예는 자유민이 되어도 시민이 되지는 못하고 재류외인에 속했다.

아리스토텔레스는 시민, 즉 25세 이상의 성인남성 자유민이 10만 명을 넘으면 그곳은 폴리스가 아니라고 했지만,[250] 실제로 시민이 10만 명을 넘는 경우는 없었다(아테네의 경우 전체 인구 20만 명 가운데 시민은 2만 명 정도였다).

위와 같은 사실에도 불구하고 학자들은 아리스토텔레스의 《정치학》이 현대의 거대한 국가에도 적용될 수 있다고 보아 폴리스를 '국가'라고 부르곤 한다. 그러나 적어도 현대의 국가 개념에 필수적인 '주권'이라는 개념과 폴리스는 전혀 무관함에 주의해야 한다. 특히 아리스토텔레스가 말하는 폴리스는 '포괄적인 선'을 실현하는 공동체로 상정된 것이다. 아리스토텔레스는 "국가는 공동체"라는 말을 한 다음에 "인간행위의 궁극적 목적은 선이라고 생각하는 바를 실현하는 데 있기 때문"에 "모든 공동체는 어떤 선을 실현하기 위해 구성"되는데 "공동체 중에서도 으뜸가며 다른 공동체를 모두 포괄하는 공동체야말로 분명 으뜸가는 선을 가장 훌륭하게 추구할 것"이라면서 그런 것을 바로 국가 또는 국가공동체라고 한다고 이야기한다.[251]

이와 같은 아리스토텔레스의 폴리스 개념은 이른바 '사회계약'이나 '정의에 관한 상호보증'으로 국가를 설명한 근대 정치학자들의 견해와도 다른 것이다. 사회계약론과 유사한 주장은 아리스토텔레스의 시대에도 있었다. 하지만 주로 소피스트들이 내세운 그러한 주장에 대해 아리스토텔레스는 《정치학》 3권 9장에서 분명히 거부하고 있다.

위와 같이 도덕적 탁월성을 국가와 연결시키는 아리스토텔레스의 국가 개념은 현대 민주주의의 차원에서는 도저히 받아들일 수 없는 것이라고 나는 생각한다. 아리스토텔레스라고 하면 흔히들 현상을 객관적으로 묘사하고 분석한 사람이라고 말하지만, 이러한 국가 개념이 과연 그가 살았던 당대의 그리스 국가를 객관적으로 묘사한 것인지 의문이다. 도리어 아리스토텔레스가 비판한 소피스트들의 사회계약론이 당대의 폴리스를 더 잘 설명해줄 뿐 아니라 현대의 국가 개념에도 더 근접한 것이라고 나는 생각한다. 그렇다고 해서 내가 사회계약론에 찬성하는 것은 아니다. 사회계약론은 기본적으로 계약을 할 능력이 있는 사람들만이 국가를 구성할 수 있다는 이론이기 때문에 나는 사회계약론에 찬성하지 않는다. 사회계약론에서는 계약을 할 능력이나 의사가 없는 사람은 국가에서 배제된다.

도덕적 탁월성 개념에 입각한 아리스토텔레스의 국가론은 결국 국가란 최고의 도덕적 탁월성을 갖춘 공동체라는 주장이 될 수밖에 없다. 이런 이론이라면 독재국가의 권력집단이 독재를 합리화하고 정당화하는 데는 물론이고 그 밖에 모든 비도덕적인 권력집단이나 국가가 자신을 도덕적으로 탁월한 존재로 미화하는 데 이용될 수 있다.

여하튼 그러한 국가론에 입각해 아리스토텔레스는 가족과 국가를 양적인 측면으로만 구별하는 관점을 비판한다.[252] 즉 아리스토텔레스는 가족과 국가를 질적인 측면에서 바라봐야 한다는 입장을 밝힌다. 또한 아리스토텔레스는 주인이나 가정의 지배와 정치가의 지배를 구별한다. 그는 《정치학》 1권 7장 '노예 지배의 특성'에서 주인이 노예를 '독재적'으로 지배하는 가정과 정치가가 '자유민'을 지배하는 국가를 구별하고[253] "국가는 동등한 자들의 공동체이며 그 목적은 가능한 최선의 삶"[254]이라고 주장한다. 여기서 그가 말한 자유민에 적어도 노예는 포함되지 않는다.

이어 아리스토텔레스는 《정치학》 1권 2장에서 '타고난 치자'와 '타고난 피치자'를 구분하고 그 둘의 결합을 필연적인 것으로 보는 입장을 밝힌다. 즉 "서로 상대방 없이 존재할 수 없는 것들은 한 쌍으로 결합해야 한다"고 그는 말한다. 따라서 "타고난 치자와 피치자도 자기 보존을 위해 결합해야 한다"는 것이다. 이어 그는 "지성에 의해 앞을 내다볼 수 있는 자는 타고난 치자이자 주인이지만, 남이 계획한 것을 체력으로 실현할 뿐인 자는 피치자요 타고난 노예"라면서 "그래서 주인과 노예는 상호보완적이어서 이해관계가 일치한다"[255]고 주장한다. 또한 아리스토텔레스는 "자연은 여자와 노예를 구별해놓고 있다"[256]고 말한다.

여기서 '타고난 치자'와 '타고난 노예'라는 말 자체에 대해서는 나중에 다시 살펴보기로 하고, 여기서는 아리스토텔레스가 '타고난 치자'란 "지성에 의해 앞을 내다볼 수 있는 자"라고 한 점에 유의하면서 그가 설명한 순서대로 우리의 논의를 진행하자.

아리스토텔레스는 국가란 폴리스, 즉 그리스인에게만 있는 국가를 말한다고 한다. 즉 비그리스인(비헬라스인)에게는 국가가 없다고 그는 주장한다. "비헬라스인들 사이에서는 여자와 노예의 지위가 같은데, 비헬라스인들에게는 천성적으로 치자의 요소가 없어 그들의 공동체는 여자노예와 남자노예의 결합에 지나지 않기 때문이다. 그래서 시인들은 '헬라스인들이 비헬라스인들을 지배하는 것은 당연하다'고 말하는데 이는 비헬라스인과 노예는 본성적으로 동일하다는 뜻이다."²⁵⁷ 여기서 '천성적'인 '치자의 요소'란 앞에서 말한 '지성에 의해 앞을 내다볼 수 있는 자'의 자질을 말하는 것이다.

아리스토텔레스가 아시아인을 비롯한 모든 타민족을 그리스인보다 열등한 존재로 봤다는 사실은 널리 알려져 있다. 《정치학》의 7권 7장을 보면 다음과 같은 구절이 나온다. "아시아인들은 지능과 재주는 타고났으나 기개가 부족하다. 그래서 그들은 남에게 예속되어 노예로 살아간다." "헬라스 민족은 두 가지 탁월성을 겸비하여 기개도 있고 지능도 있다. 그래서 헬라스 민족은 자유민으로 남아 있고, 최선의 정체 아래 살고 있으며, 정치적으로 통일만 될 수 있다면 다른 민족을 모두 지배할 수 있을 것이다."²⁵⁸ 민족차별적인 이런 구절에 대해 아리스토텔레스가 "정치를 윤리의 완성으로 이해"²⁵⁹한 증거라고 본 장 마리 장브의 견해는 코미디에 가깝다고 보지 않을 수 없다.

여하튼 아리스토텔레스가 말하는 국가는 어디까지나 그리스인에게만 인정되는 특수한 것이라는 데 주의해야 한다. 이러한 사고방식은 그리스 외의 다른 나라를 국가로 인정하지 않고 노예들의 집단으로 보는 것이라는 점에서 지극히 제국주의적인 것이다. 그리고 이런 제국주의적 사고방식은 아리스토텔레스의 제자인 알렉산드로스에 의해 실제의 제국으로 실현됐다. 그리스인들 이외의 다른 집단은 남녀 노예로만 구성된 공동체이기 때문에 국가를 구성할 수 없고, 그들이 국가를 이루기 위해서는 그리스인의 지배를 받아야 한다는 것이 아리스토텔레스의 주장이었다.

아리스토텔레스의 '가정', '마을', '국가'

아리스토텔레스에 의하면 최초의 공동체는 남과 여, 부와 자, 주인과 노예의 결합인 가정이다.[260] 즉 가정은 우리가 말하는 남녀간, 부자간의 결합만이 아니라 주인과 노예의 결합도 포함한다는 것이다. 그리고 그러한 가정은 "날마다 되풀이되는 필요를 충족하기 위해 자연적으로 형성" 된다고 아리스토텔레스는 말한다.[261] 따라서 그에게는 주인과 노예의 관계가 사회적 관계가 아니라 가정적 관계에 불과하다.

아리스토텔레스는 "날마다 되풀이되는 필요 이상을 충족하기 위해 여러 가정으로 구성된 최초의 공동체"[262]가 마을이라고 이야기한다. 아리스토텔레스가 마을을 3대로 이루어진 공동체로 보았다는 견해도 제시된 바 있지만,[263] 내가 보기에는 그렇지 않은 것 같다. 아리스토텔레스는 "아들들과 손자들이 분가해 나가는 것"이 "마을이 형성되는 가장 자연스런 형태"라고 했다. 따라서 그는 마을이 단순히 3대로 이루어지는 것이 아니라 분가한 여러 가정으로 이루어진다고 본 듯하다.[264] 또한 그는 그런 마을을 다스리는 자를 '왕'

으로 본 것 같고, 나아가 비헬라스 지역을 과거의 헬라스 지역처럼 왕이 지배하는 마을로 본 것 같다.[265] 아리스토텔레스는 이처럼 마을을 국가의 전단계로 인정하지만 그것은 국가가 아니라고 본다. 그런데 그는 정체에 대해 이야기할 때에는 과거의 헬라스에서나 비헬라스에서나 왕이 다스리는 정체를 군주정으로 분류해[266] 그것을 국가로 인정하는 듯한 말을 해서 모순을 드러낸다.

여하튼 아리스토텔레스에게 국가는 여러 마을들로 구성되는 "완전한 공동체"로서 "완전한 자급자족이라는 최고단계에 도달"한 것이다.[267] 여기서 '자급자족'이란 그가 《니코마코스 윤리학》에서 말하는 '자족성'과 같은 것이다. 《니코마코스 윤리학》에서 그는 이렇게 말한다. "자족성은 자기 혼자만을 위한 자족성, 고립된 삶을 살아가는 사람을 위한 자족성이 아니다. 부모, 자식, 아내와 일반적으로 친구들과 동료 시민들을 위한 자족성이다."[268] 그러나 가정이나 마을도 국가와 마찬가지로 "자기 혼자만을 위한 자족성, 고립된 삶을 살아가는 사람을 위한 자족성"의 공동체일 수가 없다는 점에서 국가에 대한 위와 같은 그의 정의는 문제가 있다.

아리스토텔레스는 "국가는 단순한 생존을 위해 형성되지만 훌륭한 삶을 위해 존속하는 것"이라고 말한다.[269] 또한 그는 "국가란 그 구성원의 가족들과 씨족들이 훌륭하게 살 수 있게 해주기 위한 공동체이며, 그 목적은 완전하고 자족적인 삶"[270]이라고도 말한다. 결국 그는 '훌륭한 삶'은 '완전하고 자족적인 삶'이고 그런 삶을 실현하는 것이 국가의 목적이라고 주장한 것이다.

아리스토텔레스는 가정이 자연적인 것이듯이 국가도 자연적인 것이라는 말을 한다. 이런 말이 나오는 대목을 인용하면 다음과 같다. "이전 공동체들이 자연스러운 것이라면 모든 국가도 자연스러운 것이다. 국가는 이전 공동체들의 최종 목표이고, 어떤 사물의 본성은 그 사물의 최종 목표이기 때문이다. 사람이든 말이든 집이든 각 사물이 충분히 발전했을 때의 상태를 우리는 그 사물의 본성이라고 하니 말이다. 그 밖에도 사물의 최종 원인과 최종 목표는 최선의 것이며, 자급자족은 최종 목표이자 최선의 것이다. 이로 미루어 국가는 자연의 산물이며, 인간은 본성적으로 국가공동체를 구성하는 동물임이 분명하다."[271]

이러한 아리스토텔레스의 말은 논리적으로 맞지 않는 궤변의 소지를 내포하고 있다. 예를 들어 아리스토텔레스는 왜 그토록 국가가 자연적인 것이라고 강조했을까? 국가를 순수하게 자연적인 유기체로 봐서 그런 것은 아니다. 왜냐하면 그는 "국가는 단순한 생존을 위해 형성되지만"이라고 한 뒤에 "훌륭한 삶을 위해 존속하는 것"[272]이라고 했기 때문이다. 즉 그가 강조하는 국가의 목적은 그 생존이 아니라 '훌륭한 삶'이다. 그리고 그는 인간이 훌륭한 삶을 살지 못하게 될 수도 있음을 지적한다. 왜냐하면 "인간은 지혜와 탁월성을 위해 쓰도록 무기들을 갖고 태어났지만, 이런 무기들은 너무나 쉽게 정반대의 목적을 위해서도 쓰일 수 있기 때문"[273]이라는 것이다. 그런 경우의 국가는 그가 말하는 국가가 아니다. 그런 국가를 가리켜 그는 '왜곡된 정체'의 국가일 뿐이라고 말한다. 즉 그런 것은 '진짜' 국가가 아닌 '가짜' 국가라는 것이다. 다시 말해 도덕적 탁월성을 가진 국가는 진짜 국가이고, 도덕적 탁월성을 갖지 못한 국가는 가짜 국가라는 것이다. 그렇다면 도덕적 탁월성은 '진짜' 국가와 '가짜' 국가를 가리는 기준이 될 뿐이지 국가의 본질은 아니게 된다. 따라서 아리스토텔레스의 국가 개념은 파탄을 면치 못하게 된다.

여하튼 아리스토텔레스가 국가의 자연성을 강조한 이유는 노예제가 비자연적인 것이라는 당대의 노예해방론에 대항하여 노예제를 자연적인 것으로 정당화하기 위한 것이었다. 즉 그는 노예는 타고난 본성이 노예이고, 노예를 지배하는 치자는 타고난 본성이 치자라는 주장을 하려고 한 것이다. 이런 그의 태도를 두고 그가 "노예제의 관행을 보다 인간화시키려는 전략으로서 노예제를 주인의 단순한 힘보다는 탁월성의 우월성에 정착시키려는 데 주의를 기울였던 것"[274]으로 보는 견해가 있는데, 나는 이런 견해에는 도저히 동의할 수 없다. 아리스토텔레스가 노예제를 부정하거나 인간화시키려고 했다고 볼 근거는 어디에도 없기 때문이다.

아리스토텔레스는 국가의 자연성을 강조한 뒤에 국가가 가정이나 마을과 구분되는 점으로 국가의 윤리성을 강조한다. 그 윤리성의 기본은 절제,[275] 용기,[276] 우애,[277] 정의[278]이고, 사람들로 하여금 그런 것들을 함양하고 실천하게 하는 것이 법과 교육이라고 그는 주장한다.

아리스토텔레스의 '선', '본성', '자연', '세계', '탁월성', '중용'

위에서 우리는 아리스토텔레스가 '행복' 이라는 말을 사용하는 것을 보았다. 그런데 그가 말하는 '행복' 은 우리가 일반적으로 사용하는 '행복' 이라는 말과 다르다. 이를 알기 위해서는 먼저 아리스토텔레스가 말하는 '선' 이니 '본성' 이니 '자연' 이니 '세계' 니 '목적' 이니 '탁월성' 이니 하는 것의 뜻을 알아야 한다.

아리스토텔레스가 "인간행위의 궁극적 목적은 선이라고 생각하는 바를 실현하는 데 있다"고 말했음을 우리는 위에서 보았다. 《정치학》의 번역자가 '선' 이라고 번역한 것을 《니코마코스 윤리학》의 번역자는 '좋음' 이라고 번역하여 헷갈리지만, 여하튼 이것은 영어의 good과 같은 뜻을 가진 그리스어 낱말 agathon을 번역한 것이다. 그런데 agathon의 번역어로는 '좋음' 보다 '선' 이 더 일반적으로 사용된다는 점에서 우리도 이 책에서 '선' 이라는 번역어를 사용하기로 하자.

《니코마코스 윤리학》은 "모든 기예와 탐구, 또 마찬가지로 모든 행위와 선택은 선을 목표로 하는 것 같다"[279]라는 말로 시작된다. 이어 이런 말이 나온다. "정치학은 나머지 실천적인 학문들을 이용하면서, 더 나아가 무엇을 행해야만 하고 무엇을 삼가야만 하는지를 입법하기에 그것의 목적은 다른 학문들의 목적을 포함할 것이며, 따라서 정치학의 목적은 '인간의 선' 일 것."[280] 개인의 선은 물론이고 공동체의 선까지 포함해 선은 아리스토텔레스가 윤리학과 정치학에서 일관되게 주제로 삼은 것이다.

'본성'이란 말은 '타고난 것'을 가리킨다. 모든 자연물은 '본성'과 '목적'을 갖는다고 아리스토텔레스는 본다. 그는 자연물을 생물과 무생물을 나누는데, 생물에 대해서는 '본성' 대신 '영혼'이라는 말을 사용한다. 그러나 그가 말하는 '영혼'은 우리가 보통 그 말의 의미로 알고 있는 것이 아니라 '능력' 내지 '정신'의 의미를 갖고 있다는 점에 유의해야 한다.

아리스토텔레스에 따르면 세계는 지배적 요소와 피지배적 요소로 나누어져 있는데 세계의 각 요소가 어느 요소에 해당하는지는 천부적, 자연적으로 결정된다. 인간도 마찬가지라는 것이다. 즉 인간은 나면서부터 주인과 노예로, 고상한 사람과 비천한 사람으로 나누어진다는 것이다. 생물도 그렇다고 한다. 또한 단일체의 내부도 그렇다고 한다. 가령 영혼도 우월한 부분과 열등한 부분으로, 이성적 부분과 비이성적 부분으로 나누어진다는 것이다. 그런데 아리스토텔레스는 자연과 세계를 구분한다. 그가 말하는 자연은 하나의 이상적 체계이고 사물이 추구하는 목적이며 의도인 반면에 그가 말하는 세계는 현실 세계를 가리키는 것이다.

다음으로 '탁월성'은 앞에서도 언급했지만 그리스어로는 arete, 영어로는 goodness, virtue, excellence 등의 번역어다. '도덕', '덕', '자질' 등으로도 번역되기도 한다. 도덕, 덕, 자질 등이 우리의 일상적 언어감각에는 더 맞는 측면도 있지만, 여기서는 《정치학》의 번역자와 《니코마코스 윤리학》의 번역자가 모두 '탁월성'이란 번역어를 사용하니 우리도 그대로 이것을 사용하도록 하자.

아리스토텔레스는 지적 탁월성과 윤리적 탁월성을 구별한다. 그리고 윤리적 탁월성의 하나로 중용을 든다. 중용은 두 가지 극단의 사이를 말한다. 그러나 이 개념에는 문제가 많다. 가령 러셀은 큰 거짓말과 작은 거짓말의 중간을 정직이라는 중용이라고 말할 수 없다고 지적한다.[281] 러셀은 또한 진실성의 경우에는 아리스토텔레스의 중용 개념이 들어맞지 않는다고 한다. 즉 아리스토텔레스는 진실성이 허풍과 자기비하[282]의 중간이라고 하지만 이는 "자신에 대한 진실성에만 적용된다"는 것이다.[283] 러셀은 아리스토텔레스가 말하는 중용은 정치가가 불공평과 공평무사 사이에서 중용을 취하고자 했다고 연설하는 경우에 말하는 중용과 마찬가지로 불합리한 것이라고 비판한다. 우리의 정치가들은 물론이고 우리의 지식인들도 그런 연설과 같은 말을 하는 경우가 많다. 소위 양비론이라는 것도 그런 말의 일종이다. 가령 좌우익 모두를 치면서 자신은 중용이라고 주장하는 말이 그렇다.

아리스토텔레스의 '행복'

이번에는 아리스토텔레스가 말하는 '행복'에 대해 살펴보자. 이것은 대단히 복잡한 개념이다. 아리스토텔레스는 《니코마코스 윤리학》 1권에서 행복에 대한 일반적인 검토를 하면서 재산, 신분, 외모,

친구 등 운에 좌우되는 우연적인 것도 행복의 요소인양 말하다가 2권부터 5권까지에서는 탁월성을 행복한 삶의 관건으로 보는 관점을 드러낸다. 이어 6권에서는 지적인 탁월성에 속하는 실천적 지혜, 7권부터 10권까지에서는 탁월성을 다루다가 10권 7장부터는 돌연히 관조 활동을 완전한 행복이라고 말한다. 그래서 아리스토텔레스가 말하는 행복에 대한 논쟁이 복잡하지만 논지는 분명하다. 즉 행복이 무엇이든 간에 철학자만이 그것을 갖는다는 것이다.

아리스토텔레스는 《니코마코스 윤리학》 1권 7장에서 "행복이란 완전하고 자족적인 어떤 것으로서, 행위를 통해 성취할 수 있는 것들의 목적"[284]이라고 규정한다. 그리고 행복이란 인간의 기능을 탐구함으로써 알 수 있다고 한다. 아리스토텔레스가 말하는 기능(ergon)이란 플라톤이 《국가》에서 "어떤 것이 그것으로써만(그것에 의해서라야만) 할 수 있는, 또는 가장 잘 할 수 있는 그런 것"[285]이라고 설명한 것과 같다. 아리스토텔레스는 인간의 기능을 세 가지로 본다. 영양섭취적이고 생육적인 기능, 감성지각적인 기능, 이성적 기능이 그것이다.[286]

아리스토텔레스는 《정치학》 1권 2장에서도 "인간은 언어능력을 가진 유일한 동물"이고 그것에 근거해 "인간만이 선과 악, 옳고 그름 등을 인식할 수 있다"[287]고 한다. 여기서 '언어' 란 logos의 번역어인데, 이는 이성으로도 번역된다. 선악 등에 대한 인식은 '언어' 능력에 의거하기보다는 '이성' 에 의거한다고 보는 것이 일반적으로 타당하므로 이 책에서 우리는 logos를 '이성' 이라고 번역하자.

아리스토텔레스는 "신실한 사람이 훌륭하게 판단"하는 한 "탁월성에 따른 행위"가 행복이라고 정의한다.[288]

《니코마코스 윤리학》 10권 7장에 이런 말이 나온다. "무엇보다도 지성이 '인간'인 한, 인간에게 있어서도 지성을 따르는 것이 가장 좋고 가장 즐거운 것이다. 그러므로 이 삶이 가장 행복한 삶이기도 하다."[289] 여기서 '지성'은 그리스어 nous의 번역어인데, 이는 '직관'으로도 번역되지만 그 정확한 뜻은 분명하게 알기 어렵다. 그런데 방금 인용한 문장에서 "지성이 '인간'인 한"이라는 말은 무슨 뜻일까? 그 앞 문장을 보면 "각각에게 고유한 것이 본성적으로 각자에게 가장 좋고 가장 즐거운 것이기 때문"[290]이라고 돼있다. 그렇다면 그것은 아리스토텔레스가 말하는 "신실한 사람"들을 가리키는 말인 것 같다.

이를 명확하게 알기 위해《정치학》을 뒤져보면, 아리스토텔레스가 그 7권 2장에서 행복은 "품성상태가 아니라" "일종의 활동"이고 "탁월성에 따르는 행위"라고 말하는 것을 볼 수 있다.[291] 그리고 그 활동은 "관조적인 것"이라고 하고,[292] 나아가 탁월성에 따르는 활동들 중 지혜에 따르는 활동이 "가장 즐거운 것"이라고 한다. 따라서 그가 말하는 '지성'이란 '지혜'와 같거나 유사한 것이라고 짐작해볼 수 있다. 그런데 이는 "철학적 지혜를 갖는 사람들"의 그것을 말한다[293]고 한다. 따라서 행복은 철학자가 누리는 것이 된다. 즉 "완전하고 자족적인 삶이란 행복하고 훌륭하게 사는 것"인데 그런 삶은 철학자만이 누리는 것이 된다.

여기서 관조는 그리스어 '테오리아(theoria)'의 번역어인데, 이 것은 '탐구'나 '관찰'이나 '반성적 활동' 등으로 번역되기도 한다. 테오리아는 대체로 철학자의 활동, 즉 순수하게 사변적이거나 과학적인 사유나 전적으로 이론적인 활동을 가리키는 말이라고 생각하면 된다.

내가 살펴본 바로는《니코마코스 윤리학》의 1권과 10권에 각각 나오는 행복에 대한 정의는 서로 모순되지 않는다. 그러나 학자들 사이에서는 이 문제와 관련해 소위 포괄론과 우월론이라는 두 가지 입장이 대립해왔다. 포괄론은 아리스토텔레스가 관조를 행복의 하나로 보았다는 주장이고, 우월론은 그가 관조만을 행복이라고 보았다는 주장이다.[294] 나는 우월론이 옳다고 생각한다.

그러나 포괄론이든 우월론이든 문제인 것은 누가 행복의 향유자 내지 소유자가 되는가를 밝히지 않는다는 점이다.[295] 이와 관련해 아리스토텔레스 자신은《정치학》3권 9장에서 "단순한 생존이 국가의 목적이라면 노예들의 국가나 동물들의 국가도 있을 텐데 그런 국가는 있을 수 없다"며 "노예나 동물은 행복에도, 자유로운 선택에 근거한 삶에도 참여할 수 없기 때문"[296]이라고 말한다. 또《니코마코스 윤리학》10권 6장에서는 "육체적 즐거움은 아무나, 심지어 노예까지도 가장 훌륭한 사람 못지않게 향유할 수 있다"며 "그러나 노예가 [진정한] 삶에 참여하고 있다는 것을 부정하지는 않더라도 행복에 참여하고 있다고까지 할 사람은 아무도 없을 것"[297]이라고 말한다.

이러한 아리스토텔레스의 설명은 삶의 유형과 행복에 대한 그의 논의와 일치한다. 그는 《니코마코스 윤리학》 1권 5장에서 삶에는 세 가지 유형이 있다고 말한다. 향락적(쾌락적) 삶, 정치적 삶, 관조적(철학적) 삶이 그것이다. 향락적 삶은 "많은 사람들"이 택하는 "짐승들의 삶"으로서 그들이 "완전히 노예와 다름없음"을 보여주는 것이다. 정치적 삶은 "교양 있는 사람이나 실천적인 사람"이 택하는 명예로운 삶이다. 관조적 삶은 극소수 사람들이 순수한 지적 활동에서 얻을 수 있는 즐거움을 추구하는 삶이며, 아리스토텔레스가 《니코마코스 윤리학》 10권 6장에서 말한 "완전한 행복"[298]과 같은 것이다. 결국 아리스토텔레스는 철학자만이 완전한 행복을 누린다고 생각한 것이다.

그런데 아리스토텔레스는 《정치학》 3권 4장에서 "선원과 마찬가지로 시민도 공동체의 일원"이라며 "여기서 공동체란 다름 아닌 정체다. 따라서 시민의 탁월성은 반드시 정체와 관련이 있어야 한다"[299]고 주장한다. 이는 곧 그가 공동체의 구성원은 시민이지 비시민이 아니며, 노예는 시민이 아니므로 행복을 누릴 권리가 없다고 생각했음을 뜻한다.

이렇게 볼 때 아리스토텔레스의 《정치학》에서 '정치'는 노예를 비롯한 비천한 인간들을 행복한 철학자가 지배하는 것임을 알 수 있다. 이는 그의 스승인 플라톤이 말한 철인정치와 대차 없는 것이다. 나는 솔직히 말해 아리스토텔레스의 윤리학이나 정치학을 이 이상으로 더 많이 살펴볼 필요가 없다고 생각하지만, 대부분의 사람들이 그렇지 않다고 하며 그 밖의 다른 것도 많이 설명하니 그런 것들을 살펴보지 않을 수 없다.

아리스토텔레스의 '탁월성'

아리스토텔레스는 《니코마코스 윤리학》의 2권에서 5권까지에서 탁월성을 행복한 삶의 관건으로 설명한다. 그 가운데 '정의'라는 제목의 5권에 대해서는 뒤에서 살펴보도록 하고 여기서는 그 앞부분 가운데 일부를 살펴보자. 우리는 앞에서 아리스토텔레스의 행복론에 대한 해석이 포괄론과 우월론으로 나누어짐을 보았다. 그런데 《니코마코스 윤리학》 2~4권의 내용을 검토해보면 둘 가운데 우월론이 타당함을 알 수 있다.

먼저 탁월성을 목적으로 봐야 하는가, 아니면 수단으로 봐야 하는가 하는 문제가 있다. 아리스토텔레스는 탁월성을 행복이라는 목적을 위한 수단으로 본다. 이런 그의 관점을 보여주는 대목을 《니코마코스 윤리학》에서 인용해보면 다음과 같다. "바람의 대상은 목적에 관계하는 반면 숙고와 합리적 선택의 대상은 목적에 이바지하는 것이므로, 이 후자에 관계하는 행위들은 합리적 선택에 따른 것이며 자발적인 것일 게다. 그런데 탁월성의 활동은 바로 이것[목적에 이바지 하는 것]에 관계한다."[300] 이는 곧 탁월성의 실행은 수단이라는 뜻이다. 그런데 아리스토텔레스는 "인간의 좋음은 탁월성에 따른 영혼의 활동일 것"[301]이라고 한다. 따라서 아리스토텔레스는 지적인 탁월성은 목적으로, 도덕적 탁월성은 수단으로 보았다고 할 수 있다.

《니코마코스 윤리학》에서 탁월성에 대한 아리스토텔레스의 논의는 4권의 2장(통이 큰 것)과 3장(포부가 큰 것)에서 정점을 보여준다. 여기서 '통이 큰 것'과 '포부가 큰 것'은 각각 그리스어 megaloprepeia와 megalopsuchia의 번역어다. 이 둘은 각각 막대한 부를 다루는 태도의 '장대함'과 위대한 명예와 관련된 '영혼의 위대성'으로 번역되기도 한다. 특히 '포부가 큰 것'은 "탁월성에 대한 일종의 면류관"[302]이라고 아리스토텔레스는 말한다. 즉 그것이 탁월성의 제왕이라는 것이다. 요컨대 그것이 최고의 탁월성이다. 이 대목은 "엘리트주의적 탁월성의 강점과 한계에 대한 아리스토텔레스의 견해를 가장 뚜렷하게 드러내고 있다"[303]고 평가된다.

아리스토텔레스는 "포부가 큰 사람은 자신이 큰일을 할 만한 사람이라고 생각하며, 실제로도 그럴 만한 사람인 것 같다"[304]고 말한다. 그리고 "포부가 큰 사람은 무엇보다 명예에 관심을 두지만, 그럼에도 불구하고 부나 권력, 그리고 모든 행운이나 불운에 대해서도, 그것들이 어떤 식으로 생기든, 그는 적절하게 태도를 취할 것이다"라고도 말한다. 행운도 '포부가 큰 것'에 기여한다고 아리스토텔레스는 본다. 그 이유에 대해 그는 이렇게 설명한다. "좋은 집안에서 태어난 사람들과 권력을 가진 사람들, 혹은 부유한 사람들이 명예를 받을 사람들로 평가되기 때문이다. 그들은 우월하며, 뛰어남에 있어서 우월한 모든 것은 더 명예를 받을 만하니까."[305]

이어 아리스토텔레스는 "포부가 큰 사람은 참되게 판단하기 때문에 정당하게 [다른 사람들을] 낮추어 보는 것이지만, 다중들은 [근거도 없이] 되는 대로 그러한 것이다"[306]라면서 "그는 낮추어 보는 사람이라 솔직히 말하며, 다중에게 자기비하를 통해 이야기하는 것을 빼고는 진실을 말하는 사람이다"[307]라고 말한다.

'포부가 큰 것'에 대한 아리스토텔레스의 설명에 대해 "이교도 윤리와 그리스도교 윤리의 차이, 니체가 그리스도교를 노예 도덕으로 평가한 의미의 정당성을 확보해주기 때문에 흥미롭다"[308]는 평가가 있다. 왜 그러냐 하면 플라톤, 아리스토텔레스, 니체는 최선의 것을 소수에게만 부여하는 것이 정당하다고 주장한 반면에 스토아 철학자와 초기 기독교도 및 민주주의자는 이에 반대하고 아리스토텔레스 등이 악덕으로 보는 겸손을 주장하기 때문에 그렇다는 것이다. 그런데 그러한 평가를 한 사람은 "최고 행복은 오로지 철학자에게, 그것도 행복이 선이라는 이론에 어떤 이의도 제기하지 않은 아리스토텔레스에게만 열려 있는 경지"[309]라고도 말한다. 이런 평가를 받아들인다면 행복에 대한 아리스토텔레스의 관점은 시종일관 우월론적인 것이라고 봐야 한다.

'국가적 동물'

아리스토텔레스가 한 말 중에서 가장 유명한 말은 "인간은 정치적 동물" 또는 "인간은 사회적 동물"이라는 것이다. 이렇게 알려진 그의 말은 사실은 "인간은 본성적으로 국가공동체를 구성하는 동물"[310]이라는 말을 번역한 것이다. 이 말은 《정치학》 1권 2장에 나온다. 그러나 인간은 그런 동물이기 이전에 가정 등의 공동체를 구성하는 동물이기도 하다고 아리스토텔레스는 본다. 이런 그의 관점을 설명의 편의상 '국가적 동물'[311]과 '가정적 동물'로 나눠 살펴보자. '국가적 동물'과 '가정적 동물'은 모두 '공동체를 구성하는 동물'의 여러 측면이지만 그 둘은 아리스토텔레스의 경우 본질적으로 구별된다.

아리스토텔레스는 "인간은 본성적으로 국가공동체를 구성하는 동물"[312]이라면서 "따라서 어떤 사고나 본성으로 인하여 국가가 없는 자는 인간 이하거나 인간 이상", "친족도 없고 법률도 없고 가정도 없는 자", "전쟁광이며 장기판에서 혼자 앞서 나간 말처럼 독불장군"[313]이라고 한다. 이는 "공동체 안에서 살 수 없거나, 자급자족하여 그럴 필요를 느끼지 못하는 자는 국가의 부분이 아니며, 들짐승이거나 신일 것이다"[314]라는 그 뒤에 나오는 그의 말로 연결된다. 여기서 아리스토텔레스는 인간을 들짐승 및 신과 구별했음을 알 수 있다. 그가 말한 '들짐승'이란 공동체를 이루지 않고 각자 홀로 살아가는 실제의 들짐승만을 뜻하는 것이 아니라 "공동체 안에서 살 수 없거나, 자급자족하여 그럴 필요를 느끼지 못하는 자"도 포함하는 것이다.

아리스토텔레스는 《정치학》 1권 8장에서 동물과 식물 등 모든 생물에 대해 언급한 뒤에 다음과 같이 말한다. "자연은 어떤 것도 불완전하거나 쓸데없이 만들지 않는다면, 자연이 이 모든 것을 만든 것은 인간을 위해서라고 추론하지 않을 수 없다. 그래서 사냥은 재산획득 기술의 일부인 만큼, 어떤 의미에서 전쟁기술은 본성적으로 재산획득 기술의 하나이며, 이런 기술은 들짐승은 물론이요 지배받도록 태어났음에도 이를 거부하는 인간들에게도 사용되어야 한다. 그런 종류의 전쟁은 본성적으로 정당하기 때문이다."[315] 이처럼 아리스토텔레스는 자연은 인간을 위해 봉사해야 한다고 보았고,[316] 사냥을 통한 동물살육을 재산획득 기술로 보았으며, 전쟁은 "지배받도록 태어났음에도 이를 거부하는 인간들에게도 사용되어야" 하는 "본성적으로 정당"한 것이라고 보았다. 여기서 "지배받도록 태어났음에도"라는 말은 '타고난 노예임에도'라는 뜻이다. 따라서 "지배받도록 태어났음에도 이를 거부하는 인간들"이란 '타고난 노예임에도 불구하고 노예이기를 거부하는 인간들'을 말한다.

아리스토텔레스는 그런 인간들은 '국가적 동물'도 '가정적 동물'도 아니라고 말한다. 아리스토텔레스가 '개'라고 부른 당시의 철학자 디오게네스도 그런 인간들에 속한다. 아리스토텔레스는 《정치학》 7권 4장 '이상국가의 규모'에서 "아무나 다 주민에 포함시켜서는 안 되고—국가에는 다수의 노예와 재류외인과 이방인이 있을 수밖에 없으니 말이다—국가의 본래적인 구성원만 포함시켜야 할 것"[317]이고, 인구가 너무 많아 "쉬이 발각되지 않기 때문에" "이방인과 재류외인들이 국정에 참여하기가 쉬워"[318]지면 국정이 잘못된다고 주장한다. 즉 노예와 재류외인과 이방인은 아리스토텔레스가 말하는 주민, 즉 "국가의 본래적인 구성원"에서 제외된다. 아리스토텔레스는 노예를 재산으로 보았고 재류외인과 이방인을 노예와 같은 존재로 보았으니 역시 그들도 재산으로 본 것이다. 그들이 아리스토텔레스가 말한 '들짐승'과 같은 존재인지 아닌지는 분명하지 않다.

그런데 아리스토텔레스는 《정치학》 1권 2장에서 인간만이 국가적 동물이라고 하지 않고 인간은 "그 밖의 군서동물보다 더 국가공동체를 추구하는 동물"[319]이라고 한다. 이 말은 참으로 이해하기 어렵다. 왜냐하면 플라톤이나 아리스토텔레스가 말하는 국가공동체는 평등한 시민들 사이의 공동체이기 때문이다. 만일 군서동물[320]을 국가공동체를 추구하는 존재로 본다면 군서동물은 국가공동체를 추구하지 않는 노예 등 비시민보다도 더 우월한 존재가 돼버리고 만다.

아리스토텔레스는 동물과 식물을 분류하면서 식물은 영양섭취능력과 번식능력만을 갖는 데 비해 동물은 영양섭취능력과 번식능력 외에 감각능력, 욕구능력, 장소이동능력도 갖는다고 말한다.[321] 그렇다면 군서동물은 그러한 모든 동물의 능력 외에 군서능력까지 갖는 동물이라고 할 수 있겠다.

아리스토텔레스는 동물을 군서동물과 들짐승(고립동물)으로 구분한다. 그리고 군서동물을 국가적 동물과 비국가적 동물로 구분하고, 국가적 동물을 지도자가 있는 동물과 지도자가 없는 동물로 구분한다.[322] 아리스토텔레스는 국가적 동물로 인간, 벌, 개미, 장수말벌, 두루미를 든다. 그런데 여기서 그가 말하는 '인간'에 노예도 포함되는 것일까? 만일 노예가 포함되지 않는다면 아리스토텔레스는 그런 군서동물 중 국가적 동물을 인간인 노예보다 더 우월한 존재로 본 것일까?

이러한 의문이 제기되는 이유는 아리스토텔레스의 노예 개념이 명확하지 않기 때문이다. 그의 노예 개념에 대해 다음과 같은 지적이 있다. "노예는 인간이기 때문에 영혼을 갖는 소유물(즉 재산)이라고 하는가 하면 노예는 단지 신체에 불과한 것이라고도 한다. 신체에 불과하다는 점에서 노예는 이성을 전혀 갖고 있지 않으나 그것에 관여한다는, 즉 영혼의 일부에는 관계하고 있다는 것이다. 아리스토텔레스에게 있어서 노예는 영혼의 일부를 소유하는 점에서 인간과 비슷하며 그 일부가 부족하다는 점에서 동물과 비슷하나 완전히 그 어느 종에 속하는 것이 아닌 특수한 종인 것으로 생각된다."[323] 그러므로 아리스토텔레스가 노예를 인간과 동물의 중간에 위치하는 어떤 종으로 보았다고도 할 수 있겠으나, 이렇게 보는 것은 아리스토텔레스가 생물을 분류하면서 인간과 동물 사이에 다른 종이 존재함을 인정하지 않은 점과 모순된다.

여하튼 아리스토텔레스는 '국가적 동물'이라는 말을 그의 저작에서 8회 사용하는데 그중 6회에서 그 말을 '국가'에 연결시키고,[324] 나머지 2회에서는 그 말을 '국가공동체'[325]와 시민에 한 번씩 연결시킨다고 한다.[326] 그렇다면 실질적으로는 '국가적 동물'이라는 말이 8회 중 7회에서 '국가'와 연결되고 나머지 1회에서만 '시민'과 연결되는 셈이다. 그러나 통틀어 8회 모두에서 '국가적 동물'이라는 말이 '시민'의 '국가'와 관련해 사용됐다고 봐도 된다. 따라서 아리스토텔레스가 말하는 '국가적 동물'에서는 노예뿐만 아니라 비시민도 제외된다고 보지 않을 수 없다.

아리스토텔레스는 인간이 다른 군서동물보다 더 국가공동체를 추구한다고 보며, 그 근거를 "인간은 언어능력을 가진 유일한 동물"이고 그것에 근거해 "인간만이 선과 악, 옳고 그름 등을 인식할 수 있다"[327]는 데서 찾는다. 이것이 바로 인간에 대한 아리스토텔레스의 정의라고 할 수 있다. 그러나 여기서 아리스토텔레스가 말하는 인간은 모든 인간을 뜻하는 게 아니다. 그가 말하는 인간은 당시의 인간 중에서 지극히 제한된 소수였다.

국가와 개인의 관계

아리스토텔레스는 《정치학》 1권 2장에서 이렇게 말한다. "국가는 본성상 가정과 개인에 우선한다. 전체는 필연적으로 부분에 우선하기 때문이다." "왜냐하면 고립되어 자급자족하지 못하면 개인은 전체에 대해 다른 경우(예컨대 신체) 부분이 전체에 대해 갖는 관계를 맺을 것이기 때문이다."[328] 이 말은 흔히 아리스토텔레스가 국가를 유기적 전체로 보는 관점을 시사한 것으로 이해돼왔다. 그러나 국가가 '본성상' 개인과 가정에 우선한다고 본 것을 가지고 국가를 유기적으로 본 것이라고 할 수는 없다.

유기적 전체로서의 국가에 대한 아리스토텔레스의 생각은 오히려 《정치학》 7권 8장에서 찾아볼 수 있다. 거기서 아리스토텔레스는 "국가가 하나의 통일체를 이루는 복합체에서도 필요한 조건이라고 해서 모두 유기적 부분은 아니"[329]라면서 생명 있는 도구이자 재산인 노예는 국가의 부분이 아니라고 본다는 생각을 밝힌다.[330]

이어 아리스토텔레스는 이렇게 말한다. "국가는 동등한 자들의 공동체이고, 그 목적은 가능한 최선의 삶이다. 그런데 최선의 삶은 행복이고, 행복은 탁월성의 구현과 완전한 실천에 있다. 하지만 어떤 사람들은 행복에 참여하지만, 다른 사람들은 부분적으로 참여하거나 전혀 참여하지 못한다. 그래서 그런 이유에서 여러 유형의 국가와 정체가 있을 수밖에 없는 것이다."[331]

요컨대 아리스토텔레스는 노예는 '동등한 자들'이 아니므로 국가의 부분이 아니라고 한 것이다. 나아가 그는 '탁월성'과 관련해서도 노예의 경우에는 "약간의 탁월성만이, 말하자면 무절제하고 비겁하여 가끔 제 임무를 완수하지 못하는 일이 일어나지 않을 정도의 탁월성만이 필요하다"[332]고 말한다. 따라서 노예는 그런 탁월성만을 구현하면 된다는 것이다.

아리스토텔레스는 노예 외에 재류외인도 시민이 아니라고 말한다.[333] 나아가 그는 수공업자, 상인, 농민[334]은 하는 일이 천박하여 한가로운 생활을 하지 못하므로 '탁월성'에 따른 생활이 불가능하므로 역시 국가의 부분이 아니라고 본다. 따라서 행복에 참여하는 것은 극소수의 시민에 한정된다는 말이 된다.

아리스토텔레스는 《정치학》 3권 1장에서 "재판업무와 공직에 참여"하는 자,[335] "의결권과 재판권에 참여할 권리가 있는 사람"[336]을 완전한 의미의 '시민'이라고 하고, "자족한 삶을 영위하기에 충분할 만큼 많은 수의 (그러한) 시민들로 구성된 단체"[337]를 국가라고 한다. 여기서 아리스토텔레스는 "훌륭한 시민의 탁월성"[338]을 문제 삼는다. 가령 공직에서 배제된 노예인 수공인이나 노동자는 시민이 아니라고 하는 것이다.[339] 그는 결국 "국가의 공직에 참여하는 자들이야말로 진정한 의미의 시민"[340]이고 "혼자 또는 다른 사람들과 협력해 공무를 처리하거나 처리할 수 있는 정치가만이 훌륭한 사람"[341]이라고 말한다.

이러한 서술들은 아리스토텔레스의 정치학이 노예를 배제하고 남녀간 차별을 한다는 그동안 지적된 문제점만 갖고 있는 것이 아니라 시민으로 인정하는 사람들의 범위를 그보다도 더 제한적으로만 설정하고 인정한다는 문제점까지 갖고 있음을 보여주는 것이다.

아리스토텔레스의 노예관과 가족관

아리스토텔레스는 《정치학》 1권 3장에서 자신이 주인과 노예의 관계를 논의하는 이유에 대해 "실생활의 필요에 부응하면서도 그들의 관계에 관해 종전보다 더 나은 이론에 도달하자는 것"이라고 말한다.[342] 이를 사실과 가치의 대립이라는 근본적인 문제점과 연관된 발언으로 보고 그 두 가지는 "결국 일치될 수 없는 성질의 것"이며 "이상적인 노예론 자체 내에서도 모순과 혼란을 노정"시킨 것이라고 보는 견해[343]가 있다. 이런 견해를 내세운 사람이 '이상적인 노예론'으로 본 아리스토텔레스적 노예론은 곧 뉴먼[344] 등 일부 서양 학자들이 주장한 '자연노예론'인데, 이는 "천부적으로 열등한 노예의 낮은 지적 수준뿐만 아니라 반대로 주인의 높은 지적, 도덕적 탁월성에서의 우월성을 전제"[345]한다고 한다.[346]

그러나 내가 보기에는 위와 같은 아리스토텔레스의 말은 모순을 드러낸 것이 아니라 현실에 존재하는 노예는 '도구로서의 노예' 내지 '타고난 노예'라는 자신의 이론을 '더 나은 이론'으로 격상시키겠다는 뜻이다. 이런 아리스토텔레스의 사고는 '혼란에 빠진 것'이 아니라 '보잘것없는 것'이고 '천박한 것'이다. 아니, 위에 인용된 아리스토텔레스의 말은 그의 보수적 엘리트주의를 드러낸 것에 불과하다고 봐야 한다. 그것은 당시의 역사적 현실을 반영한 것도 아니고 소위 '이상적 노예론'을 주장한 것도 아니다.

아리스토텔레스에게 중요한 것은 자유인인 시민과 노예의 구별이 아니라 그가 완전한 시민이라고 부른 엘리트와 노동자, 농민, 상인, 기술자 등의 비시민 육체노동자들을 포함한 비엘리트의 구분이었고, 그는 후자를 노예와 거의 같은 존재로 보았던 게 분명하다. 설령 그가 노동자나 농민 등을 노예보다는 우월한 존재로 본 측면이 있다고 하더라도 그것은 그들이 노예와 마찬가지로 완전한 시민에게 봉사하는 존재로 설정하기 위한 조건에 불과하다. 이러한 아리스토텔레스의 견해는 그가 살았던 당시의 실제 노예제가 상당히 개방적인 성격을 갖고 있었다는 점에 비추어 대단히 폐쇄적인 노예제를 추구하는 것이었고, 이런 점에서 그는 철두철미한 보수적 엘리트주의자였다고 할 수 있다.

아리스토텔레스는《정치학》1권 4장 '도구로서의 노예'에서 "노예는 일종의 살아있는 재물",[347] "노예는 주인의 노예일 뿐 아니라 전적으로 주인에게 속한다", "본성적으로 자신이 아닌 다른 사람에게 속하는 인간은 본성적으로 노예"라는 등의 말을 한다.[348] 이런 말을 가지고 푸코를 들먹이며 기계의 노예가 된 현대의 인간에 갖다 대는 견해도 있지만,[349] 그것이 비유에 그치는 것이라면 몰라도 아리스토텔레스가 노예를 재산으로 보고 노예제도를 옹호하면서 그것을 정당화하기 위해 한 말을 어떤 식으로든 합리화하는 것이어서는 안 된다.

아리스토텔레스는《정치학》1권 5장에서 "어떤 사람은 지배하고 어떤 사람은 지배받아야 한다는 것은 필연적이며 유익하기 때문에" "노예제도는 자연에 배치" 되지 않는[350] "정당한 정의"라고 말한다.[351] 그러나 이런 그의 말도 참으로 수긍하기 어렵다. 그것은 2천 년 이상 읽혀온 고전의 내용이라기에는 참으로 유치찬란하다. 그럼에도 이런 그의 말을 정당화하거나 미화하는 논저가 국내외에 수없이 많으니 더욱더 황당무계하다는 생각이 든다.

아리스토텔레스는 《정치학》 1권 6장에서는 노예와 노예제도를 법적인 것으로 보는 견해와 자연적인 것으로 보는 견해, 즉 노예는 타고난 노예라고 보는 견해 등 두 가지 견해가 있는데 자신은 그것을 자연적인 것으로 본다고 말한다.[352] 법적인 노예도 있긴 하지만 대부분은 "일종의 관행으로 전쟁에 패하는 자들은 승자의 소유물"[353]이기 때문에 생겨난 노예라는 것이다. 그런데 당시의 실제 노예는 바로 그런 자들이었지 노예의 가정에서 태어난 이른바 '타고난' 노예가 아니었다. 아리스토텔레스는 "노예라는 용어를 비헬라스인에게 국한한다"[354]고 했지만, 실제로는 헬라스인도 전쟁에 패하는 경우에는 노예가 됐다.[355] 또한 당시에 많은 사람들이 노예를 해방했으므로 아리스토텔레스가 말하는 '타고난 존재로서의 노예'는 허구다. 그 밖에도 노예에 대한 그의 논의에는 문제점이 너무나 많다. 이에 대해서는 지금까지 수많은 비판[356]이 있었으니 이 글에서 다시 되풀이할 필요는 없겠고, 남자와 여자의 관계에 대한 아리스토텔레스의 생각을 살펴보자.

먼저 아리스토텔레스가 말하는 남자와 여자는 노예가 아닌 자유민인 남자와 여자라는 점에 주의해야 한다. 아리스토텔레스는 《정치학》 1권 13장에서 "노예는 기획능력이 전혀 없고, 여자는 기획능력이 있긴 하지만 권위가 없고, 아이는 기획능력이 있지만 아직은 그것이 성숙하지 못"[357]한 존재라고 말한다. 여기서 '기획능력'이라고 번역된 것은 '사고능력'으로 번역되기도 한다. 여하튼 아리스토텔레스가 여자와 아이를 구별하는 기준이 애매하기는 하지만 적어도 성인여자는 아이보다 우월하다고 본 것 같다.

아리스토텔레스는 《정치학》 1권 5장에서 이렇게 주장한다. "수컷이 본성적으로 더 우월하고 암컷은 열등하다. 그래서 수컷이 지배하고 암컷은 지배받는다. 그리고 이런 원칙은 인간관계 전반에 적용되어야 한다."[358] 그런데 그는 자유민의 경우에는 아내에 대한 지배와 자식에 대한 지배가 다르다고 말한다. 즉 아내에 대한 지배는 정치가가 동료 시민을 지배하는 것과 같고, 자식에 대한 지배는 왕이 피치자를 지배하는 것과 같다고 한다.[359] 즉 자식에 대해서는 불평등한 지배를 인정하는 데 비해 아내에 대해서는 어느 정도는 평등한 지배를 인정하는 것이다. 그러나 물론 그가 완전한 남녀평등을 이야기한 것은 아니고, 지배와 피지배의 필연적 관계가 남편과 아내 사이에도 존재한다고 본 것이 분명하다.

플라톤이 주장한 아내와 자식 공유론에 대해 아리스토텔레스가 반대했다는 것은 널리 알려진 사실이다. 플라톤의 주장대로 하면 예를 들어 모든 아버지가 자식을 "소홀히 할 것"[360]이라는 것이다. 아리스토텔레스는 반대의 이유를 이렇게 말한다. "인간으로 하여금 배려와 애정의 감정을 품게 하는 것은 주로 '내 것'과 '소중한 것'의 두 가지인데, 플라톤식의 그런 국가에서는 그중 어느 것도 존재할 수 없기 때문이다."[361]

한편 플라톤의 아내와 자식 공유론은 소위 수호자라는 지배계급에 대해서만 주장된 한정된 것이었지만,[362] 디오게네스는 모든 계층과 계급에 대해 아내와 자식 공유론을 주장했다.

아리스토텔레스의 재산관

아리스토텔레스는 《정치학》 1권 8장에서 재산획득 기술을 "본성적으로 가사관리 기술의 일종"[363]으로 본다. 그는 재산획득 방법을 자연적인 것과 비자연적인 것으로 나눈다. 가사관리가 전자이고 상업과 관련된 것이 후자인데, 그는 전자는 "칭찬받아 마땅하지만" 후자는 "비난받아 마땅하다"고 말한다. 왜냐하면 상업을 통한 재산획득은 "자연스러운 것이 아니고, 남의 희생을 바탕으로 이루어지기 때문"[364]이라는 것이다. 그중에서도 특히 고리대금이 가장 나쁘다고 그는 말한다.[365] 아리스토텔레스가 이렇게 말한 것은 그를 포함해 당시의 철학자들이 지주계급이거나 피고용자였기 때문이다. 그러나 그는 독점에 대해서는 부정하지 않고 도리어 독점이라는 방법에 대해 "정치가들이 알고 있는 것이 유익하다"[366]고 말한다.

이어 아리스토텔레스는 플라톤의 재산공유론을 비판하고 "땅은 사유하되 거기서 생산되는 작물은 공동으로 소비하기 위해 공동출자"[367]하는 방식의 공유제를 주장한다. 그가 말하는 공유제는 아버지가 땅을 소유하되 가족이 함께 일해 그 결과물을 공동으로 소비하는 형태다.

아리스토텔레스는 《정치학》 2권 6장에서 적절한 재산의 규모에 대한 플라톤의 견해에 대해서도 비판한다. 플라톤은 《법》에서 "절제 있게 살 수 있을 만큼의 재산"이면 족하다고 했는데, 아리스토텔레스는 이를 비판하고 그 대신 "사람은 절제 있게 살 수 있을 뿐만 아니라 선심을 쓰며 살 수 있을 만큼의 재산을 가져야 한다"[368]고 주장한다.

아리스토텔레스는 재산의 평준화가 "시민들 간의 파쟁을 막아준다는 이점이 있기는 하지만, 그 효과는 그리 큰 편이 아니"라고 말한다. 그 이유에 대해 그는 특히 "욕구란 한이 없고, 대부분의 사람들은 욕구의 충족을 위해 살기 때문"이라고 말한다. 그래서 그는 재산의 평준화보다 "본성이 고귀한 자들은 제몫 이상을 바라지 않도록 하고, 본성이 열등한 자들은 제몫 이상을 가질 수 없도록 하는 것"이 바람직하다고 주장한다.[369] 즉 "재산의 평준화보다는 욕구의 평준화가 더 필요한데, 욕구의 평준화는 적절한 교육을 받도록 법이 배려해주어야"[370] 이루어진다는 것이다. 이 말을 교육의 균등화를 주장한 것이라고 보는 견해[371]가 있지만, 아리스토텔레스는 분명히 "천편일률적인 교육은 쓸모가 없다"[372]고 말했다.

아리스토텔레스의 재산관은 대부분 성직자였던 중세의 철학자들에게로 그대로 이어졌다. 그들이 속한 교회의 재산은 토지였다. 고리대금에 반대한 그들의 입장은 반유대주의로 이어졌다. 《베네치아의 상인》에서 보듯이 유대인들이 유동성 자금을 소유하고 있었기 때문이다. 그러나 종교개혁 이후에는 독실한 기독교인들이 대부분 금전대부업을 하는 실업가들이었기 때문에 칼뱅을 비롯한 개신교 신학자들이 이자를 긍정했다. 철학자들도 대부분 대학의 투기자금에서 수익을 얻었기 때문에 마찬가지였다. 오늘의 철학자들도 대부분 대학의 피고용인이기 때문에 마찬가지다.

아리스토텔레스의 노동관

아리스토텔레스는 《정치학》 1권 4장에서 "만일 모든 도구가 우리의 명령을 받거나 우리의 뜻을 미리 알아차리고 제 과제를 완수할 수 있다면" "장인에게는 조수가 필요 없고 주인에게는 노예가 필요 없을 것"[373]이라고 말한다. 이를 두고 아리스토텔레스가 '자동화된 생산체계의 구상'[374]을 피력한 말이라고 보는 견해가 있다. 그러나 그 말은 그런 구상을 피력한 것이기보다는 노예를 '도구'로 봐야 할 필요성을 강조한 것에 불과하다고 보는 게 옳다.

아리스토텔레스의 노동관을 살펴볼 때에는 그가 노동에 해당하다는 개념으로 사용하는 '생산'을 그가 말하는 '실천(praxis)'이나 '제작(poiesis)'과 구별한다는 데 유의해야 한다. 그는 인간의 영혼에는 이성적인 부분과 비이성적인 부분이 있다고 하고,[375] 실천과 제작을 이성적인 것이라고 말한다. 실천의 단적인 보기는 정치와 윤리이고, 제작의 단적인 보기는 수사와 시다. 따라서 생산은 제작과 구별되는 개념이다. 아리스토텔레스의 노동관에 대한 오해는 이러한 구별을 무시하고 생산과 제작을 혼동하는 데[376]서 생겨난다.

아리스토텔레스는 생산으로서의 노동을 "가장 비천한 직업"[377]으로 멸시했고, 수공인이나 직공기술자 등 노동자의 노동도 노예노동으로 보았다.[378] 그러나 그는 그 노예노동의 폐지를 위한 어떤 구상도 제시한 적이 없다.

7장 | 아리스토텔레스의 정의

정의의 분류와 문제점

아리스토텔레스의 정의론 역시 그의 다른 논의처럼 대단히 복잡하다. 솔직히 말해 나로서는 그가 왜 그렇게 복잡하게 설명하는지 알 수 없다. 그가 말하는 정의의 본질은 결국 돈인데, 그냥 그렇다고 간단하게 말하지 않고 왜 그렇게 복잡하게 말하는지 알 수 없다. 그렇게 간단하게 말하면 속셈이 너무 쉽게 드러나게 되니 그렇게 하기를 싫어하는 지식인의 원조여서일까?

아리스토텔레스의 '정의론'은 그의 《니코마코스 윤리학》 5권에 나온다. 그의 정의론은 다음과 같은 말로 시작된다. "정의와 부정의에 대해, 그것들이 어떤 종류의 행위들에 관련하는 것인지, 또 정의는 어떤 종류의 중용인지, 또 정의로운 것은 어떤 것들 사이의 중간인지를 탐구해야 할 것이다."[379] 즉 정의는 '중용'과 '중간'으로 규정된다. 이는 무엇 때문인가? 아리스토텔레스는 《니코마코스 윤리학》 5권 3장에서 이렇게 말한다. "부정의한 사람은 동등하지 않은 사람이고 부정의한 것은 동등하지 않은 것이기에 동등하지 않은 것들 사이에 어떤 중간이 있다는 것은 분명하다."[380] 러셀에 의하면 아리스토텔레스가 말하는 정의란 "평등이 아니라 가끔씩만 평등을 수반하는 정확한 비례"[381]다.

그러나 정의에 대한 이러한 주장은 긍정도 부정도 할 수 없는 지극히 주관적이고 추상적이며 애매한 성질의 말일 뿐이다. 아리스토텔레스 자신도 "민주주의자들은 자유를 가치라고 말하고, 부자정의 지지자들은 부나 좋은 혈통을 가치라고 말하고, 엘리트정체를 지지하는 사람들은 탁월성을 가치라고 말한다"[382]고 했듯이 사람에 따라, 나라에 따라, 시대에 따라 정의에 대한 가치관은 분명히 다르기 때문이다.

아리스토텔레스는 정의를 여러 가지로 구별한다. 그는 첫째, 정의가 적용되는 범위에 따라 전체적 정의와 부분적 정의를 구별한다. 둘째, 부분적 정의를 그 관련된 부분의 성질에 따라 분배적 정의, 시정적 정의, 교환적 정의로 구분한다. 셋째, 정의가 적용되는 대상에 따라 정치적 정의와 가족적 정의를 구별한다. 넷째, 정치적 정의를 그 근원에 따라 자연적 정의와 법적(또는 관습적) 정의로 구별한다.[383] 이런 정의들 각각을 검토하기 전에 우선 기본적인 문제점을 살펴보자.

먼저 아리스토텔레스의 정의론은 노예, 재류외인, 이방인, 들짐승 등을 제외한 시민만을 대상으로 한 것이라는 점에 유의해야 한다. 더 나아가 그는 이렇게 말한다. "시민들은 분명 직공이나 상인의 삶을 살아서는 안 된다. 그런 삶은 천하고 탁월성에 반하기 때문이다. 시민이 되어야 할 사람은 농사를 지어서도 안 된다." "전사들과 유익한 일에 관해 심의하고 정의에 관해 판결을 내리는 자들"이야말로 "그 무엇보다도 국가의 부분들이다."[384]

그는 이렇게도 말한다. "식량공급을 맡은 농민, 기술자"는 "전사, 부유층, 사제들, 올바르고 유익한 것을 결정해줄 자들"과 함께 '국가'에 있어야 하지만[385] "필요한 조건이라고 해서 모두 유기적 부분은 아니다."[386] 즉 아리스토텔레스는 농민이나 기술자는 국가의 부분이지만 노예와 같은 '재산'은 국가의 부분이 아니라고 말한다.[387] 그러나 여기서 아리스토텔레스가 말하는 '부분'이니 '필요한 조건'이니 '유기적 부분'이니 하는 것들도 모두 추상적이고 주관적인 용어에 불과하다. 여하튼 그에 따르면 노예, 재류외인, 이방인, 여성, 아동, 들짐승 등을 배제하는 것이 정의의 전제조건이고 그들을 포함시키는 것은 부정의의 전제조건이 된다. 이처럼 비시민을 배제하고 성립되는 정의라면 처음부터 '전체적 정의'일 수 없고 '부분적 정의'일 수도 없으며, 특히 부분적 정의 가운데 하나인 '분배적 정의'일 수도 없다.

아리스토텔레스는 "정치적 정의는 자족적이기를 목표로 삼으며 삶을 함께 나누는 공동체 구성원들, 자유로우며 비례에 따라서든 수에 따라서든 동등한 공동체 구성원들 사이에 성립한다"면서 "그래서 이러한 조건들을 갖추지 못한 사람들에게는 서로에 대한 정치적 정의는 존재하지 않^{388}게 된다고 주장한다. 즉 비시민은 시민과 동등하지 않기 때문에 정치적 정의를 갖지 못한다는 것이다. 그러나 앞에서 보았듯이 아리스토텔레스는 "동등하지 않은 것"은 '부정의'라고 하므로 그가 말하는 정치적 정의는 비시민의 존재, 즉 '부정의'에 근거해 비로소 성립하는 것이 된다. 따라서 '정의'는 '부정의'가 된다는 모순이 발생한다.

또한 앞의 인용문에서 아리스토텔레스가 "자유로우며 비례에 따라서든 수에 따라서든 동등한 공동체 구성원들 사이에 성립한다"고 한 말은 그가 《니코마코스 윤리학》 5권 2장부터 5장까지에서 설명하는 '부분적 정의'로서의 '분배적 정의', '시정적 정의', '교환적 정의'가 시민계급에게만 한정된다는 뜻이기도 하다.

'분배적 정의'에 대해 그는 "명예나 돈, 혹은 정치체제를 함께 하는 사람들 사이에서 나눌 수 있는 것들의 분배에서 성립할 수 있는 것"^{389}이라고 말한다. 이런 제한조건은 '시정적 정의'와 '교환적 정의'의 경우에도 적용된다. 여기서 "정치체제를 함께 하는 사람들"이란 시민을 말한다. 앞에서도 보았듯이 '정치적 정의', '부분적 정의', '전체적 정의'를 포함해 모든 정의가 비시민에게는 해당되지 않는다.

아리스토텔레스는 "정치적 정의는 법을 따르는 것"이고 "그들 사이에서 법이 생겨났던 사람들 안에서 성립"하며 "이런 사람들은 다스림과 다스려짐에 있어 동등성을 가진 사람들"이라고 말한다."^{390} 여기서 "다스림과 다스려짐에 있어 동등성을 가진 사람들"

이란 시민권을 갖는 성년남성 자유인을 말한다. 따라서 비시민은 당연히 정치적 자유에서 배제되고, 법외에 놓이게 된다.

그런데 정치적 정의는 '부분적 정의'를 포함하는 것이므로 법외에 놓인 비시민은 '부분적 정의'의 밖에 놓이게 된다. 따라서 노예, 재류외인, 이방인, 여성, 아동, 들짐승 등은 '분배적 정의', '시정적 정의', '교환적 정의'의 대상에 속하지 않게 된다. 그러나 이는 '부분적 정의', 특히 그중에서 '교환적 정의'에 대한 아리스토텔레스의 논의와 모순된다. 왜냐하면 아리스토텔레스는 교환적 정의와 관련해 물물교환이나 상거래에서의 '등가교환으로서의 정의'를 논의하고, 나아가 그가 시민으로 인정하지 않는 목수와 신발공을 예로 들어 집과 신발의 교환을 논의하기 때문이다.[391]

아리스토텔레스에게 그리스인은 주인이고 비그리스인인 '야만족'은 노예다. 그리스인 중에서도 남자는 주인이고 여자는 노예다. 노예와 여자는 시민이 아니다. 들짐승 같은 존재도 시민이 아니다. 그는 노예, 재류외인, 이방인, 들짐승을 제외한 인간, 즉 시민권을 갖는 인간만을 대상으로 정의를 논의하는 것이다.

전체적 정의와 부분적 정의

아리스토텔레스는 《니코마코스 윤리학》 5권 1장에서 "정의로운 것은 법을 지키는 것이며 공정한 것"이라고 말한다.[392] 이 문장에서

"법을 지키는 것"은 전체적 정의(또는 보편적 정의), "공정한 것"은 특수적 정의에 각각 해당한다고 말하는 사람들이 많지만, 아리스토텔레스 자신이 "[공정으로서의 정의] 또한 [전체적인] 정의의 부분"[393]이라고 말하므로 그러한 이해가 반드시 옳지는 않다. 아리스토텔레스는 분배적 정의를 "정의로운 것의 첫째 종류"[394]라고 한다. 즉 그는 전체적 정의라는 개념을 별도로 내세우지 않는다.

아리스토텔레스는 법을 "모든 것에 무엇인가를 선언하는 것이되, 모든 사람들에게 공통되는 이익이나 엘리트들의 이익을, 혹은 탁월성이나 그런 종류의 다른 어떤 방식에 따라 지배하고 있는 사람들의 이익을 겨냥하면서 선언하는 것"[395]이라고 규정한다. 여기서 '모든 사람들'이란 '시민'을 말한다. 아리스토텔레스는 법을 이렇게 규정한 뒤 "따라서 우리는 하나의 단일한 방식에 따라 정치적 공동체를 위해 행복과 행복의 부분들을 만들어내고 그것들을 보전하는 것이 정의로운 것이라고 말한다"[396]고 한다. 이어 법은 용기나 절제와 같은 탁월성을 가진 사람들이 하는 것처럼 하라고 명하는 것이며 "이러한 정의가 완전한 탁월성"[397]이라고 한다. 그러나 일부 논자들이 말하듯이 이 말이 전체적 정의가 행위의 정의임을 뜻하지는 않는다.

아리스토텔레스는 전체적 부정의는 "신실한 사람이 관련하는 모든 것에 관계"하는 것인 반면 부분적 부정의[398]란 "명예나 돈, 안위, 혹은 이 모든 것들을 하나의 이름으로 아우를 수 있는 어떤 것이 있다면 그것에 관련하고, 이익으로부터 나오는 즐거움 때문"[399]이라고 한다. 그리고 그중 하나인 "명예나 돈, 혹은 정치체제를 함께하는 사람들 사이에서 나눌 수 있는 것들의 분배에서 성립하는" 것을 "분배적 정의"라고 하고, 또 하나는 "상호 교섭에 있어서 성립하는 시정적 정의"[400]라고 한다.

분배적 정의

분배적 정의에 대해 아리스토텔레스는 《니코마코스 윤리학》 5권 3장에서 다음과 같이 말한다. "부정의한 사람은 동등하지 않은 사람이고 부정의한 것은 동등하지 않은 것이기에, 동등하지 않은 것들 사이에 어떤 중간이 있다는 것은 분명하다."[401]

그러나 앞에서 말했듯이 정의에 대한 이러한 주장은 긍정도 부정도 할 수 없는 지극히 주관적이고 추상적이며 애매한 성질의 말일 뿐이다. 아리스토텔레스는 배분적 정의는 가치에 따라 분배하는 것이라면서, 그 이유는 "민주주의자들은 자유[민의 신분]를 가치라고 말하고, 부자정의 지지자들은 부나 좋은 혈통을 가치라고, 또 엘리트정체를 지지하는 사람들은 탁월성을 가치라고 말"[402]하듯이 사람에 따라, 나라에 따라, 시대에 따라 정의에 대한 가치관은 분명히 다르기 때문이라고 한다.

그럼에도 그는 "그러므로 정의로운 것은 일종의 비례적인 것"이라고 한다. 이를 수식으로 표현하면 $A:B=C:D$가 된다. 즉 A에게 분배된 것이 C, B에게 분배된 것이 D다. 이를 비례적 정의 또는 기하학적 정의라고 한다. 이 수식은 A:C=B:D로 바꿔 쓸 수 있고, 더 나아가 (A+C):(B+D)=A:B로 쓸 수도 있다는 취지의 말을 아리스토텔레스는 한다.

그러나 이러한 수식은 그 자체로서는 의미가 없고 당연한 것을 말하는 것에 불과하다. 문제는 '가치' 다. '가치'가 미해결인 한 분배적 정의가 무엇인지가 분명하지 않을 수밖에 없다. 그래서 아리스토텔레스에 대해 지극히 호의적인 스트라우스조차 이렇게 말한다. "아리스토텔레스가 분배적 정의의 문제에 대해 이론적 해결을 제시하고 있다고는 말할 수 없다. 사실상 분배적 정의의 문제를 이론적 수준에서 해결가능한 것으로 간주한다고 생각하기에는 의심의 여지가 있다."[403]

시정적 정의

아리스토텔레스는 《니코마코스 윤리학》 5권 3장에서 시정적 정의를 "상호 교섭에 있어서 성립하는" 것이라고 하고, 그것을 '자발적인 교섭'의 경우와 '비자발적인 교섭'의 경우로 나눈다. '자발적인 교섭'이란 "판매, 구매, 대부, 보증, 대여, 공탁, 임대"와 같은 것이고, '비자발적인 교섭'은 '은밀한 것들'과 '강제적인 것들'로 구성되는데 '은밀한 것들'은 "절도나 간통, 독살, 뚜쟁이질, 노예

사기, 모반살인, 위증" 등이고 '강제적인 것들'은 "폭행, 감금, 살인, 강탈, 신체절단, 명예훼손, 모욕" 등이라고 한다.[404]

아리스토텔레스는 《니코마코스 윤리학》 5권 4장에서 시정적 정의에 대해 설명한다. 가령 매매의 경우 매도인 A가 매수인 B에게 어떤 물건을 정상적인 가격 C보다 높은 가격으로 팔았다면 매도인은 실제의 매도가격에서 정상가격을 뺀 차액 D만큼 이익을 본 것이 된다. 여기서 매도인이 D를 매수인에게 반환하는 것이 '시정적 정의'라는 것이다. 이를 수식으로 표현하면 다음과 같다.

A=B
A+D〉B-D
A+D-D=B-D+D=A=B

이 관계는 앞에서 본 분배적 정의의 경우와 달리 '가치'가 개입되지 않는 단순히 산술적인 것이다. 그래서 이것을 가리켜 '산술적 정의'라고도 한다. 그러나 이 역시 지극히 당연한 것을 설명한 것에 불과하다.

그런데 '시정적 정의'는 그 자체가 하나의 특별한 정의이기보다는 '분배적 정의'가 이루어지지 못한 경우에 '시정'을 하는 하나의 수단 내지 절차에 불과하다. 보기를 들어 설명해보겠다.

가로 6킬로미터, 세로 5킬로미터, 넓이 30제곱킬로미터인 토지를 국가가 A와 B 두 사람에게 분배한다고 가정하자. A와 B 각각의 '가치'(국가공헌도)를 9:1이라고 하자. 가령 A는 장교 출신이고 B는 사병 출신이라고 하고 장교와 사병의 국가공헌도가 9:1이라고 하자. 그렇다면 각각 27제곱킬로미터와 3제곱킬로미터의 토지를 갖는 것이 '분배적 정의'에 맞는다는 것이다. 그런데 어쩌다가 A와 B가 각각 20제곱킬로미터와 10제곱킬로미터를 차지하고 있다면 A는 토지를 과소하게, B는 토지를 과다하게 갖고 있는 것이 된다. 이 경우에 '시정적 정의'를 적용하면 B가 A에게 7제곱킬로미터를 내주어야 하고, 그렇게 하는 것이 '분배적 정의'에 맞는 것이 된다.

교환적 정의

아리스토텔레스는 《니코마코스 윤리학》 5권 5장에서 '교환적 정의'에 대해 설명한다. '집 짓는 사람'인 A와 '신발 만드는 사람'인 B가 집 C와 신발 D를 서로 교환하는 경우를 가정하면 집이 신발보다 훨씬 비싼 것이므로 집 한 채와 신발 n켤레가 교환돼야 한다는 것이다.

이런 '교환적 정의'는 '분배적 정의'나 '시정적 정의'와 구별되는 것으로 보는 것이 많은 논자들의 일반적인 관점이지만, 아리스토텔레스가 '교환적 정의'를 "비례에 따른 교환"[405]이라고 말하기 때문에 나는 그 성질이 '분배적 정의'와 다를 바가 없다고 생각한다. 앞에서 본 국가공헌도가 9:1인 장교 출신과 사병 출신의 관계에

'교환적 정의'를 적용하면 n이 9가 되는 것일 뿐이기 때문이다.

아리스토텔레스는 이렇게 교환되는 것들을 서로 비교하기 위해 돈이 "일종의 중간자"로 도입된다고 한다.[406]

정의의 척도는 돈? 아니 만물의 척도는 돈?

지금까지 아리스토텔레스의 정의론에 담긴 내용과 그 문제점을 살펴보았다. 그 결과로 우리가 알 수 있는 것은 결국 아리스토텔레스의 정의론이라는 것의 핵심은 돈에 있다는 것이다. 아리스토텔레스의 정의론에 대한 기존의 수많은 논저는 이 점을 전혀 중시하지 않았다. 나는 이 점을 지적하고 분명히 하는 것이 중요하다고 생각한다.

아리스토텔레스가 말하는 '분배적 정의'란 각자의 가치(공적)에 따라 재산이 비례적으로 분배되어 서로 등가의 관계가 되도록 하는 것을 뜻한다.[407] 그리고 그가 말하는 '시정적 정의'란 당사자간에 이득이나 손해가 등가가 되도록 시정하는 것을 뜻한다. 마지막으로 그가 말하는 '교환적 정의'란 재산을 교환함에 있어서 교환되는 두 재산의 등가성을 확보하는 것이다.

여기서 본질적인 것은 어느 경우에나 '등가교환'이 전제된다는 점이다. 이에 대해 아리스토텔레스는 이렇게 말한다. "두 명의 의사가 아니라 한 명의 의사와 한 명의 농부로 하나의 공동체가 구성되는 것이며, 일반적으로 서로 동등한 사람이 아니라 서로 다른 사람으로부터 공동체가 구성되는 것이니까. 그렇지만 이들은 동등하게 되어야 한다."[408]

이러한 등가교환을 가능하게 해주는 것은 '필요'라고 아리스토텔레스는 말한다.[409] 그런데 '필요'라는 것은 비교나 계산이 가능하지 않다. 따라서 '필요'를 대신해 만물을 균등화하고 수량화해서 세거나 비교할 수 있게 해주는 것이 있어야 한다.

그래서 아리스토텔레스는 이렇게 말한다. "이런 까닭에 교환되는 모든 것들은 어떤 방식으로든 서로 비교될 수 있어야만 한다. 바로 이것을 위하여 돈이 도입되었으며, 돈은 일종의 중간자가 된 것이다. 돈은 모든 것을 측정해서, 넘치는 부분이나 모자라는 부분까지 측정하고, 가령 몇 켤레의 신발이 집 한 채와 같은지, 혹은 얼마만큼의 식량과 같은지까지 측정하기 때문이다."[410]

위 인용문에서 '중간자'라 함은 아리스토텔레스가 말하는 정의의 원리인 '중용'이나 '중간' 그 자체다. 아리스토텔레스는 《니코마코스 윤리학》 5권에서 "정의와 부정의에 대해, 그것들이 어떤 종류의 행위들에 관련하는 것인지, 또 정의는 어떤 종류의 중용인지, 또 정의로운 것은 어떤 것들 사이의 중간인지를 탐구해야 할 것이다"[411]라고 말할 때 정의를 '중용'이나 '중간'으로 규정하는데 바로 그 '중용'이나 '중간'이 바로 돈인 것이다. 이 점은 지금까지 모든 논자들에 의해 무시됐다. 대신 그들은 '중용'과 '중간'에 대한 현학적인 논의로 일관해왔다. 나는 그러한 논의와 주장을 도저히 용인할 수 없다.

위 인용문에서 "돈은 모든 것을 측정"한다고 한 아리스토텔레스의 말은 바로 "인간이 만물의 척도"라는 프로타고라스의 말을 흉내 낸 것이다. 프로타고라스는 소피스트의 대표 격인 사람이며 소크라테스, 플라톤, 아리스토텔레스가 일관되게 비난한 사람이다. "인간이 만물의 척도"라는 프로타고라스의 말을 어떻게 해석해야 할 것인지를 놓고 여러 가지 논의가 있었으나,[412] 일반적으로는 그것이 유연한 상대주의의 원칙을 표현한 말로 이해되고 있다.

여하튼 프로타고라스가 한 말의 차원에서 "돈은 모든 것을 측정"한다는 아리스토텔레스의 말을 번역한다면 "돈이 만물의 척도"가 된다. 그런데 "인간이 만물의 척도"에서 만물의 '물'은 원래 '필요', '필요한 것', '가치 있는 것', '대금', '금액' 등을 뜻하는 말이다. 즉 돈으로 측정되는 유용하고 가치 있는 '물건'이나 그 '대금'이나 '금액', 그리고 돈 그 자체를 뜻한다. 만물의 '물'은 현대 그리스어에서도 그런 의미로 사용되고 있다. 따라서 "인간이 만물의 척도"라는 말의 뜻은 '돈의 다과에 의해 나타낼 수 있는 모든 유용하고 가치 있는 물건을 평가하는 척도는 인간'이라는 것이다. 즉 물건의 가치를 평가하는 주체나 요소는 인간이라는 것이다.

반면에 "돈이 만물의 척도"로 번역되는 아리스토텔레스의 말은 결국 '돈이 돈의 척도'라는 뜻이 된다. 이러한 문제점을 제외하고 '만물'이라는 말을 문자 그대로 '만물'로 보는 경우에는 '만물'의 하나인 인간이 문제가 된다. 즉 아리스토텔레스의 말을 받아들인다면 인간은 물건의 가격을 표시하는 가격표를 통해 판단되는 대상이

되어버리고, 다른 모든 유용한 물건들과 함께 진열대 위에 전시되어 그것이 갖는 '가치에 따라' 매매되는 물건인 상품과 '등가'인 것이 되어버린다. 결국 아리스토텔레스에 의하면 인간은 물건과 등가(돈에 의한 등가)의 존재로 전락하게 된다. 여기서 아리스토텔레스의 모든 인간론은 화폐론으로 바뀔 수밖에 없다. 이는 유물론도 아니고 굳이 말한다면 유(唯)화폐론, 즉 화폐만능론이다.

아리스토텔레스는 돈에 의한 물건의 비교가 없으면 "교환이나 공동체는 있을 수 없을 것"[413]이라고 한다. 결국 그가 말하는 공동체, 특히 국가공동체의 핵심은 돈이다. 나아가 그는 "돈은 일종의 척도로서 물품들을 같은 척도로 잴 수 있게 만들어 그것들을 동등하게 만"[414]듦으로써 다른 상품과 교환할 수 있게 할 뿐만 아니라 "돈은 미래의 교환을 위한 것"[415]이 되기도 하므로 "지금 당장은 필요하지 않지만 나중에 필요하게 될 경우 교환이 가능하다고 우리를 위해 '보증을 서는 것'"[416]이 된다고 말한다. 여기서 그가 말하는 '미래의 교환을 위한 것'이라는 것이 보증을 전제로 하는 재산의 경제적 이용을 말하는 것인지, 아니면 화폐 자체에서 나오는 이득인 이자의 수취나 고리대금을 말하는 것인지는 분명하지 않다. 그러나 아리스토텔레스는 고리대금을 비난[417]했으니 적어도 그것이 고리대금을 뜻하는 것은 아닌 듯하다.

돈에 의한 공동체의 정의 실현을 낙관한 아리스토텔레스의 정치학을 비롯한 그의 모든 사상이 현실적으로 어떻게 기능하고 작용했는지를 설명해주는 논의를 나는 본 적이 없다. 그러나 분명한 것은 그런 그의 사상이 사실상 등가교환이 아닌 '싸게 사서 비싸게 판다'는 재산거래의 부등가교환으로 전환되어 화폐의 자기증식을 초래하고 결국은 자본주의의 본질이 되는 돈(화폐) 지상주의로 이어졌다는 점이다. 돈놀이가 금융시장을 움직이고 일확천금의 꿈을 좇는 소수 투기꾼들이 시장을 좌우하게 되고 그 결과로 투기와 전혀 무관한 수많은 사람들이 실업자가 되거나 빈곤에 찌들게 되는 현실은 아리스토텔레스류의 화폐만능론에서 비롯된 것이다.

정치적 정의

아리스토텔레스는 《정치학》 5권 6장에서 '정치적 정의'에 대해 설명한다. 하지만 그 부분의 설명은 이른바 '정치적 정의'가 '주인적 정의'나 '가부장적 정의'와 다르다는 것, 즉 '정치적 정의'는 국가에만 적용됨을 강조하는 것 외에 특별한 점이 없다. 따라서 그가 말하는 '정치적 정의'를 두고 "특수적 정의가 국가와 가족이라는 공동체의 영역에 적용된 것으로, 특수적 정의로서의 그 본질적 성격 자체는 변함이 없다"[418]고 보는 것은 잘못이다.

그런데 그 전에 아리스토텔레스가 '주인적 정의'나 '가부장적 정의'라는 말을 쓰는 것 자체가 모순이다. 왜냐하면 그는 "자기 자신의 것에 대해서는 단적인 부정의가 없기 때문이다"라고도 말하고, 더 나아가 "그러므로 정치적 부정의나 정의 또한 없다"[419]고 말하기 때문이다.

자연적 정의와 법적 정의

아리스토텔레스는 《정치학》 5권 7장에서 '정치적 정의'를 그 근원에 따라 '자연적 정의'와 '법적(또는 관습적) 정의'로 구별한다. 그 부분을 인용해보자. "자연적 정의는 사람들의 승인 여부에 관계없이 어디에서나 동일한 힘을 가진다. 반면 법적 정의 혹은 관습적 정의는 애초부터 이러한 방식으로 규정되든 저러한 방식으로 규정되든 아무런 차이가 없지만, 일단 제정된 연후에는 차이를 갖는 것이다."[420] 이는 소피스트들이 법적 정의만을 인정하는 것에 대한 반론이다. 하지만 아리스토텔레스는 그 반론의 근거가 되는 자연적 정의가 무엇인지를 구체적으로 제시하지는 못한다. 따라서 반론 자체가 특별한 의미가 없다.

이어 아리스토텔레스는 《정치학》 5권의 8장에서 '정의와 자발성', 9장에서 '부정의와 자발성의 문제', 10장에서 '근원적 공정성', 11장에서 '자발적 부정의의 문제'를 각각 설명하지만, 그 내용에 특별한 의미는 없다.

아리스토텔레스 이후에 서양에서 전개된 정의론은 아리스토텔레스의 정의론에 기원을 둔다고 해도 과언이 아니다. 나는 샌들 등의 정의론 역시 그러한 범주에 속한다고 생각하지만, 왜 그런가를 이 책에서 일일이 말하지는 않겠다. 이 책에서는 아리스토텔레스를 논의하는 것으로 충분하다고 생각하기 때문이다. 물론 약간의 차이는 있을 테지만, 나는 그런 것을 세세히 밝히는 것에는 관심이 없다. 이미 수많은 사람들이 수많은 글[421]을 썼으니 그것을 재탕할 필요도 없고 그렇게 하고 싶은 의욕도 없다. 나는 아리스토텔레스의 정의론을 가치 있는 것으로 보지 않기 때문이다.[422] 여기서는 내가 왜 그렇게 보지 않는지 그 이유만을 밝히는 것으로 충분할 것이다.

흔히들 아리스토텔레스의 정의론을 요약해주는 그의 한마디는 "당사자들이 동등함에도 동등하지 않은 몫을, 혹은 동등하지 않은 사람들이 동등한 몫을 분배받아 갖게 되면 바로 거기서 싸움과 불평이 생겨난다"[423]라고 한다. 지극히 평범한 이 말을 무슨 대단한 진리를 담고 있는 것처럼 섬길 필요가 있는지를 나로서는 전혀 알 수 없지만, 대체로 그 말 중에서도 뒷부분, 즉 "동등하지 않은 사람들이 동등한 몫을 분배받아 갖게 되면" 정의가 아니라고 하는 부분에 더 강조점이 두어지는 것이 사실이다. 요컨대 '정당한 불평등'을 인정하는 것이 정의의 원칙이라는 것이다.

그러나 이렇게 본다면 "2천년 넘게 읽혀온 국가와 정치, 그리고 행복의 문제"를 다루었다는 책의 내용치고는 너무나도 이상하다. 가령 아리스토텔레스는 노예제를 인정하고 노예해방에 반대했는데 노예제를 '정당한 불평등'이라고 할 수 있는가? 아리스토텔레스는 엘리트정을 이상적인 정치체제라고 했는데 엘리트정도 '정당한 불평등'이라고 할 수 있는가? 이 점을 나로서는 도저히 이해할 수 없다. 노예제나 엘리트정이 인정되던 19세기까지라면 몰라도 그것이 부정되는 20세기, 21세기에도 아리스토텔레스를 신주 모시듯 하는 국내외의 수많은 논자들을 나로서는 도저히 이해할 수 없다.

단적으로 말하면, 나는 아리스토텔레스의 정의론은 "정의는 돈이다"라는 말로 요약된다고 본다. 아니 그 말밖에 없다고 본다. 그 밖의 말은 다 "정의는 돈이다"라는 말을 꾸미기 위한 사족에 불과하다. 가령 아리스토텔레스가 말하는 정의란 각자의 '가치'에 따라 각자를 판단하는 것을 뜻한다. 그런데 그 '가치'란 '능력'을 말하고, 결국은 돈에 의해 측정되는 능력을 말한다. 이것은 우리 시대의 속물적 상식이라고 할 수 있는 능력주의의 모토와 같은 것인데, 문제는 그것이 과연 '정당한 불평등'이라고 할 수 있느냐다. 고대 그리스 시대에 아리스토텔레스는 대부분의 인간을 제외한 극소수 시민계층만을 대상으로 하여 그들 사이에 빈부의 차이가 있는 것을 가치나 능력에 따른 '정당한 불평등'이라고 보았지만 그것을 과연 가치나 능력에 따른 '정당한 불평등'이라고 할 수 있는 것일까? 또한 현대사회에서 나타나는 빈부격차나 양극화 등을 과연 가치나 능력에 따른 '정당한 불평등'이라고 할 수 있을까?

나는 아리스토텔레스가 정당화한 고대 그리스의 상황이 21세기의 세계, 특히 한국의 상황과 극히 유사하다고 본다. 그러한 상황 속의 고대 그리스인과 마찬가지로 현대 한국인도 "정의는 돈이다"라고 생각한다고 보기 때문이다. 그러나 정말로 정의로운 사람들이 정의로운 사회를 꿈꾼다면 "정의는 돈이다"라고 생각해서는 안 되는 것이 아닐까? "정의는 돈이다"라는 생각이 우리 사회를 지배하게 해서는 안 된다.

아리스토텔레스의 '실천적 지혜'

아리스토텔레스는 《니코마코스 윤리학》 6권에서 '탁월성'과 관련해 주로 '실천적 지혜'에 대해 설명하고, 이어 7권에서 '자제력 없음'과 '즐거움'에 대해 설명한다. '실천적 지혜'는 '신중함'으로도 번역되는 것인데, 아리스토텔레스는 이를 두고 "이성을 동반한 참된 품성상태로서 인간에게 선한 것과 악한 것에 관계한다"라고 하고서 "페리클레스나 그와 비슷한 사람들을 실천적 지혜를 가진 사람이라고"[424] 한다고 말한다. 그렇다면 그가 말하는 '실천적 지혜'는 정치지도자의 그것이라고 할 수 있다. 그는 "정치술과 실천적 지혜는 같은 품성상태"[425]라고 한다. 그리고 실천적 지혜는 경험적인 것이기 때문에 경험이 부족한 젊은이는 기하학자나 수학자는 될 수 있지만 그것을 가질 수는 없다고 말하고, 그런 젊은이는 "현인이나 자연철학자가 될 수 없다"고도 말한다.[426] 여기서 현인이란 철학자를 말한다.

아리스토텔레스는 '실천적 지혜'에 정치술 외에도 가정경제와 입법을 포함시킨다.[427] 이는 그가 《에우데모스 윤리학》 1권 8장에서 입법술과 정치술을 모두 국가에 관한 정치술에 포함시킨 것과 다른 점이지만, 정치술에 심의적인 것과 사법적인 것을 포함시킨다는 점에서는 마찬가지다. 여기서 아리스토텔레스가 입법술과 정치술을 구분하는 것이 분명하다. 그는 《수사학》 1권 4장에서 정치적 숙고의 중요 영역을 재원, 전쟁과 평화, 국토방위, 수입, 입법으로 나누고 "입법에 대해 충분한 이해를 갖는 것이 특히 중요하다"고 한다.[428] 따라서 입법의 경우 경험이 필요하지 않다고 아리스토텔레스가 보았다고 하는 스트라우스의 지적[429]은 잘못이다.

아리스토텔레스의 '즐거움'

아리스토텔레스는 《니코마코스 윤리학》의 마지막 부분인 10권에서는 '즐거움' 과 '행복' 에 대해 설명한다. 여기서 '즐거움' 은 보통 '쾌락' 으로도 번역되는 말이다. 아리스토텔레스는 《니코마코스 윤리학》 6권 11장에서 '즐거움' 에 대한 세 가지 통념을 검토한다. 그것은 첫째, 즐거움이 선이 아니라고 보는 관점, 둘째, 몇몇 즐거움은 선이지만 대다수 즐거움은 열등하다고 보는 관점, 셋째, 즐거움은 선이지만 최선은 아니라는 관점이다.[430]

그리고 아리스토텔레스는 고통이 확실한 악이라는 것을 근거로 첫째 관점을 거부하므로 즐거움은 선한 것일 수밖에 없다고 말한다.[431] 따라서 "행복한 삶이 즐거운 삶"이고, "형틀에 매달려 죽어가는 사람, 큰 불행에 빠진 사람일지라도 그가 선한 사람이면 행복하다고 말하는 것은 무의미"하다는 것이다.[432] 행복해지기 위해서는 어느 정도의 외적 조건에 따른 행운이 필요하다는 것이다.

그런데 아리스토텔레스는 《니코마코스 윤리학》 10권 3장에서 다시 '즐거움'에 대해 말하면서 그 종류가 구별된다고 하고서[433] "즐거움이 곧 선도 아니"라고 하여[434] 앞에서와 모순되는 주장을 한다. 그리고 "신실한 활동에 고유한 즐거움은 훌륭하며, 열등한 활동에 고유한 즐거움은 나쁘다"[435]고 한다. 여기서 다시 신실한 사람, 즉 철학자의 즐거움만이 선한 것으로 주장되는 것이다.

아리스토텔레스의 '친애'

아리스토텔레스는 《니코마코스 윤리학》의 8~9권에서 친애에 대해 설명한다. 그 전에 아리스토텔레스는 《니코마코스 윤리학》 2권 7장에서 친애를 성격적 탁월성의 중용이라고 말한다.[436] 그리고 나서 그는 8~9장에서 친애에 대해 길게 설명한다. 《니코마코스 윤리학》에서 '친애'는 가장 길게 설명된 단일 주제이고, 이 점은 이 책의 가장 독특한 특징 중의 하나다. 8장에는 그가 친애를 정의보다 우월한 것으로, 또는 최상의 정의로 생각했다고도 볼 수 있게 하는 다음과 같은 구절이 나온다.

친애는 폴리스들도 결속시키는 것처럼 보인다. 입법자들도 정의를

[구현하기 위해] 애쓰는 것보다 친애를 [구현하기 위해] 더 애쓰는 것 같다. 입법자들은 무엇보다도 친애와 비슷한 것으로 보이는 화합을 추구하며, 무엇보다도 [폴리스에] 해악을 끼치는 분열을 몰아내기 때문이다. 또 서로 친구인 사람들 사이에서는 더 이상 정의가 필요하지 않지만 서로 정의로운 사람들 사이에서는 친애가 추가적으로 필요하고, 정의의 최상의 형태는 [서로를 향한] 친애의 태도처럼 보인다.[437]

이 구절이 아리스토텔레스 자신의 생각인지, 아니면 "것 같다"니 "보인다"니 하는 말이 시사하듯이 그의 추측이나 전언인지는 불분명하다. 하지만 그 뒤에서 그가 비슷한 주장을 하고 있는 것을 보면 위 구절을 그 자신의 견해로 보아도 좋을 것 같다. 가령 다음과 같은 구절은 위 구절과 비슷하다. "친애는 정의와 동일한 것에 관계하며 같은 사람들 사이에서 존재하는 것으로 보인다. 왜냐하면 모든 공통의 교제에는 어떤 정의로움도 존재하고, 또 한편 친애도 존재하는 것 같기 때문이다."[438]

그러나 《정치학》 3권 9장에서는 아리스토텔레스가 "친인척 관계와 씨족연맹과 축제와 사람들을 끌어들이는 오락"은 친애의 산물이고 "함께 살겠다는 의지"의 표현인 반면에 "국가의 목적은 훌륭한 삶"이라고 하여 그 둘을 구분한다.[439] 국가의 정의와 국가가 아닌 인간관계나 마을 등의 친애를 그는 구분하는 것이다. 이처럼 아리스토텔레스는 정의와 친애[440]를 구별한다. 즉 정의는 시민에게만 적용되지만 우애는 모든 사람들에게 적용된다고 본다.

그런데 아리스토텔레스는 《니코마코스 윤리학》 8권 9장에서 "형제들과 절친한 친우들에 있어서는 모든 것이 공동소유이고, 이와는 다른 관계의 사람들에 있어서는 제한된 사물들만이 공동소유이다."[441]라고 한다. 이 말이 당시의 현실을 말한 것인지, 아니면 그 자신의 희망을 말한 것인지는 분명하지 않으나, 내가 보기에는 전자라고 생각된다.

아리스토텔레스는 '우애'가 친구 사이만이 아니라 남편과 부인, 부모와 자식 간, 나아가 시민 간에도 성립한다고 본다. 반면에 주인과 노예 사이에는 정의도 부정의도 있을 수 없지만 노예가 '인간으로서는' 주인과 친구가 되고 '우애'를 맺을 수도 있다고 한다. 그 이유에 대해 그는 "모든 인간은 법과 계약에 참여할 수 있는 모든 인간에 대해 어떤 정의로움을 가지고 있는 것으로 보이기 때문"[442]이라고 한다. 이는 그 자신의 노예론에 대한 중대한 수정이다. 이 구절에서 거론되는 '친애의 공동체'를 노예사회에서는 있을 수 없는 사회주의적 유토피아로 보는 견해[443]가 있다. 그러나 이는 중대한 착각이다.

아리스토텔레스에 의하면 "아버지가 아들을 방기하는 것은 가능해도, 아들이 아버지를 방기하는 것은 불가능"한데, 왜냐하면 "채무자는 당연히 [빚을] 갚아야 하는데, 아들은 자신이 받은 혜택에 상응하는 그 어떤 것도 행한 적이 없어 항상 채무자로 남을 것"이고 "반면에 채권자는 채권을 포기할 권리를 가지고 있"기 때문이라고 한다.⁴⁴⁴ 부자관계를 이런 식으로 영원한 채권자―채무자 관계로 보는 아리스토텔레스 학설은 다른 모든 불평등관계, 가령 아내―남편, 어린이―부모, 신하―군주 사이에도 적용된다. 이는 가치에 따른 사랑을 뜻한다. 즉 열등한 사람은 우월한 사람이 열등한 사람을 사랑하는 것보다 훨씬 많이 사랑해야 한다. "가치에 따라 남편이 다스리되 다스려야 할 것만 다스리며, 부인에게 합당한 것은 그녀에게 양도"해야 한다고 그는 말한다.⁴⁴⁵ 아마도 이러한 점을 이유로 하여 러셀은 아리스토텔레스의 '친애'가 자기이익을 위한 것으로서 "독선적이고 자기중심적"이라고 말했는지도 모른다.⁴⁴⁶

아리스토텔레스가 인정하는 친애는 '좋은 사람'들 사이의 그것이라는 점에 비추어도 러셀의 견해가 설득력이 있다. 아리스토텔레스는 이렇게 말한다. "좋은 사람은 자기를 사랑하는 사람이어야 하니, 이는 그가 고귀한 것들을 행함으로써 자신을 기쁘게 하고 다른 사람들에게 유익을 줄 것이기 때문이다." 그렇다면 못된 사람은 당연히 그 반대다.⁴⁴⁷ 아리스토텔레스에 대해 "우정에 대해 말한 내용은 전부 사리에 맞지만, 상식 수준을 넘어선 주장은 한 마디도 하지 않는다"고 한 평가는 타당하다.⁴⁴⁸

아리스토텔레스의 윤리학에 대한 평가

아리스토텔레스의 《니코마코스 윤리학》은 지금까지 우리가 살펴본 상식적인 '장광설'⁴⁴⁹로 이어지다가 마지막에 지극히 비상식적인 결론으로 끝난다. 그것은 우리가 앞에서도 본 '철학자의 행복'에 관한 것이다. 아리스토텔레스의 말을 그대로 옮기면 다음과 같다. "지성에 따라 활동하며 이것을 돌보는 사람이 최선의 상태에 있으면서 신들로부터 가장 많은 사랑을 받는 사람인 것 같다." "이 모든 것이 지혜로운 사람에게 가장 많이 속한다는 것은 명명백백하다." "그러므로 이런 방식으로도 지혜로운 사람이 누구보다도 더 행복한 사람일 것이다."⁴⁵⁰ 요컨대 철학자가 가장 행복한 사람이라는 것이다.

그런데 아리스토텔레스는 양극단 사이의 중용이 가장 좋다고 하면서도 이를 실천적 탁월성에만 적용하고 지적 탁월성, 특히 철학자의 관조에는 적용하지 않는다. 그러나 더 심각한 문제는 이러한 아리스토텔레스의 생각은 불평등의 윤리학, 특히 철학자를 위시한 극소수 사람들에게만 정의를 인정하는 불평등의 윤리학이라는 점이다. 현대 민주주의에서는 정의를 평등으로 보는 것에 이의가 없고 그 정의는 어떤 특정한 개인이나 계급에도 편들지 않는 것이다.

따라서 아리스토텔레스에 대한 러셀의 비판은 공정하다고 생각된다. 러셀은 아리스토텔레스의 윤리학에 대해 "자비나 박애라 부를 만한 요소가 아예 없"고, 초기 철학자들에게는 없는 "정서적 빈곤"이 드러난다고 비판했다.⁴⁵¹ 또한 러셀은 "아리스토텔레스가 인간살이를 관찰하고 사색한 면면은 지나치게 잘난 체하며 안일하게 대처한 느낌을" 준다면서, 아리스토텔레스는 "도덕적인 삶의 훨씬 깊은 측면은 하나도 분명하게 인식하지 못"했으며 "그의 주장은 열정이 없이 안락하게 사는 사람들에게나 유익한 견해"[452]라고 지적했다.

8장 | 아리스토텔레스의 정치

《정치학》

이제 다시 《정치학》으로 돌아가자. 미케네 문명이 끝나면서 고대 그리스에서 군주정은 없어졌고,[453] 그 뒤로 소수의 부자가 지배하는 부자정과 독재자가 지배하는 독재정, 그리고 다수가 지배하는 시민정이 대두했다. 독재정이란 그리스어로 tyrannos가 지배하는 정체라는 것인데 그 영어 번역인 tyrant란 보통 전제군주나 폭군 또는 압제자를 뜻한다. 고대 그리스에서 그것은 본래 불법적인 방식으로 권력을 찬탈한 단독 통치자를 가리키는 말이었다. 고대 그리스에서는 그런 독재자가 대를 이어 지배하는 독재정이 일반적이었다.

  반면 시민정은 아테네에서 클레이스테네스에 의해 처음 수립됐다. 그는 대부분 시골마을이었던 지역을 중심으로 시민정을 수립했는데, 이는 시민정을 선호하는 사람들의 사회적 조건이 시골마을의 전통에 있었음을 의미한다. 시골사람들은 빈부에 관계없이 비교적

평등한 입장에서 서로간의 문제를 해결했다.

따라서 고대 그리스의 현실에 존재한 정체는 아리스토텔레스가 나쁜 정체라고 본 독재정, 부자정, 시민정이었다. 반면 그가 좋은 정체라고 본 군주정, 엘리트정, 중산정은 고대 그리스의 현실에는 존재하지 않았다. 이런 측면에서 본다면 아리스토텔레스의 《정치학》은 현실 비판의 의미를 갖는 것이었다고 볼 수도 있다.

정체의 구분

아리스토텔레스는 《정치학》 2권에서 '이상국가'에 대한 논의를 검토한 뒤 3권 '시민과 정체에 관한 이론'에서 자신의 시민론 및 정체론을 전개한다. 시민에 대한 그의 견해는 우리가 앞에서 보았으니, 여기서는 그의 정체론을 살펴보도록 한다.

아리스토텔레스는 "정체들은 서로 종류가 달라서 어떤 것은 열등하고 어떤 것은 우수하다"[454]고 한다. 그는 정체를 그 '수와 성질'에 따라 구분하는데 먼저 '시민 전체'의 '공동의 이익'을 추구하는 '올바른 정체'를 그 지배자의 수에 따라 '군주정', '엘리트정', '중산정'으로 구분하고[455] '사적인 이익'을 추구하는 '잘못된 정체'를 그 각각에 대응해 '독재정', '부자정', '시민정'[456]이라고 구분한다. 즉 '독재정'은 '독재자의 이익', '부자정'은 '부자들의 이익', '시민정'은 '빈민의 이익'을 추구하는[457] 전제적인 정체다.[458] 이는 우리말의 일반적인 용례에 따라 내가 그렇게 번역해 부르는 명칭이다. 이러한 명칭은 그 밖에도 다르게 불리는 경우가 많다. 가령 '군주정'을 '왕정', '중산정'을 '혼합정'이나 '폴리테이아제', '시민정'을 '민중제' 등으로 부르는 경우가 있다.

아리스토텔레스는 '올바른 정체' 중 '군주정'과 '엘리트정'을 '중산정' 보다 선호하고,[459] '잘못된 정체' 중에서는 '독재정'이 가장 나쁘고 '부자정'은 그 다음으로 나쁘며 '시민정'이 그나마 낫다고 한다.[460] 따라서 우리는 아리스토텔레스가 민주주의자는 아니었다고 할 수 있고 "실제로 시민정을 선호했다"[461]는 평가나 "형이상학적 '연방주의'를 주창"[462]했다는 주장은 부정되어 마땅하다.

그런데 아리스토텔레스는 《정치학》 3권 13장에서 여러 사람의 "탁월성과 정치적 능력을 다 합해도 비교가 안 될 만큼 탁월한 사람이 한 명 또는 여러 명 있지만 이들이 하나의 국가를 구성할 만큼 수가 많지 않을 때, 그 또는 그들은 국가의 한 부분으로 간주되어서는 안 된다. 왜냐하면 그들이 탁월성과 정치적 능력에서 자신들보다 훨씬 열등한 자들과 동등한 대우를 받는 것은 잘못된 일이기 때문이다. 그런 사람은 인간들 사이에서 신으로 간주될 수 있을 것이"고 그들 자신이 법이므로 법이 없다고 한다.[463] 따라서 군주정이나 엘리트정의 경우 그 지배자들은 국가가 아니고 그 정체에는 어떤 시민도 없는 것이 된다. 이는 아리스토텔레스가 국가란 치자와 피치자의 평등한 지배라고 한 전제와 명백히 모순된다.

또한 아리스토텔레스는 시민들이 기피하는 저명인사를 투표로 추방하는 도편추방제를 "탁월성에서 출중한 자"에게는 적용할 수 없고 "자연의 순리에 따라 모두가 그러한 지배자에게 기꺼이 복종"해야 하며 따라서 그들은 "종신왕"이 되어야 한다고 주장한다.[464] 이것이 앞에서 보았듯이 아리스토텔레스가 군주정을 최고 정체로 지지하는 이유다. 그러나 이 점도 치자와 피치자의 평등한 지배라고 한 전제와 명백히 모순된다. 이처럼 군주정이나 엘리트정의 경우 그들은 탁월성을 이유로 종신의 지배자로 정당화되고 누구나 그들에게 복종해야 하는 것이 된다. 이것이야말로 독재의 합리화가 아니고 무엇인가?

군주정과 엘리트정

아리스토텔레스는 《정치학》 3권 14장 '군주정의 다섯 가지 유형'에서 군주정 내지 독재정을 다음 네 가지로 구분한다. 아리스토텔레스는 다섯 가지라고 하지만 그가 언급한 넷째 유형은 첫째 유형과 같은 것이기 때문에 이 책에서는 네 가지로 본다.

첫째, 고대 영웅시대의 군주정이다. 스파르타에서와 같이 그 왕권은 절대적이지 않고 왕은 국외에 나가 있을 때만 군대통수권을 갖는 종신 장군직 같은 것이다.[465]

둘째, 비그리스인의 독재정 내지 전제정이다. 그 예인 야만족 아시아인들은 "노예근성이 강해서 불평 없이 전제정치를 잘 견"[466]딘다고 한다.

셋째, 고대 그리스인의 선거에 의한 군주정이다. 이는 "전제적이라는 점에서는 독재정이라고 할 수 있고, 독재자들이 선출되고 피치자들의 동의를 받아 통치한다는 점에서는"[467] 군주정이라고 한다.

넷째, 가부장적 군주정이다. 이를 절대군주정[468]이라고 부르는 견해도 있다.

이상의 네 가지 유형에서 아리스토텔레스는 명백한 독재정이란 비그리스인의 경우뿐이고 나머지 그리스인의 것은 모두 군주정이라고 하여 비그리스에 대한 편견을 보여준다. 그러나 앞에서 보았듯이 그리스에도 독재정을 하는 국가가 많았다.

아리스토텔레스는 《정치학》 3권 15장에서 종신 장군직이 국가에 유리한가라는 문제는, 종신 장군직이 어느 정체에나 존재할 수 있으므로 정체보다 법에 관련된 문제라고 하고[469] 사람에 의한 통치와 법에 의한 통치를 비교한다. 그는 "법조문에 얽매인 정체는 최선의 정체"가 아니라고 하면서도 "치자들은 보편적인 원칙도 갖고 있어야 하"고 따라서 법을 가져야 한다고 본다.[470] 앞에서 보았듯이 아리스토텔레스는 《정치학》 3권 13장에서 군주정이나 엘리트정의 경우 그 지배자들은 국가가 아니고 그 정체에는 어떤 시민도 없으며 지배자들 자신이 법이므로 법이 없다고 했다.[471] 그런데 아리스토텔레스는 군주정의 경우 법에 의한 지배가 바람직하다고 주장[472]하는 모순을 보인다. 그러나 이를 세이빈처럼 아리스토텔레스가 말한

'모든 정체에 요구되는 보편적 원리'라고 보아서는[473] 안 된다. 단 아리스토텔레스는 법이 없는 경우에 내려지는 결정은 개인에 의한 것보다 다수자에 의한 경우가 낫다고 하면서[474] 엘리트정을 더 바람직하다고 한다.[475]

아리스토텔레스에 의하면 엘리트정이란 "훌륭한 자들로 구성된 정체"[476]다. 그는 그 몇 가지를 소개하지만 자세히 언급하지 않아 여기서 소개할 필요가 없다.

중산정과 시민정

다음으로 중산정이란 아리스토텔레스에 의하면 "전사들이 최고 권력을 가지며 중무장할 재력이 있는 자들이 시민권을 가지는 것"[477]으로 "중무기를 가진 자들로만 구성되어야" 하는 것이라고 한다. 이를 아리스토텔레스는 "부자정과 시민정의 혼합"[478]이나 "부자와 빈민의 혼합"이라고 하지만 "빈민의 신분과 부자들의 부를 통합하는 것"은 아니라고 한다.[479] 아리스토텔레스는 주로 중산계급으로 구성된 국가가 가장 훌륭한 정체를 갖는다고 한다.[480]

아리스토텔레스는 《정치학》 4권 11장 '대부분의 국가를 위한 가능한 최선의 정체'에서 "모든 국가에는 세 부분이 있는데, 매우 부유한 자들, 매우 가난한 자들, 그리고 세 번째로 중간계급이 그것이다."[481]라고 하고 "극단적인 시민정과 부자정"[482]이 아닌 "중간 형태의 정체가 최선임이 분명하"⁴⁸³다고 한다. 여기서 시민정이란 가난한 사람들이 지배하는 정체이고 부자정이란 부유한 자들이 지배하는 정체다. 그렇다면 아리스토텔레스가 이상적이라고 본 것은 그 중간계급의 정체가 된다. 그러나 이는 시민정이 적어도 자유민인 시민계급의 경우 빈부에 관계없이 참정권을 가졌던 아테네 시민정의 현실과는 무관한 주장으로서 그 이전의 것을 이상적인 것으로 본 것이었다.

아리스토텔레스는 《정치학》 4권 4장에서 시민정에 대해 설명한다. 데모크라시의 데모스가 '평범한 일반인'을 뜻하는 '민중'을 의미하므로 이를 '민중제'로 부르는 견해⁴⁸⁴가 있으나 아리스토텔레스가 말한 데모크라시를 시민정이라고 해도 무방하다고 본다.

아리스토텔레스는 시민정을 아래 다섯 가지로 구분한다.

첫째, 부자와 빈민이 평등하다는 원칙이 지배하는 시민정. 이것이 당시 아테네의 시민정이었고 적어도 시민계급에 관한 한 현대 시민정과도 일치한다.

둘째, 일정한 재산을 가진 자들에게 재산등급에 따라 공직을 배분하는 시민정. 이는 솔론 시대의 시민정이었으나 그 후의 시민정은 물론 현대 시민정과도 다르다.

셋째, 결격사유가 없는 시민이면 누구나 공직에 참여하되 법이 지배하는 시민정. 그러나 이는 현대 시민정과는 다르다.

넷째, 모든 시민이 공직에 참여하되 법이 지배하는 시민정.

다섯째, 법이 아닌 시민이 최고 권력을 갖는 시민정. 그러나 이는 현대 시민정과는 다르다.

아리스토텔레스는《정치학》4권 6장에서 이를 다시 설명한다. 먼저 빈민은 "수입이 없어서" "실제로 국정에 참여"하지 못한다고 본다.[485] 이어 셋째 시민정의 경우에는 결격사유를 가문으로 설명하고, 다섯째 시민정의 경우에는 대중을 빈민으로 본다. 그러나 이 역시 적어도 자유민인 시민계급의 경우 빈부에 관계없이 참정권을 가졌던 아테네 시민정의 현실과는 무관한 주장이다.

국가통치권의 3요소

흔히 권력분립론의 기원을 몽테스키외에서 찾지만, 그 사상적인 기원은 아리스토텔레스까지 소급될 수 있고, 실제로 고대 그리스의 정체에서는 3권이 구분됐다. 아리스토텔레스는《정치학》4권 14장에서 "모든 정체에는 세 부분이 있"는데 첫째 "공무에 관해 심의하는 부분", 둘째 "공직에 관한 부분", 셋째 "재판에 관한 부분"이라고 했다."[486]

여기서 아리스토텔레스가 정체의 중요한 요소로 입법권을 그 세 가지 중의 하나로 보지 않고, 대신 입법권을 포함한 여러 공무에 대한 심의를 그 하나로 보았다는 점이 주목된다. 그것은 "전쟁과 평화, 조약의 체결과 폐기, 입법, 사형, 재산몰수, 공직자 임명, 임기 만료 시 공직자들에 대한 감사"다. 이를 광의의 입법권이라고 볼 수 있다.

아리스토텔레스는 이러한 공무에 대한 결정권을 시민정의 경우 시민 전체가 갖고, 부자정의 경우 몇 사람이 가지며, 엘리트정과 중산정의 경우 일부는 시민, 일부는 공직자가 갖는다고 보았다.[487] 그러나 아리스토텔레스는 시민정의 심의에 부자정의 법정관행, 즉 "법정에 출석하는 것이 바람직한 자들에게 결석 시 벌금을 부과함으로써 출석을 강요"하는 방식이 바람직하다고 하여[488] 부자정 방식에 찬성했다.

이어 집행권과 재판권에 대해서 각 정체마다의 특징을 설명한다.

혁명과 정체변혁

아리스토텔레스는 《정치학》 5권 '혁명과 정체변혁의 원인들'의 1장에서는 평등에 대한 견해 차이에서 여러 정체가 생겨난다고 하고 그것을 반란의 원인으로 설명하면서 시민정이 부자정보다 내분의 위험에 약하다고 한다.[489] 이어 여러 정체가 전복되는 이유와 정체를 보존하는 방법을 설명한다. 심지어 11~12장에서 독재정의 보존 방법도 설명한다.[490]

다음 《정치학》 6권에서는 시민정과 과두정의 구성과 유지의 방법을 설명하는데 앞에서 설명한 것들이 반복되기에 달리 설명할 것이 없다. 가령 제4장에서는 시민정의 시민 중에서 직공, 상인, 품팔

이꾼이 어떤 탁월성도 필요 없기 때문에 가장 저질이라고 한다.[491]

직업

아리스토텔레스는 《정치학》 7~8권에서 교육을 논의한다. 먼저 7권 1장에서 그는 "최선의 정체가 무엇인지 제대로 연구하려면 가장 바람직한 삶이 무엇인지부터 규정해야 한다"고 하고 "행복한 사람" 은 "외적인 선, 몸의 선, 혼의 선"을 모두 갖추어야 한다고 말한다.[492] 그러나 "외적인 선, 몸의 선"은 "혼의 선"을 위한 것이다.[493] "외적인 선"에는 출신 성분, 외모, 자식, 친구 등이 포함된다고 한다.

아리스토텔레스는 《정치학》 3권 13장에서 "집안이 좋은 자들은 집안이 나쁜 자들보다 더 완전한 시민"[494]이라고 하는데 이를 우리가 받아들일 수 없음은 물론이다.

마찬가지로 그가 《니코마코스 윤리학》 1권 8장에서 "용모가 아주 추하거나 좋지 않은 태생이거나 자식 없이 혼자 사는 사람은 온전히 행복하다고 하기 어려우며, 더 어렵기는 아마도 아주 나쁜 친구들과 나쁜 자식들만 있는 사람, 혹은 좋은 친구들과 자식들이 있었지만 지금은 죽어서 없는 사람들일 것"[495]이라고 한 것도 용납하기 어렵다.

이어 7권 1장에서 그는 이상국가의 조건에 대해 설명한다. "인구가 너무 많은 국가는 잘 다스려지기가 불가능하지는 않다 하더라도 어렵다."[496] 또 "국가도 인구도 너무 작으면 자급자족할 수 없다."[497] "따라서 한 인구의 최적 인구수는 자급자족적인 삶을 가능하게 해주되 전체를 쉽게 개관할 수 있는 범위 내에서 최대 다수임이 분명하다."[498] 영토의 경우도 마찬가지 원칙이 지배한다. 즉 "주민들이 절제를 지키며 자유롭게 여가생활을 즐길 수 있을 만큼 커야 한다."[499]

다음 8장에서는 국가의 구성원으로 농부, 장인, 군인, 상인, 성직자, 재판관을 든다.[500] 이러한 6종의 직업은 4권 4장에서 들었던 8종의 직업[501]에서 노동자와 관리를 제외한 것이다. 시민 모두가 모든 직업을 수행해야 하느냐에 대해 그는 시민정의 경우 모두가 모든 기능을 맡지만 부자정의 경우에는 반대라고 한다.[502] 따라서 모든 사람이 동시에 수행해서도 안 되고 수행할 수도 없다[503]고 한 것이 아니다.

아리스토텔레스는 최선의 정체의 경우 시민이 직공이나 상인의 삶을 살아서는 안 된다고 한다. "천하고 탁월성에 반하기 때문이다."[504] 또 "탁월성의 계발을 위해서도 정치활동을 위해서도 여가가 필요하기 때문"에 "농사를 지어서도 안 된다"[505]고 한다.

정체의 목표인 행복

아리스토텔레스는 《정치학》 7권 13장에서 탁월성을 좋은 것과 나쁜 것으로 타고난 사람을 구별한 뒤 "행복은 활동이자 탁월성의 상대적이 아니라 절대적인 실현"이라고 말한 《니코마코스 윤리학》 1권 7장에서 한 말을 되풀이한다. "여기서 '상대적'이란 그때그때의 필요에 따르는 것을 말하고, '절대적'이란 그 자체로서 선한 것을 말한다."[506] 가령 처벌과 응징은 상대적인 것이고, 명예와 재산은 절대적인 것이라고 한다.

아리스토텔레스는 "훌륭한 사람이란 자신의 탁월성 때문에 절대적으로 선한 것만을 선하다고 여기는 사람이다. 따라서 그의 태도도 절대적으로 선하고 고상할 수밖에 없는 것이다"[507]라고 한다. 그리고 훌륭함을 위해 교육이 필요하다고 한다.

아리스토텔레스가 말하는 교육은 그가 말한 시민, 즉 극히 제한된 소수의 주민을 대상으로 한 것임을 주의해야 한다. 이는 아이들이 "유용한 활동에 참여하되 그로 인해 직공이 되지 않을 만큼만 참여해야 한다"는 그의 말에서 알 수 있다.

여기서 '직공'이란 비천한 인간을 말하는데 그것은 "몸을 망가뜨리는 모든 기술과 돈 받고 하는 일"이고 "자신이나 친구들을 위해 또는 탁월성 때문에 행하는 것은 자유민답지만, 같은 행위라도 남들을 위해 행하면 흔히 품팔이꾼이나 노예다운 일로 간주될 것"[508]이라고 한다. 따라서 아리스토텔레스는 실용적 교육을 경멸한 점에서 플라톤과 마찬가지일 뿐 아니라 그 정도는 플라톤보다 더 심각하다.[509]

아리스토텔레스에 의하면 "여가는 즐거움과 행복과 복된 삶을 자체에 내포하고 있는 것"으로 "노동하는 자가 아니라 여가를 즐기는 자에게 주어진다. 왜냐하면 노동하는 자는 아직 달성되지 않은 목표를 향해 노동하는데, 행복은 하나의 목표이며, 행복에는 고통이 아닌 즐거움이 수반되"기 때문이라는 것이다.[510]

9장 | 다시 무엇이 문제인가?

다시 샌델에 대해

앞에서 한 이야기를 일부 반복하고 되새김질하면서 무엇이 문제인가를 다시 생각해보자.

샌델의 《정의란 무엇인가》의 번역서는 한국에서 2010년 7월에 종합 베스트셀러 1위에 올라 12주 동안 그 지위를 유지했고, 출판된 지 5개월 만인 10월 말까지만 해도 50만 부가 판매됐다고 한다. 그 이유가 무엇인지는 정확하게 알 수 없으나, 내가 보기에는 그 전에 출판됐지만 거의 팔리지 않았던 그의 다른 책과 《정의란 무엇인가》 사이에 아무런 차이도 없으니 내용상의 이유로 《정의란 무엇인가》가 그렇게 많이 팔린 것 같지는 않다.

머리말에서도 말했지만 이명박 대통령이 이 책을 읽고서 새로 국정지표를 만들었다느니 정의에 관한 샌델의 강의가 하버드대학의 대표적인 명강의라느니 하는 소문이 한국에서 이 책이 많이 팔리도록 작용했을 것이다. 과거에 시오노 나나미의 책 등의 경우처럼 관공서, 기업, 학교 등에서 이 책을 대량으로 구입했을 가능성도 있다. 일각에서는 한국인에게 '정의란 무엇인가'라는 질문이 너무나 절실했기 때문에 이 책이 베스트셀러가 됐을 것이라는 견해도 나오는 모양이지만, 나는 어떤 문제가 아무리 절실하다고 해도 그것을 책을 통해 해결하려는 사람이 한국에 50만 명 이상이나 있다고는 생각하지 않는다.

그런데 나는 샌델이 지지하는 아리스토텔레스의 정의론을 포함한 그의 사상이 지금 우리에게는 아무런 지침도 주지 못하고 도리어 유해한 영향을 줄 수 있다고 생각한다. 앞에서 설명했듯이 아리스토텔레스가 말한 분배적 정의니 교환적 정의니 하는 것들은 지금 우리가 정의라는 문제와 관련된 문제들을 푸는 데 아무런 도움도 되지 못한다. 도리어 내가 앞에서 정리했듯이 아리스토텔레스의 정의론이 "돈이 곧 정의"라고 주장하는 것이라면 그것은 우리에게 참으로 유해하다고 하지 않을 수 없다.

우리가 상식적으로 생각할 수 있는 정의의 원칙은 그 이념, 절차, 내용의 세 가지 측면에서 각각 다음과 같다. 첫째, 정의의 이념은 인간이면 누구나 존엄한 존재이니 인간다운 삶을 살아야 하고 그 삶은 자유와 평등에 입각해야 한다는 것이다. 둘째, 정의의 절차는 법을 포함해 미리 정해진 규범을 지키는 것이고, 특히 모두에게 공정한 공직시험제도를 실시하는 것이다. 셋째, 정의의 내용은 경쟁의 출발선에서 각자의 의사와 무관한 조건을 가능한 한 없애 공정하게 조건을 부여하고, 경쟁의 결과로 생기는 승패에 따른 배분을 가능한 한 공정하게 조정하는 것이다.

이러한 세 가지 기준에서 보면 노예를 '타고난 노예'로 분류해 노예에게는 인간으로서의 가치조차 부정할 뿐만 아니라 노동자, 농민, 기술자, 여성, 아동, 외국인 등에 대해 불평등한 차별을 인정하는 아리스토텔레스의 태도는 우리 헌법에도 규정된 평등의 원칙에 명백하게 어긋난다. 아리스토텔레스는 시민이면 누구나 공직에 취임할 수 있는 아테네의 공직 평등주의를 비판하고 공직에 취임할 수 있는 권리를 엘리트에게 한정해야 한다고 주장한다. 이런 주장은 최근의 한국과 같은 상황, 즉 교육의 실질적 불평등이 공직과 전문직의 세습화를 초래하는 상황을 합리화하는 논리가 될 수 있다는 점에서 위험하다. 아리스토텔레스는 공직에 취임할 권리를 엘리트에게 한정해야 한다는 주장의 근거로 엘리트의 '타고난' 조건이 우월함을 내세운다. 이런 점에서 그가 말하는 정의는 승패에 따른 배분을 조정해야 할 필요성을 인정하지 않는 것이므로 현대적인 정의의 문제를 해결하는 데는 아무런 도움도 못 되고, 도리어 대단히 보수적인 반(反)정의가 될 수 있다는 점에서 지극히 위험하다. 이렇게 볼 때 아리스토텔레스의 정의론은 계급차별적이고 배타적인 엘리트 지배주의를 정당화하는 논리에 불과하다.

게다가 한국에서는 아리스토텔레스가 강력한 국가(우월)주의를 내세운다는 점에서 특히 더 위험하다. 서양에서는 오랜 민주주의의 역사를 통해 국가주의가 그동안 상당히 완화됐으나, 한국에서는 오랜 반민주주의의 역사와 전근대적인 전통이 일제강점기, 군사독재기, 경제독재기를 거치면서 개발주의 내지 경제주의와 연결된 국가주의와 강고하게 결합했다. 이에 따라 21세기에 들어서도 한국은 다른 어느 나라에서도 볼 수 없는 강력한 국가주의를 보여주고 있다. 이러한 한국의 국가주의는 북한의 공산주의라는 적을 전제로 하여 가진 자의 자유와 권력을 국가가 승인해주는 측면을 갖고 있어 정경유착에 근거한 특권주의 내지 연고주의를 초래했다.

이명박 정권이 고소영(고려대—소망교회—영남)이니 강부자(강남 땅부자)니 하는 말로 지칭되는 특권층과 부유층 연고관계에 해당하는 인사들 중심으로 짜였다는 사실은 누구나 알고 있다. 아리스토텔레스의 정체론에 따르면, 아무리 좋게 보아주어도 이명박 정권은 시민정 수준에도 미치지 못하는 부자정 정도에 불과하다. 스트라우스를 잇는 네오콘들이 북한과 이란을 독재정이라고 비판했지만, 적어도 북한은 사회주의를 표방하기를 중단하지 않는 한 아리스토텔레스가 말하는 독재정과는 다른 것으로 볼 수도 있다.

그런데 학자들은 아리스토텔레스의 사상에 내포된 위와 같은 본질적인 문제점에 대해서는 좀처럼 논의하지 않고, 아리스토텔레스가 쓴 책들과 그를 잇는 사람들이 쓴 책들을 위대한 고전으로 칭송하면서 우리의 아이들이나 대학생은 물론이고 국민 모두가 필독해야 하는 교양서인 것처럼 말한다. 나는 그들의 그런 말을 도저히 용납할 수 없어서 이 책을 썼다. 그런 학자들은 아리스토텔레스가 모든 사람에게 똑같이 적용되는 '국가와 정치, 그리고 행복'에 대해 말했다는 식으로 설명한다. 물론 지금은 노예가 없고 남녀간 평등도 어느 정도 확보되어 노동자나 철학자나 남자나 여자나 모두 평등한 인간이다. 따라서 아리스토텔레스가 당시의 철학자에 대해 한 말이 이제는 모든 사람에게 적용된다고 말하는 이들도 있을지 모른다. 그러나 아리스토텔레스에게 철학자란 노동의 의무에서 완전히 벗어난 사람이었고, 지금도 극소수의 엘리트만이 그런 사람이다. 오늘날 우리가 철학자라고 지칭하는 사람들은 대부분 대학 등에 고용된 노동자이므로 아리스토텔레스가 말한 '노동에서 제외된 자'가 아니다. 오늘날 노동에서 제외된 자들로 구성되는 엘리트는 엄청난 부동산을 갖고 있는 불로소득자 집단이다. 사실 아리스토텔레스가 살던 시대의 엘리트도 엄청난 부동산을 갖고 있으면서 그것을 노예로 하여금 경작하게 해 거기서 나오는 수입으로 무위도식하는 사람들이었다. 아니, 그들이 철학과 정치를 했다고 하니 '무위도식'이라고 할 수는 없겠고 '철학도식' 내지 '정치도식'이라고 해야 할지도 모르겠다.

  아리스토텔레스가 그런 극소수 엘리트에게 해당하는 것으로 말한 것들이 현대에는 모든 사람이 향유해야 하거나 향유할 수 있다는 이유로 샌델과 같은 학자들이 아리스토텔레스가 모든 인간에게 보편적으로 적용되는 것들을 말했다고 이야기하는 것은 문제가 있다. 그렇게 이야기하는 것은 옛날의 궁중요리를 지금은 모든 사람이 먹을 수 있게 됐다고 해서 한국의 보편적 전통요리라고 이야기하고, 옛날의 궁중 혼인예법을 지금은 모든 사람이 궁궐에 가서 결혼식을 하면서 따를 수 있게 됐다고 해서 한국의 보편적 전통예법이라고 이야기하는 것과 같다. 또한 옛날에 양반들이 살던 기와집이나 그들이 사용하던 문방구, 가구, 도자기, 서화 따위를 한국의 전통주택이나 전통예술이라고 떠받들면서 그런 것들을 되살려야 한다고 이야기하는 것과 같다. 그렇게 이야기해서 나쁠 게 무엇이냐고 할 사람이 있을지도 모르겠다. 내 말은 그렇게 이야기하는 게 나쁘다는 것이 아니라, 과거에 궁중에 속했던 것들은 왕과 왕족이라는 소수만이 누렸던 것이고 과거에 양반이 가지고 있었던 것들은 양반과 그 가족만이 누렸던 것임을 분명히 알아야 한다는 것이다. 이와 마찬가지로 아리스토텔레스가 한 이런저런 말들도 당시의 극소수 엘리트에 대해서 한 말이었음을 분명히 알아야 한다. 따라서 아리스토텔레스가 한 말이 마치 모든 사람에게 평등하게 적용되는 말인 것처럼 이야기해서는 안 된다.

아리스토텔레스는 물론이고 그의 스승인 플라톤과 플라톤의 스승인 소크라테스도 당대에 극히 제한된 수의 시민만이 참여할 수 있었던 계급차별적인 시민정에 대해서조차 반대하고 그들 자신처럼 철학을 하는 엘리트만이 세상에 대한 지배권을 가져야 한다고 주장했다. 이 점에서는 세 사람 사이에 아무런 차이도 없었다. 그런데 이는 그냥 옛날이야기로 끝나는 것이 아니다. 지금 네오콘을 비롯한 극단적 보수주의자들이 아리스토텔레스, 플라톤, 소크라테스를 내세우고 이용하고 있기 때문이다.

다시 네오콘에 대해

앞에서 나는 스트라우스 등의 네오콘이 소크라테스, 플라톤, 아리스토텔레스를 높이 평가하면서 동시에 현대 사상가인 니체, 하이데거, 슈미트를 높이 평가한다는 점을 지적했다. 먼저 니체에 대해 간단히 살펴보자. 스트라우스가 니체를 내세운 것은 근대적 이성과 자유주의가 서구문명에 위기를 초래했고 '진리가 없다'는 것이 '진리'인데 대중이 이런 사실을 알게 되면 '도덕'의 기반이 무너지므로 대중에게는 그것을 숨겨야 한다고 한 니체의 주장에 입각해 자유주의를 비판하고 '도덕'을 다시 일으켜 세우고자 한 것이었다.

러셀도 지적했듯이 니체가 말한 '초인'은 아리스토텔레스가 말한 '포부가 큰 인간'에 해당하는 것이다.[511] 그런데 니체는 아리스토텔레스를 사기꾼이라고 욕했다. 니체는 피타고라스를 제외한 소크라테스 이전의 그리스 철학자들을 좋아했고, 그중에서도 특히 앞에서 내가 반민주주의자라고 말한 헤라클레이토스를 좋아했다. 니체는 소크라테스를 비천한 서민 출신으로서 민주주의와 도덕이라는 편견으로 아테네의 엘리트층 젊은이들을 타락시켰다고 비난했다. 그러나 이는 니체가 소크라테스를 잘 모르고 한 소리다. 플라톤의 대화편에서 소크라테스가 말한 철인정은 니체가 말한 초인정과 흡사한 것이다. 니체는 소크라테스, 플라톤, 아리스토텔레스와 달리 국가주의자는 아니었으나 군사주의적 영웅주의자, 엘리트주의자라는 점에서 본질적으로는 국가주의자와 유사했다.

니체가 말한 초인이나 소크라테스와 플라톤이 말한 철인이나 아리스토텔레스가 말한 포부가 큰 인간은 특별한 엘리트만 될 수 있는 존재다. 그 밖의 대다수 민중은 소수 엘리트의 탁월함을 돋보이게 하는 존재에 불과하고 다수는 소수를 위해 희생돼야 한다는 것이 소크라테스, 플라톤, 아리스토텔레스의 생각이었다. 따라서 그들의 눈으로 보면 디오게네스와 그의 후예인 아나키스트, 사회주의자, 민주주의자는 경멸의 대상이 된다.

스트라우스는 니체 외에 하이데거도 좋아했다. 스트라우스는 하이데거가 근대 이성에 대항하는 개념으로 '단호함'을 내세웠으나 그 지향점을 명시하지 못해 나치에 이용됐다고 지적하고, 그것은 '진리'에 대한 단호함이어야 한다고 주장했다. 하이데거의 이런 주장은 '진리'는 없다는 니체의 주장과 배치되는 것처럼 보인다. 그러나 좀 더 들여다보면 그가 말한 '진리'는 니체가 플라톤을 찬양하면서 말한 "단지 하위계층의 질서 유지를 목적으로 하여" 가르쳐진 '탁월성'과 같은 것임을 알 수 있다. 스트라우스는 그것을 '자연권'이라는 개념과 연관시켜 설명했다. 그러나 그 본질은 물론 대중을 사기 치기 위한 '고귀한 거짓말'에 불과하다. 우리가 앞에서 소크라테스, 플라톤, 아리스토텔레스의 사상을 검토하는 과정에서 수없이 언급된 '탁월성'이라는 말의 정체가 무엇인지가 여기서 드러난다.

슈미트도 하이데거가 말한 '단호함'과 유사한 개념인 '결단주의'를 내세웠고 그 역시 나치에 의해 이용당했다고 네오콘은 본다. 슈미트는 정치를 '적과 동지'의 관계로 보았는데, 이런 그의 생각도 스트라우스를 비롯한 네오콘에게 영향을 미쳤다. 9.11 사건 이후에 부시 미국 대통령이 애용했던 '적과 친구의 구분'은 그 연원을 슈미트에게서 찾을 수 있다.

 나는 이미 소크라테스, 플라톤, 니체가 민주주의자가 아니라고 주장하는 책들을 썼다. 그 책들 가운데 니체에 관한 책에 대해서는 니체가 그럴 수밖에 없었던 이유를 설명하는 니체 전문가의 책이 나온 바 있지만 소크라테스에 관한 책과 플라톤에 관한 책에 대해서는 아직 전문가의 반론이 나오지 않았다. 여하튼 나는 소크라테스, 플라톤, 아리스토텔레스, 니체는 민주주의자가 아니니 그들을 숭배하는 자는 민주주의자일 수가 없다고 본다.

 흔히들 플라톤이 서양의 사상과 학문의 근원이라고 하면서 그의 저술을 '최고'의 고전으로 치지만, 그 '최고'라는 말은 가장 높다는 의미의 '최고(最高)'가 아니라 가장 오래됐다는 의미의 '최고(最古)'로 받아들여야만 그러한 평가가 타당하게 된다고 나는 생각한다. 아렌트와 포퍼도 이런 내 생각을 뒷받침해준다. 여전히 플라톤을 '최고(最高)'로 치고 그를 따르는 서양인들이 수도 없이 많고 우리나라에도 그들의 아류가 수도 없이 많지만, 플라톤이나 그들이나 민주주의자가 아닌 것은 마찬가지이므로 우리는 더 이상 그들을 중시할 필요가 없다.

 아렌트의 이야기를 좀 더 들어보자. 아렌트는 플라톤이 지배의 원리를 발견했다고 말한다. 플라톤이 의사와 환자 사이의 관계에서 "전문지식이 신뢰를 압도하기 때문에 순종을 이끌어내는 데 힘이나 설득이 불필요"하고, 주인과 노예의 관계에서 "주인은 무엇이 행해져야 하는가를 알고 노예는 명령을 수행하고 복종"하는 데서 지배의 원리를 발견했다는 것이다. 즉 플라톤은 "이처럼 뚜렷한 불평등의 예에서만 권력을 장악하거나 폭력수단을 소유하지 않고도 지배권을 행사할 수" 있음을 발견했다.[512] 따라서 그러한 지배의 원리는 폴리스 내 가정이라는 사적 영역에서 나온 것이며, 그것을 통해 플라톤은 폴리스를 거대한 가정으로 변형시키려고 했다고 아렌트는 지적한다.[513] 이어 그는 이렇게 말한다. "공적 문제에서 '행동'의 규칙은 질서 잡힌 가정의 주인과 노예의 관계에서 획득되어야 한다는 플라톤의 주장은 실제로는 '행동'이 인간사에서 어떤 역할도 하지 말아야 하는 것을 의미한다."[514]

플라톤이 주장한 철인지배의 강제력은 불평등에서 나오는 것이 아니라 철학자만이 아는 '인간행동의 척도'라는 이데아에서 나오며, 플라톤이 보기에 이것이 바로 지배수단이 된다.[515] 플라톤이 말한 '인간행동의 척도'라는 이데아 개념은 그 뒤로 서양 정치사상에서 '자연법'이나 '신의 명령' 같은 개념으로 변형되면서 모든 권위주의적 정부형태를 정당화하고 철학자지배=전문가지배를 정당화했다.[516] 그리고 "그 철학자가 오직 한 명일뿐이라면 그의 탐색은 최고의 진리를 관조하는 것으로 종결된다."[517] 그러면 관조는 발언과 행동에 대해 절대적인 우위를 갖게 되고, '관조적 삶'이 '활

동적 삶'을 지배하게 된다고 아렌트는 말한다.[518]

아렌트가 보기에 플라톤의 제자인 아리스토텔레스는 플라톤의 이데아론이나 이상국가론을 거부하여 플라톤보다는 민주주의에 가까운 쪽으로 이동했지만, 그 역시 플라톤과 마찬가지로 '관조적 삶'을 '활동적 삶'보다 우월시하고[519] "진리의 관조를 최고의 서열에 두었다."[520] 또한 아리스토텔레스는 플라톤과 비슷하게 정치를 '행동'에 수반되는 것이 아니라 '제작'에 수반되는 것으로 봄으로써 정치를 입법과 동일시했다. 플라톤과 아리스토텔레스는 "제작의 양식으로 정치 문제를 취급하고 정치체제를 지배할 것을 최초로 제안했다."[521] 이런 아리스토텔레스의 관점은 고대 그리스에서 폴리스의 시민들이 갖고 있었던 관점과 다르다. 폴리스의 시민들은 입법을 정치와 같은 것으로 보지 않고 정치의 결과에 불과한 것으로 보았다.[522]

최근에 우리 사회에 만연한 '교양 무드'나 '고전 읽기 유행'에 대해 나는 그 자체가 잘못된 것이라고 보지는 않는다. 그러나 교양이나 고전이 무비판적으로 상업적이고 권위적으로 유행하는 것은 문제가 있다고 본다. 미국에서 네오콘이 부각된 것은 일류대학의 엘리트들 사이에 현대의 민주주의와 평화주의 사상에 역행해 고대의 비민주주의 내지 제국주의 사상을 재홍시키고자 하는 의도가 바탕에 깔린 고전 읽기 캠페인과 직접적인 연관성이 있다. 우리나라에서도 그와 비슷한 현상이 1970년대 초에 일어난 적이 있다. 유신헌법에 기반을 둔 독재권력이 기승을 부리던 그 시절에 플라톤의 책과 그리스신화 따위를 읽도록 부추기는 운동이 펼쳐졌다. 최근의 보수적인 고전 읽기가 반드시 그런 것과 같다고 할 수는 없겠지만, 이 역시 무비판적인 고전 찬양으로 흐른다면 대단히 위험한 것이라고 나는 생각한다. 1970년대에 펼쳐진 보수적인 고전 읽기 운동은 유명무실하게 끝났으나, 그 뒤로도 무비판적인 고전 읽기의 중요성은 면면히 강조돼왔고 실제로 그런 식의 고전 읽기가 계속 이어졌다. 그래서 나는 계몽적인 차원에서 이런 책을 쓸 필요가 있다고 생각했다. 특히 디오게네스를 진지하게 다룬 책이 나온 적이 없는 것은 물론이고 아리스토텔레스를 비판적으로 다룬 책도 나온 적이 없기 때문이다.

다시 그리스 시민정에 대해

내가 앞에서 그리스 시민정에 대해 비판했으나 시민정 그 자체의 가치를 부정하는 것은 아니다. 고대 아테네의 인구는 기껏해야 우리의 군 정도에 불과한 20만~30만 명 정도였고, 그중에서도 인간대접을 받는 시민(성년남성)은 약 2만~3만 명에 불과했다. 따라서 시민만으로 치면 고대 아테네는 우리의 면 또는 꽤 큰 종합대학 정도일 뿐이었다. 그런 아테네를 '국가'라고 하니 우습기는 하지만 일단 그렇게 불러주자. 그러나 다시 생각해보면 그것이 그저 우습기만 한 것은 아니다. 우리도 2만~3만 명 정도가 사는 면이나 대학을 하나의 정치단위로 본다는 의미에서 '국가'라고 부르기로 한다면 얼마든지 그렇게 할 수 있기 때문이다.

여하튼 고대 아테네에서는 2만~3만 명 가운데 모일 수 있는 사람들이 한 달에 서너 번 정도씩 모여(매년 40회) 하루 종일 정치를 했다. 그들이 모이는 곳은 1만 4천 명 정도가 앉을 수 있는 민회 광장이었다. 우리의 경우에 빗대어 말해본다면, 여의도에 국회의사당이 있었던 것이 아니라 여의도 광장이 국회였던 것이다. 우리도 300명 정도가 아니라 1만 4천 명을 국회의원으로 뽑아 여의도에서 국회를 열어보면 어떨까? 촛불집회 같은 국회를 열어보는 것이다. 사실 고대 그리스에서 시민정의 핵심이었던 민회는 우리의 촛불집회와 다를 게 없었다. 그리고 그것은 주권을 가진 국민이 직접 참여하는 참된 민주주의의 구현이었다.

지금도 그렇지만 그때에도 사람들이 모두 사느라 바빠 민회에 모이는 사람 수는 5천~6천 명 정도에 그쳤다. 그것도 모두 자발적으로 모인 것이 아니었다. 경우에 따라서는 집행관들이 저자에서 노니는 사람들을 동아줄로 묶어 민회 광장으로 끌고 오기도 했고, 민회에 참여하는 사람들에게 출석수당을 주어 참여를 유인하기도 했다. 이런 것을 두고 진정한 민주주의라고 말하기는 어려울지 모르지만, 모두 다 그랬던 것은 아니고 대부분은 자발적으로 민회에 참여했다.

광장에서 열린 민회에서는 누구나 말을 할 수 있었고, 실제로 말을 한 사람은 면세의 특권을 누렸다. 그러니 누구나 민회에서 말을 하고 싶어 했으리라. 여하튼 민회는 법안 의결, 전쟁 선포, 조약 인준, 공직자에 대한 통제, 매년 10명의 군사령관 선출 등 국정에 관한 거의 모든 권한을 행사했다. 말하자면 우리의 국회와 진배없었다.[523]

그런가 하면 행정부인 평의회는 행정 일을 하고 싶어 하는 시민 중에서 추첨으로 선발된 500명으로 구성됐고, 매일 회의를 열어 국사를 처리했다. 평의회 의원의 임기는 1년이었다. 그 의장은 매일 아침 다시 선출됐고, 그가 민회의 의장도 겸했다. 따라서 대통령과 국회의장을 겸하는 중책의 목숨이 겨우 하루살이였던 것이고, 1년이면 평의회 의원 500명 가운데 365명이 돌아가며 그 중책에 앉았다. 그리고 그것은 평생 한 번만 할 수 있었다. 당시의 평균수명이 몇 살이었는지는 모르겠으나(소크라테스는 70세, 플라톤은 76세, 아리스토텔레스는 62세에 각각 사망했으므로 장수한 폭이었지만 다 그렇지는 않았다) 대충 50세로 잡으면 18세부터 50세까지 32년간 약 1만 2천 명이 대통령을 했던 셈이니 2만 명 중 절반 이상이 대통령을 지낸 것이다. 즉 국민 두 사람 중 한 사람은 대통령이 될 수 있었다.

공무원과 법관으로도 누구나 추첨으로 뽑히면 1년씩 근무할 수 있었고, 다만 재선은 불가능했다. 특히 법관은 시민 2만~3만 명 중 6천 명에 이르렀다. 적어도 5명 중 1명이 판사였던 셈이다. 4천만 명이 넘는 인구 중 법관이 1천 명 겨우 넘는 우리로서는 상상도 못할 일이다. 따라서 시민 중 절반은 대통령과 국회의장이 되고 나머지는 공무원과 법관이 됐던 셈이니 시민의 거의 전부에게 공직출세가 보장됐다. 그러나 그 공직은 무보수 명예직이어서 돈벌이가 되는 것은 아니었다.

그렇다면 당장 의문이 생긴다. 시민이 모두 다 공직을 맡을 수 있을 정도로 똑똑했을까? 사실 똑똑했다. 왜냐하면 시민은 모두 6세부터 18세까지 매일 학교에서 공부를 했기 때문이었다. 시민 2만~3만 명이 모두 고등학교를 졸업한 셈이었다. 그것도 우리처럼 쓸모도 없는 것을 잔뜩 외우는 공부가 아니라 그야말로 실용적인 것을 배우는 공부였다. 교육에서 특히 웅변술이 중시됐으니 12년간의 교육을 마치고 나면 누구나 말을 잘했으리라. 그리고 2년간 군대에 복무했고 60세까지 징집상태에 있었으니 누구나 용감하기도 했겠다.

그러나 시민이 똑똑하고 용감한 것만으로 폴리스가 유지되는 것은 아니었을 것이다. 모두가 어느 정도는 먹고 살 수 있어야 했을 것이다. 당시에도 빈부격차가 있었지만 지금 우리나라와 같은 정도로 양극화된 빈부격차는 아니었고, 모두 다 검소하게 살았으니 빈부격차가 있었어도 별로 문제가 되지 않았다. 게다가 허드렛일은 노예들이 담당했기 때문에 시민이면 적어도 그런 허드렛일, 현대식으로 말하면 3D업종으로부터는 해방됐다. 따라서 세이빈이 말한 것처럼 아테네 시민의 대다수가 농공상인으로서 "일하면서 생계를 꾸려나갔음에 틀림없으며, 그들에게는 달리 생계를 유지할 방도가 없었다."[524]고 볼 수 없다. 반대로 아테네 시민을 유한계급으로 보고, 그들의 정치철학을 고된 노동에서 해방된 유한계급의 계급철학으로 볼 수는 없다. 플라톤과 아리스토텔레스는 시민이 정치에 헌신할 수 있게끔 육체노동은 모두 노예가 하도록 하는 것이 바람직하다고 주장했지만, 이는 어디까지나 그들의 희망사항에 불과한 것이었고 현실은 그렇지 않았다. 이런 점에서 한나 아렌트가 묘사한 고대 그리스의 모습은 그 실제의 현실과 다른 것이다.

중요한 문제로 전쟁의 걱정이 없었느냐 하는 점을 알아볼 필요가 있겠다. 가령 우리나라는 강대국의 역사에 시달린 역사를 가지고 있는데, 고대 아테네도 그랬을까? 사실 우리나라의 옆에 중국과 일본이 있었듯이 고대 그리스의 옆에는 강대한 페르시아 제국과 이집트 제국 등이 있었다. 우리가 중국인을 되놈, 일본인을 왜놈이라고 욕했듯이 그리스인은 페르시아인과 이집트인을 야만인이라고 욕했다. 특히 페르시아와는 전쟁을 치렀다. 우리 군대의 사령관들은 절대로 믿지 않겠지만, 고대 그리스군은 10명의 사령관이 매일 돌아가며 지휘를 맡고 서로 토론에 토론을 거듭하면서 페르시아와 전쟁을 해서 크게 이겼다. 그 승전을 알리기 위해 기원전 490년에 한 그리스 병사가 42킬로미터를 3시간 만에 뛴 것이 마라톤의 기원이다.

앞에서 설명한 고대 아테네의 민회나 평의회를 그로부터 2500년이 지난 지금 우리나라에 도입하자고 하면 세상이 시끄러워질 것이다. 가령 4500만 명을 3만 명씩으로 나누어 1500개의 지역을 만들고, 각 지역마다 1년에 40회씩 시민 전체가 참여할 수 있는 회의를 열어 중요한 안건을 처리하게 하고, 나머지 일들은 3만 명의 시민 가운데 500명을 추첨하여 그들로 하여금 매일 회의를 열어 처리하게 하는 제도를 도입해 실행하는 것이 우리에게 가능할까? 과연 촛불집회를 국회의 기능을 대신 하는 기구로 만들 수 있을까?

그런데 민회나 평의회보다 우리나라 사람들이 이해하기가 더욱 어려운 것은, 그러니까 도입해 실행하기는 고사하고 이해하는 단계에서부터 문제가 있으리라고 생각되는 것은 고대 아테네의 시민법원이다. 왜냐하면 우리에게는 민중이 재판을 담당해본 경험 자체가 없고, 따라서 그런 것은 생각조차 하기 어렵기 때문이다. 이런 맥락에서 나는 우리의 사법제도가 근본적으로 민주주의적이지 않다고 생각한다.

다시 세계시민주의에 대해

나는 이 책에서 오늘날의 세계화에 대해 상세히 언급하지는 않았으나, 그것이 영토경계를 가로지르는 중첩된 권력망을 창출하고 있고, 이 때문에 이제는 더 이상 유효한 정치권력의 활동중심이 각국 정부라고 할 수 없게 됐으며, 그 결과로 기존의 나라별 정치제도나 그것을 기반으로 한 국제적 정치제도는 관할권, 참여, 인센티브, 도덕 등의 측면에서 결함을 갖게 된 것이 분명하다고 생각한다. 그중에서 가장 심각한 문제는 도덕적 결함이다.

지금 전 세계의 인구 중 12억 명 이상이 하루 1달러 미만의 소득으로, 전 세계의 인구 중 46%가 하루 2달러 미만의 소득으로 각각 살아가고 있는 반면에 전 세계의 인구 중 20%가 전 세계의 소득 중 80%를 가져가고 있다. 전 세계의 어린이에게 기초교육을 제공하는 데 연간 60억 달러가 들고, 전 세계에 깨끗한 물과 위생시설을 제공하는 데 연간 90억 달러가 들며, 전 세계에 기본적인 보건의료를 제공하는 데 연간 130억 달러가 드는 반면에 미국에서만 연간 40억 달러가 화장품을 구매하는 데 지출되고, 연간 200억 달러가 장신구를 구매하는 데 지출되며, 연간 170억 달러가 미국과 유럽에서 애완동물을 사육하는 데 지출된다고 한다.[525]

이러한 지구적 차원의 불평등은 자유시장이나 민족주의라는 것에 맡겨둘 수 있는 문제가 아니다. 그것은 오직 세계시민주의의 관점에 입각해서만 해결할 수 있는 문제다. 특히 지구적 일방주의를 주장하는 미국 공화당 우파 또는 네오콘이 내세우는 미국식 모델로는 이 문제를 결코 해결할 수 없다.

맺음말

 이제 결론을 맺자. 이 책은 우리의 현실문제에 대한 대안을 제시하고자 쓴 것은 아니다. 나는 이 책을 통해 예속, 지배, 인위의 원리가 아닌 자유, 자치, 자연의 원리가 우리의 삶, 사회, 세계의 원리가 돼야 한다고 주장하고 싶었다. 그러나 솔직히 말하면, 그렇게 주장하기에 앞서 평생 책 읽고 글 쓰는 일을 하는 한 불쌍하고 초라한 서생의 입장에서 내가 좋아하는 자유의 원조 디오게네스와 그를 싫어했던 사람이기에 내가 싫어하는 예속의 원조 아리스토텔레스를 대비시켜보려고 한 것이 내가 이 책을 쓰게 된 동기다. 그렇게 해서 내가 좋아하는 자유의 원조 디오게네스와 내가 싫어하는 예속의 원조 아리스토텔레스를 그런 모습 그대로 사람들에게 널리 보여주고 두 사람의 차이에 대해 함께 생각해보자고 사람들에게 권유하기 위해 나는 이 책을 썼다.
 물론 나는 디오게네스처럼 모든 것을 버리고 개나 거지처럼 살지도 못하고 있고, 권력이나 화폐를 거부하거나 자족의 자유에 충실하고 자연에 철저히 순응하면서 사해동포주의에 입각해 코스모폴리탄으로 사는 입장도 아니다. 그러나 그와 비슷한 정신으로 살고

자 노력하고 있긴 하다. 반면에 나는 아리스토텔레스처럼 생각하기를 거부한다. 즉 나는 모든 개인이 국가를 위해, 엘리트를 위해 존재해야 하는 것은 아니라고 확신하고, 화폐(돈)가 정의가 돼서는 안 된다고 믿으며, 교육이 비실용적인 철학교육 중심이어야 할 필요가 없다고 생각한다. 그리고 나는 자유와 평등을 핵심으로 하는 인권의 존중에 우리의 정의가 있다고 믿는다. 그러한 정의의 길이 구체적으로 어떤 내용을 갖춰야 하는지에 대해서는 여기서 상세히 말하지 않겠지만, 나는 적어도 그 길이 소크라테스, 플라톤, 아리스토텔레스와 니체, 하이데거, 슈미트, 더 나아가 미국의 네오콘, 한국의 보수주의자들이 말하는 길은 분명히 아니라고 믿는다.

디오게네스와 아리스토텔레스는 모든 면에서 대조될 정도로 서로 다르지만, 둘 다 고대철학사에 이름을 남긴 철학자인 만큼 둘 사이에 공통점도 많이 있다. 가장 중요한 공통점은 돈, 돈, 돈 하는 것에 반대한 것이다. 이 점에서는 둘 다 오늘날 대한민국 사람들의 일반적인 상식이나 삶과는 다르게 생각했고, 다르게 살았다. 하기야 어떤 철학자든 죽으나 사나, 아침이나 저녁이나 돈, 돈, 돈 하는 것에는 반대하리라. 그런데 오늘날 대한민국 사람들은 누구나 돈, 돈, 돈 한다. 이런 점에서 오늘날 이 나라에는 철학이 없다고 해도 과언이 아니다. 지금 대한민국은 철학이 없는 나라, 상식이 없는 나라, 삶이 없는 나라이고 돈, 물질, 경제, 자본이 지배하는 나라가 돼있다.

이래서는 민주주의가 제대로 될 수 없다. 모두가 돈, 돈, 돈 해서야 어찌 민주주의가 제대로 될 수 있겠는가? 또한 헌법에 민주주의와 개인주의가 규정된다고 해서, 그리고 그런 것과 함께 합리주의가 학교에서 가르쳐진다고 해서 민주주의가 제대로 되는 것도 아니다. 전통에 대한 회의, 개인의 가치에 대한 자각, 과학적이고 합리적인 사고와 성찰이 실제로 나타나지 않으면 민주주의가 있을 수 없다. 민주주의를 부정한 소크라테스, 플라톤, 아리스토텔레스는 그 반대를 가르쳤다. 마찬가지로 민주주의를 부정하거나 불신하는 우리나라의 소크라테스주의자, 플라톤주의자, 아리스토텔레스주의자들도 전통이나 체제에 대한 회의, 개인의 가치에 대한 자각, 과학적이고 합리적인 사고와 성찰에 반대한다. 그래서 그들은 그 상징인 '촛불'에 반대하고 그것을 아테네의 '천민민주주의'와 같다고 비난했다. 그들과 달리 나는 아테네의 '민주주의'를 그 제국주의와 계급주의 등의 한계를 인정한 범위 안에서 높게 평가하며, 아리스토텔레스는 그 '민주주의'에 반대한 사람으로 본다. 이를 도표화하면 다음과 같다.

	아테네 민주주의	아리스토텔레스(괄호 안은 유교)의 반민주주의
정체	시민정	독재정
정치주체	시민(농공상)	엘리트, 철학자, 군주(사대부)
정치이념	개인주의	집단주의(국가주의)
정치원리	참여	엘리트 지배
인간상	아마추어	전문가
지식	상식적 실용	전문철학과 신화
사고	합리적 사고	철학적, 종교적, 비합리적 사고
예술	중시	무시

나는 아테네의 시민정을 부정한 소크라테스, 플라톤, 아리스토텔레스를 부정하고 시민정의 편에 선다. 그러나 양쪽 다 국제관계에서는 제국주의를 인정하고 국내관계에서는 계급주의, 특히 노예제를 승인했다는 점에서는 똑같다. 그래서 나는 결국 노예제와 국가주의에 반대하고 세계시민주의의 입장을 갖고 있었던 디오게네스의 편이다. 그리고 그를 이은 사람들, 특히 그중에서도 예수의 편이다. 그러나 초기에는 무소유주의와 무권력주의를 실천했던 기독교가 국교화된 뒤로는 타락해 억압의 종교로 변했다고 나는 본다. 기독교는 본래의 무소유주의와 무권력주의로 돌아가 자유를 소중히 여기고 실천하던 그 본래의 모습을 회복해야 한다.

내가 방금 말한 '자유'는 기본권 차원의 헌법상 자유는 물론이고 평등까지 포함하는 개념이고, 더 나아가 물질적 욕망에서 해방된 정신적 자유까지 포함하는 개념이다. 즉 나는 정신적, 육체적, 물질적, 경제적, 제도적, 사회적, 문화적 굴레, 즉 모든 부당한 억압적 굴레에서 해방된 자유를 말한 것이다. 인간이 이런 자유를 누리려면 아리스토텔레스가 말한 국가적 존재에 머물러서는 안 되고, 디오게네스가 말한 더욱 자연스러운 존재로 변해야 한다. 이는 당연히 기존 질서에 대한 반역을 뜻한다는 점에서 대단히 외롭고 고통스러운 길이다. 2500년 전에 디오게네스가 살았던 현실과 지금 우리가 살아가는 현실은 그리 다르지 않다. 어쩌면 앞으로 2500년 뒤에도 그럴지 모르겠다. 그러나 자유로운 존재가 되는 것이 그렇게 난망한 일이라고 해도 그것이 옳은 길이라면 절대로 포기할 수 없다.

주석

1 대단히 현실주의적이었다고 평가되는 아리스토텔레스를 철학의 원조이자 모든 학문의 시조라고들 하는 반면에 디오게네스를 철학의 원조라고 부르는 사람은커녕 철학자라고 부르는 사람도 없다. 그러나 내 생각에는 초현실적인 '다른 삶'을 보여준 디오게네스가 참된 철학의 아버지다. 대부분 대학교수인 철학자들에게는 만물을 분석하고 방대한 이론체계를 만든 아리스토텔레스가 참된 철학자일지 모르지만, 나는 아리스토텔레스 같은 이론가를 우습게 여기고 그가 가르친 삶은 잘못된 삶이라고 생각한다. 내가 보기에는 디오게네스야말로 참된 철학자이고, 지식인의 모범이자 인간의 모범이다.
2 가령 700쪽에 이르는 프레드릭 코플스톤의 《그리스 로마 철학사》(김보현 옮김, 철학과현실사, 1998)는 디오게네스의 에피소드를 단 몇 줄로 언급하고 만다. 500쪽이 넘는 앤서니 케니의 《서양철학사》중 제1권에 해당하는 《고대철학》(김성호 옮김, 서광사, 2008)도 마찬가지다. 크리스토프 호른의 《옛사람들에게 배우는 삶의 길》(최경은·김성현 옮김, 생각의나무, 2005)에는 디오게네스를 언급한 부분이 단 한 줄뿐이고, 콘스탄틴 밤바카스의 《철학의 탄생》(이재영 옮김, 알마, 2008)은 디오게네스를 아예 언급조차 하지 않는다. 유일한 예외는 피에르 아도의 《고대철학이란 무엇인가》(이세진 옮김, 이레, 2008)다. 이 책은 서너 쪽에 걸쳐 디오게네스에 대해 설명하고 있다. 아도는 콜레주 드 프랑스에서 그리스와 로마의 정신사를 강의한 교수인데, 고대 그리스의 철학을 이론이 아닌 실천 즉 생활양식으로 파악했기에 디오게네스를 주목했다. 나는 아도의 견해에 전적으로 찬성하는 것은 아니지만 고대 그리스의 철학에 대한 책으로는 그의 책이 최고봉이라고 서슴없이 말할 수 있다.
3 고대 그리스의 사상에 대한 책으로 국내에서 출판된 것 가운데 거의 유일무이하게 마르크스주의에 입각한 책인 조지 톰슨의 《고대 사회와 최초의 철학자들》(조대호 옮김, 고려원, 1992. 이 책의 원저는 상당히 오래 전인 1955년에 출판됐다)은 445쪽에 이르는 두꺼운 책이지만 디오게네스에 대한 이야기는 단 한 마디도 들어있지 않다. 이를 보면 마르크스주의는 디오게네스를 철저히 무시하는 듯하다. 나는 고대 그리스의 사상가 중에서는 재산은 물론 가족의 공유까지 주장한 디오게네스가 가

장 마르크스주의적인 사상가라고 생각한다. 그런데도 마르크스주의자들이 그를 무시하는 것이 나로서는 전혀 이해되지 않는다. 굳이 이유를 추측해보면 디오게네스가 유물론의 입장을 취하지 않았고, 경제적인 분석에 능하지 않았으며(적어도 플라톤이나 아리스토텔레스에 비해서는), 오히려 반경제적, 반물질적, 반화폐적인 삶을 살았기 때문에 그런 것이 아닌가 한다. 꼭 그런 이유와 반대되는 이유 때문은 아니지만 나도 마르크스주의에 대해 별로 흥미를 느끼지 못한다.

4 마이클 샌델, 《정의란 무엇인가》, 이창신 옮김, 김영사, 2010, 그런데 정의라는 개념은 샌델과 같은 공동체주의자들에게는 기껏해야 '그들이 더욱 고차적인 것으로 보는 공동체의 미덕이 무너진 상황에서만 요구되는 치료적 미덕'일 뿐이다. 공동체주의자들이 공격대상으로 삼는 자유주의자들은 정의가 사회제도의 제일 덕목으로 부당하게 중시되는 것을 비판해왔다.

5 《정의란 무엇인가》, 364~371쪽.

6 마이클 샌델, 《공동체주의와 공공성》, 김선욱 외 옮김, 철학과현실사, 2008.

7 아리스토텔레스, 《정치학》, 천병희 옮김, 숲, 2009, 5쪽.

8 아리스토텔레스의 이 말은 그가 살았던 그리스의 폴리스 시민이 '타고난 우월한 존재' 임을 주장한 것에 불과하다. 다시 말해 그것은 그리스 이외의 다른 지역에 사는 인간은 '타고난 열등한 존재' 임을 주장한 것이다. 따라서 그것은 인간의 보편적 본성을 설명하고자 한 말이 전혀 아니었다. 그러나 그리스에서 폴리스가 형성된 것은 그곳의 시민이 '타고난 우월한 존재' 여서가 아니라 산악지대인 그곳의 지리적 여건이 그렇게 되도록 작용한 결과다. 이처럼 우연한 자연적 조건이 폴리스를 형성시켰다고 본다면 폴리스의 시민은 '타고난 우월한 존재' 라는 주장은 터무니없는 것이 된다.

9 가령 '자유대한' 이니 '자유주의' 니 하는 말이 '공산괴뢰' 니 '공산주의' 니 하는 말과 대립되는 의미로 사용되는 경우에는 '자유' 가 '반공' 이나 '사유주의' 를 뜻하고, 그 '사유주의' 는 '내 것은 무조건 내 것' 이라는 절대사유를 주장하는 것이라는 점에서 '자유' 가 '절대사유' 와 같아지는 경향이 있다. '자유' 라는 말은 이 밖에도 여러 가지 복잡한 의미로 사용되고 있다. 이 말의 뜻은 그것을 사용하는 사람에 따라 다르고 사상, 학문, 문화의 분야마다 다르다. 그러니 우리는 이 말의 뜻을 한번 정리해볼 필요가 있다. 크게 보면 이 말은 '남에게 지배를 받지 않는 것' 과 '무엇에 얽매이지 않는 것' 이라는 두 가지 뜻을 가지고 있다. 전자는 주로 사회적인 의미이고, 후자는 주로 정신적인 의미다.

10 박홍규, 《소크라테스 두 번 죽이기》, 필맥, 2005; 박홍규, 《플라톤 다시보기》, 필맥, 2009; 박홍규, 《반민주적인, 너무나 반민주적인》, 필맥, 2008.

11 일반적으로는 디오게네스가 '통' 에서 살았다고 하지만, 그것이 통이 아니라 시신을 매장하기 위해 사용되는 커다란 독이었다고 보는 견해도 있다. 버트런드 러셀,

《서양철학사》, 서상복 옮김, 을유문화사, 2009, 320쪽.
12 흔히 이 이야기의 배경은 아테네이고 그 시대는 알렉산드로스가 그곳을 정복한 뒤라고 하거나 두 사람이 우연히 만났다고 하지만(가령 켄 고프먼·댄 조이, 《카운터 컬처》, 텍스트, 2010, 17쪽), 이는 사실과 다르다. 뒤에서 다시 보겠지만, 이 이야기로 전해지는 에피소드는 알렉산드로스가 페르시아를 정복하기 위한 그리스 연합군의 총사령관으로 임명된 직후에 크레타에서 있었던 일이다.
13 디오게네스가 이렇게 말했다고 해서 철학책에서는 그를 견유(犬儒)학파로 분류하지만 '유(儒)'는 유교의 선비를 뜻하는 글자이므로 유교와 아무런 관계도 없는 그를 그렇게 분류하는 것은 문제가 있다. 서양에서는 그를 cynic이라고 부르는데 이는 냉소적인 사람이라는 뜻이어서 그를 '냉소학파'로 분류하는 사람들도 있다(가령 제임스 밀러, 《미셸 푸코의 수난》, 김부용 옮김, 인간사랑, 1995, 제2권, 226쪽). 그런데 냉소학파라는 표현도 그것이 지칭하는 철학자들의 사상을 오해하게 할 우려가 있어서 부적절하다. 그들의 사상이 지닌 한 가지 특징에 따라 세계시민주의라는 표현을 사용할 수도 있겠지만, 이 역시 그 사상의 일부만을 표상하는 것에 불과하다. 나는 그들의 사상이 지닌 전체적 특징은 자유라고 보지만, 그렇다고 해서 그들의 사상을 자유주의라고 부른다면 현재 일반적으로 사용되는 자유주의라는 말과 혼동될 수 있으니 이 역시 문제가 있다. 그들의 사상은 사실 공산주의에 대립하는 반공주의 정도의 의미를 갖고 있는 우리의 자유주의와는 전혀 다르고, 도리어 공산주의에 가까운 것이기도 하다. 그 밖의 다른 여러 가지 자유주의의 개념도 그들의 사상과 일치하지 않는다. 그래서 이 책에서 나는 그들을 원어 그대로 퀴니코스학파라고 부르겠다. '퀴니코스'를 '키니코스'라고 표기하는 경우도 있다.
14 우리는 왜 그리스의 역사를 읽는가? 역사는 E. H. 카가 말한 '과거와 현재의 대화'이기만 한 것이 아니라 미래에 대한 비전을 제시해주는 것이기도 하다면서 예를 들어 알렉산드로스가 세계를 정복한 것이 소국에 사는 사람들에게 거대한 희망을 던져준다고 하는 견해(토머스 R. 마틴, 《고대 그리스의 역사》, 이종인 옮김, 가람기획, 2003, 346쪽)가 있으나, 그렇게 봐야 하는지 의문이다.
15 《서양철학사》, 234쪽.
16 조남진, 《헬레니즘 지성사》, 신서원, 2006, 52쪽. 이 책은 헬레니즘 사상에 대한 한국인의 저술로는 유일한 것이지만 19세기 독일 학자들의 견해에 근거해 쓰여진 탓에 치명적인 결점을 가지고 있다. 특히 알렉산드로스를 영웅화하고 헬레니즘 사상을 마치 알렉산드로스를 위한 사상인 것처럼 서술하고 있다는 점에서 그렇다. 이 책은 디오게네스를 비롯한 퀴니코스학파의 세계시민주의도 알렉산드로스의 세계정복을 정당화해주는 사상으로 취급한다. 이는 퀴니코스학파의 개인주의 내지 아나키즘을 철저히 부정하는 것이라는 점에서 문제가 있다.
17 《정치학》, 408쪽.

18 같은 책, 369쪽.
19 같은 책, 40쪽.
20 《서양철학사》, 28쪽.
21 바커(Ernest Barker)는 1948년에 아리스토텔레스의 《정치학》을 영역하고 해설한 저서 《아리스토텔레스의 정치학(The Politics of Aristotle)》(Clarendon Press)으로 유명한 학자다. 그의 《현대정치론Reflection on Government)》(1948)은 1960년에 김상협에 의해 번역되고 문교부를 통해 발행됐다. 그가 1962년에 쓴 로크에 관한 글은 어네스트 바커 외, 《로크의 이해》(강정인·문지영 편역, 문학과지성사, 1995)에 소개돼있다.
22 로티는 그 논문과 같은 취지의 책 《미국 만들기: 20세기 미국에서의 좌파사상》(임옥희 옮김, 동문선, 2003)을 1998년에 펴냈다.
23 마사 너스봄 외, 《나라를 사랑한다는 것》, 삼인, 2003, 28~42쪽.
24 같은 책, 28쪽.
25 같은 책, 45쪽 이하.
26 그러나 샌델은 1996년에 펴낸 《민주주의의 불만(Democracy's Discontent)》(Harvard University Press)에서 너스봄을 비판했다. 그리고 그는 이 비판을 한국에 와서 한 강연에서도 되풀이했다. 《공동체주의와 공공성》, 122쪽 이하를 보라.
27 그가 쓴 책 《세계시민주의》(실천철학연구회 옮김, 바이북스, 2008)는 이 분야에서 가장 깊은 성찰을 보여준다.
28 《나라를 사랑한다는 것》, 52쪽.
29 이 점에 관한 논저는 거의 찾아보기 어렵지만, 나는 이 점이 매우 중요하다고 생각한다.
30 한국의 경우에는 애국주의 문제가 또 다른 문제를 제기한다. 너스봄의 주장이나 그를 비판한 사람들의 주장에서는 한국에서 흔히 보게 되는 무조건적인 조국찬양을 찾아볼 수 없다. 즉 여기서 소개한 논쟁에서는 애국주의를 옹호하는 경우에도 자유, 민주주의, 인권 등의 가치를 배제하지 않았지만, 한국의 경우에는 애국주의적인 주장을 하는 사람들이 그런 가치를 아예 도외시하곤 한다. 또한 여기서 소개한 논쟁은 미국에서 다문화주의가 일정한 성과를 올린 것을 전제로 해서 전개됐지만, 한국의 경우에는 여전히 다문화주의가 일천하고 그 성과가 미미하다.
31 알래스데어 매킨타이어, 《덕의 상실》, 이진우 옮김, 문예출판사, 1997. 225쪽 이하.
32 Martha Nussbaum eds., The Quality of Life, Oxford University, 1993, p. 244.
33 이에 대해 너스봄은 Cultivating Humanity: A Classical Defence of Reform in Liberal Education, Harvard University Press, 1997에서 상세히 논의했다.
34 《나라를 사랑한다는 것》, 9~11쪽.
35 《공동체주의와 공공성》, 122쪽.

36 같은 책, 123쪽.
37 같은 책, 125쪽.
38 《나라를 사랑한다는 것》, 116쪽.
39 같은 책, 189쪽.
40 같은 책, 189~190쪽.
41 롤스, 《사회정의론》, 황경식 옮김, 서광사, 1985.
42 롤스, 《만민법》, 장동진 외 옮김, 이끌리오, 2000.
43 《나라를 사랑한다는 것》, 171쪽.
44 같은 책, 173쪽.
45 시어도어 로작, 《세계여 경계하라》, 구홍표 옮김, 필맥, 2004, 107쪽.
46 스트라우스, 《정치철학이란 무엇인가》, 1959(《세계여 경계하라》, 106쪽에서 재인용).
47 김영국 외, 《레오 스트라우스의 정치철학》, 서울대학교출판부, 1995.
48 《서양철학사》, 263쪽.
49 《공동체주의와 공공성》, 344~345쪽.
50 《정의란 무엇인가》, 280쪽.
51 같은 책, 364~371쪽.
52 《공동체주의와 공공성》, 9~11쪽.
53 홍성우, 《자유주의와 공동체주의 윤리학》, 선학사, 2005, 19~20쪽, 412-413쪽.
54 《정의란 무엇인가》, 20쪽.
55 같은 책, 21쪽.
56 같은 책, 51~83쪽.
57 같은 책, 262쪽.
58 같은 책, 364~371쪽.
59 멈퍼드는 인류문명의 출발이 피라미드로 상징되는 것은 문제가 있다고 보았다. 피라미드는 현대의 문명화된 잔학행위에 원형이 됐다는 것이다. 멈퍼드는 피라미드에 우주로켓을 대응시켰다. 어느 것이나 독재권력의 비인간적인 지배와 대다수 사람들의 희생을 토대로 해서 혜택 받은 소수의 천국행을 보장해주는 장치라는 것이다. 박홍규, 《메트로폴리탄 게릴라 루이스 멈퍼드》, 텍스트, 2010, 289쪽 이하를 보라.
60 마틴 버낼, 《블랙 아테나: 서양 고전문명의 아프리카·아시아적 뿌리》, 1권 《날조된 고대 그리스, 1785~1985》, 오홍식 옮김, 소나무, 2006.
61 발터 부르케르트, 《그리스문명의 오리엔트적 전통》, 남경태 옮김, 사계절, 2008.
62 같은 책, 26쪽.
63 토머스 R. 마틴, 《고대 그리스의 역사》, 18쪽.
64 J. M. 로버츠, 《동아시아와 고대 그리스》, 이끌리오, 2007, 95쪽.

65 《고대 그리스의 역사》, 38쪽.
66 같은 책, 75쪽.
67 《정치학》, 383쪽.
68 이에 대한 상세한 내용은 박홍규, 《그리스 귀신 죽이기》, 생각의나무, 2009를 보라.
69 에드워드 사이드, 《오리엔탈리즘》, 박홍규 옮김, 교보문고, 1991을 참조하라.
70 이는 perioikoi의 번역어로, 스파르타가 정복한 주변지역의 주민을 가리킨다. 그들은 스파르타의 군대에 의무적으로 복무하고 세금도 내야 했지만 시민권은 부여받지 못했다.
71 이는 helot의 번역어로, 국유 노예를 가리킨다. 그들은 보통 노예와 자유민의 중간 정도 되는 대우를 받았다.
72 《서양철학사》, 154쪽.
73 칼 포퍼, 《열린사회와 그 적들》, 제1권, 이한구 옮김, 민음사, 1982, 250쪽.
74 《서양철학사》, 153쪽.
75 역사학의 아버지라는 투키디데스가 반민주주의였다는 점은 철학의 아버지가 플라톤이라는 점과 함께 서양의 인문학에 치명적인 반민주주의 전통이 수립되게 했다.
76 《정치학》, 104~112쪽.
77 아놀드 하우저, 《문학과 예술의 사회사》, 제1권, 백낙청 옮김, 창작과비평사, 1976, 96쪽.
78 같은 책, 97쪽.
79 같은 책, 98쪽.
80 《열린사회와 그 적들》, 제1권, 255쪽에서 재인용.
81 같은 책, 254쪽에서 재인용.
82 한나 아렌트, 《인간의 조건》, 이진우·태정호 옮김, 한길사, 1996.
83 같은 책, 256쪽.
84 R. M. 헤어 외, 《플라톤의 이해》, 강정인·김성환 편역, 문학과지성사, 1991, 22쪽.
85 《열린사회와 그 적들》, 32쪽에서 재인용.
86 같은 책, 37쪽에서 재인용.
87 스티브 풀러, 《지식인》, 임재서 옮김, 사이언스북스, 2007, 16쪽.
88 《지식인》, 17쪽.
89 《문학과 예술의 사회사》, 제1권, 107쪽.
90 《프로타고라스》, 337c.
91 따라서 나는 "소피스트의 노예제 폐지 주장은 그리스-로마의 정신사와 사회사에 거의 영향을 끼치지 못했다"는 평가(조남진, 《헬레니즘 지성사》, 38쪽)에 반대한다. 한편 "소피스트 운동은 희랍사회를 도덕적 일탈상태로 몰고 갔다"는 평가(박규철, 《소크라테스와 소피스트》, 동과서, 2009, 12쪽)도 있는데, 나는 이런 평가에

도 반대한다. 소피스트 중에는 극단적인 회의론자도 있었지만, 그렇다고 해서 그들이 '도덕적 일탈'을 일으켰다고 볼 수는 없다. 예를 들어 고대 사회에서라고 해도 소피스트처럼 노예제에 반대한 것이 '도덕적 일탈'이기보다는 도리어 소크라테스, 플라톤, 아리스토텔레스처럼 노예제를 옹호한 것이 '도덕적 일탈'이라고 나는 보기 때문이다. 소피스트를 도덕적 타락과 연관시키는 견해는 서양에서는 이미 19세기에 반박됐다. 그런 견해에 대한 반박에 대해서는 조지 커퍼드, 《소피스트 운동》, 김남두 옮김, 아카넷, 2003을 보라.

92 G. B. Kerferd, The Sophistic Movement, Cambridge University Press, 1981.
93 《지식인》, 24쪽.
94 《서양철학사》, 115쪽.
95 《열린사회와 그 적들》, 제1권, 254쪽.
96 우도 쿨터만, 《미술사의 역사》, 김수현 옮김, 문예출판사, 2002, 33쪽.
97 1937년에 나온 원저가 1963년에 처음 번역됐고, 그 뒤 원저의 수정판이 나와 1983년에 다시 번역된 책이다.
98 조지 세이빈·토머스 솔슨, 《정치사상사》, 제1권, 한길사, 1983, 85쪽.
99 《정치사상사》, 제1권, 88쪽.
100 크세노폰, 《회상》, 3.9.10.
101 같은 책, 3.9.11.
102 같은 책, 4.6.12.
103 같은 책, 3.9.11~13.
104 같은 책, 3.2.1.
105 《고대 그리스의 역사》, 285쪽. 또는 아카데무스라는 영웅에게 헌납된 곳에 세워졌다고 해서 아카데미아라고 불리게 됐다고도 한다. 《레오 스트라우스의 정치철학》, 129쪽.
106 한나 아렌트, 《과거와 미래 사이》, 서유경 옮김, 푸른숲, 2005, 149쪽.
107 같은 책, 150쪽.
108 같은 책, 153쪽.
109 《열린사회와 그 적들》, 제1권, 179~184쪽.
110 《정치사상사》, 제1권, 81쪽.
111 같은 책, 81쪽.
112 플라톤, 《국가》, 372d.
113 같은 책, 371b.
114 같은 책, 375a.
115 같은 책, 376c.
116 플라톤, 《법》, 711e.

117 같은 책, 739a.
118 R. N. 버어키,《정치사상사》, 권용립·신연재 옮김, 녹두, 1985. 96쪽.
119 디오게네스 라에르티오스,《그리스 철학자 열전》, 전양범 옮김, 동서문화사, 2008, 378쪽.
120 같은 책, 374쪽.
121 같은 책, 365쪽. 조남진은 디오게네스가 철학으로 전향한 계기에 대해 "한 마리의 쥐가 주위를 살피면서 달려가는 모습에서 자신의 실체적 본성을 인식한 데서 기인했다고 밝히고 있다"고 한다(조남진,《헬레니즘 지성사》, 74쪽). 그러나 라에르티오스는 디오게네스가 그러한 인식을 한 것은 그가 검소한 생활을 하게 된 계기였다고 설명했다. 나는 상식적으로 라에르티오스의 설명이 옳다고 본다.
122 《그리스 철학자 열전》, 352쪽.
123 같은 책, 381쪽.
124 같은 책, 379쪽.
125 같은 책, 352쪽. 이 번역서에서는 위조를 개주라고 표현했지만 위조가 더 적절한 말이다.
126 같은 책, 352쪽.
127 같은 책, 365쪽.
128 제임스 밀러,《미셸 푸코의 수난》, 제2권, 김부용 옮김, 인간사랑, 1995, 231쪽.
129 《헬레니즘 지성사》, 89쪽.
130 같은 책, 89쪽.
131 아리스토텔레스,《수사학》, 제3권, 이종오·김용석 옮김, 리젬, 2008, 86쪽.
132 《그리스 철학자 열전》, 366쪽.
133 같은 책, 364쪽.
134 같은 책, 364쪽.
135 같은 책, 360쪽, 377쪽.
136 《정치학》, 20~22쪽.
137 《그리스 철학자 열전》, 365쪽.
138 같은 책, 373쪽.
139 같은 책, 378쪽.
140 같은 책, 387쪽.
141 같은 책, 377쪽.
142 같은 책, 378쪽.
143 같은 책, 378쪽.
144 조남진,《헬레니즘 지성사》, 45쪽. 그 근거로 제시된 것은 1928년에 나온 독일학자 뮐의 학설인데, 나는 그런 낡은 견해에 찬성할 수 없다. 나는 그런 뮐의 견해가

나치가 대두하기 전에 독일 학계의 분위기와 어떤 관련이 있었는지를 알지 못하지만 모종의 관련이 있었을 수도 있다고 짐작한다. 뮐의 견해와 같은 사고는 대단히 위험한 것이라고 나는 생각한다.
145 같은 책, 91쪽, 102쪽.
146 《그리스 철학자 열전》, 352쪽.
147 같은 책, 341~342쪽.
148 같은 책, 347쪽.
149 같은 책, 351쪽.
150 같은 책, 353쪽.
151 같은 책, 같은 쪽.
152 같은 책, 같은 쪽.
153 같은 책, 364쪽.
154 같은 책, 372쪽.
155 같은 책, 364쪽.
156 같은 책, 372쪽.
157 같은 책, 360쪽.
158 같은 책, 100~101쪽.
159 같은 책, 377쪽.
160 같은 책, 360쪽.
161 같은 책, 354쪽.
162 같은 책, 363쪽.
163 같은 책, 400쪽.
164 같은 책, 360쪽.
165 같은 책, 400쪽.
166 같은 책, 354쪽.
167 같은 책, 362쪽.
168 같은 책, 353쪽.
169 같은 책, 358쪽.
170 같은 책, 376~377쪽.
171 같은 책, 357~358쪽. 이 번역서는 '열악한 자'를 '장애인'으로 번역했으나 이는 이상하다.
172 같은 책, 362쪽.
173 같은 책, 466쪽.
174 같은 책, 376쪽.
175 같은 책, 376쪽.

176 같은 책, 375쪽.
177 같은 책, 355쪽.
178 같은 책, 355~356쪽.
179 같은 책, 364쪽.
180 같은 책, 365~366쪽.
181 같은 책, 362쪽.
182 같은 책, 365쪽.
183 같은 책, 363쪽.
184 같은 책, 374쪽.
185 같은 책, 354쪽.
186 같은 책, 356쪽.
187 미셸 푸코, 《성의 역사》, 제2권 《쾌락의 활용》, 문경자·신은영 옮김, 나남, 1990, 68쪽.
188 《그리스 철학자 열전》, 368쪽.
189 같은 책, 368~369쪽.
190 같은 책, 356쪽.
191 이를 꾸며진 이야기로 보는 견해도 있다. 조남진, 《헬레니즘 지성사》, 91쪽을 보라.
192 《그리스 철학자 열전》, 378쪽.
193 같은 책, 356쪽.
194 같은 책, 378~379쪽.
195 같은 책, 356쪽.
196 같은 책, 359쪽.
197 같은 책, 375쪽.
198 같은 책, 379쪽.
199 같은 책, 353~354쪽.
200 같은 책, 361쪽.
201 같은 책, 368쪽.
202 같은 책, 373쪽.
203 같은 책, 372쪽.
204 같은 책, 374쪽.
205 《헬레니즘 지성사》, 104쪽.
206 《그리스 철학자 열전》, 372쪽.
207 같은 책, 360쪽.
208 같은 책, 375쪽.
209 같은 책, 357쪽.

210 플루타르코스,《플루타르크 영웅전》, 제5권, 김병철 옮김, 범우사, 1994, 241쪽.
211 《그리스 철학자 열전》, 363쪽.
212 같은 책, 370쪽.
213 같은 책, 363쪽.
214 같은 책, 363쪽.
215 같은 책, 364쪽.
216 조남진은 디오게네스가 "내 얼굴이 묻히는 것으로 족하다"는 지극히 금욕적인 표현으로 일관했다고 하지만(《헬레니즘 지성사》, 109쪽) 과연 그랬는지 의문이다.
217 《그리스 철학자 열전》, 357쪽.
218 같은 책, 391쪽.
219 같은 책, 411쪽.
220 같은 책, 420쪽.
221 같은 책, 426쪽.
222 마르쿠스 아우렐리우스,《고백록》, 6~44.
223 같은 책, 6~36.
224 같은 책, 2~5.
225 《그리스 철학자 열전》, 374쪽.
226 Lucian, The Passing of Peregrinus, 12, Lucian, vol. V., Loeb Classical Library, Harvard University Press, 1996, p. 13.
227 《그리스 철학자 열전》, 277쪽.
228 같은 책, 같은 쪽.
229 《정치학》, 162쪽.
230 버트런드 러셀,《서양의 지혜》, 이명숙·곽강제 옮김, 서광사, 1990, 122쪽.
231 《그리스 철학자 열전》, 292쪽.
232 아리스토텔레스,《니코마코스 윤리학》, 이창우·김재홍·강상진 옮김, 이제이북스, 2006. 14쪽.
233 같은 책, 15쪽.
234 아리스토텔레스에 대한 일반적 소개서는 많으나 가장 최근의 것으로는 가령 장 마리 장브,《학문의 정신 아리스토텔레스》, 김임구 옮김, 한길사, 2004가 있다.
235 《서양철학사》, 234쪽.
236 같은 책, 235쪽.
237 《정치사상사》, 제1권, 144쪽.
238 앤소니 고틀립,《이성의 꿈》, 이정우 옮김, 산해, 2007, 379쪽.
239 같은 책, 9쪽.
240 같은 책, 같은 쪽.

241 J. L. 아크릴,《철학자 아리스토텔레스》, 한석환 옮김, 서광사, 1992.
242《서양철학사》, 235쪽.
243 같은 책, 236쪽.
244 같은 책, 238쪽.
245 같은 책, 248쪽.
246《서양의 지혜》, 123쪽.
247《이성의 꿈》, 315쪽.
248 아리스토텔레스,《동물발생론》, 759b(고틀립,《이성의 꿈》, 315쪽에서 재인용).
249《정치학》, 15쪽.
250《니코마코스 윤리학》, 343쪽.
251《정치학》, 15쪽.
252 같은 책, 15~16쪽.
253 같은 책, 35쪽.
254 같은 책,《정치학》, 387쪽. 이 구절과 관련해 아리스토텔레스의 이상국가가 "민주주의적인 것은 아닐지 몰라도 최소한 민주주의적 요소는 내포하고 있다"고 보는 견해(세이빈,《정치사상사》, 150쪽)가 있으나, 과연 그런지는 의문이다. 아리스토텔레스가 말한 것은 시민에게만 적용되는 제한된 민주주의로서의 시민정이라고 보는 것이 정확할 것이다.
255 같은 책, 18쪽.
256 같은 책, 같은 쪽.
257 같은 책, 18쪽.
258 같은 책, 383쪽.
259《학문의 정신 아리스토텔레스》, 247~248쪽.
260《정치학》, 18쪽.
261 같은 책, 19쪽.
262 같은 책, 19쪽.
263 유원기,《아리스토텔레스의 정치학》, 사계절, 2009, 48쪽.
264 레오 스트라우스,《서양정치철학사》, 김영수 외 옮김, 인간사랑, 2010, 247쪽에도 같은 해석이 나온다.
265《정치학》, 19쪽.
266 같은 책, 179쪽.
267 같은 책, 20쪽.
268《니코마코스 윤리학》, 28쪽.
269《정치학》, 20쪽.
270 같은 책, 158~159쪽.

271 같은 책, 20쪽.
272 같은 책, 같은 쪽.
273 같은 책, 22쪽.
274 《서양정치철학사》, 251쪽. 스트라우스는 아리스토텔레스가 《정치학》 7권 10장의 끝에서 "노예들을 어떻게 다루어야 하며 모든 노예들에게 일한 대가로 자유를 약속하는 것이 왜 좋은지에 관해서는 나중에 논의할 것이다"라고 한 부분을 그가 노예해방론의 입장을 갖고 있었다고 보는 근거로 들었다. 그러나 아리스토텔레스가 나중에 할 것이라고 한 논의는 《정치학》에 나오지 않으며, 그런 그의 말은 노예해방론을 암시한 것이 아니라 노예에 대한 일반적인 논의를 하겠다는 뜻으로 보는 것이 옳다. 설령 그런 그의 말이 노예해방론을 암시한 것이라고 해도 적어도 《정치학》에서는 그가 책 전체에 걸쳐 노예의 본래적 재산성을 일관되게 주장했다는 사실을 부정할 수 없다.
275 《니코마코스 윤리학》, 68쪽.
276 같은 책, 66~68쪽.
277 같은 책, 277쪽.
278 같은 책, 159쪽 이하.
279 같은 책, 13쪽.
280 같은 책, 14~15쪽.
281 《서양의 지혜》, 141쪽.
282 《니코마코스 윤리학》, 71쪽. 이 말이 《서양철학사》에는 '거짓겸손'으로 번역돼있다.
283 《서양철학사》, 250쪽.
284 《니코마코스 윤리학》, 29쪽.
285 플라톤, 《국가·정체》, 박종현 옮김, 서광사, 1997, 115쪽.
286 《니코마코스 윤리학》, 29쪽.
287 《정치학》, 21쪽.
288 《니코마코스 윤리학》, 33쪽, 37쪽.
289 같은 책, 373쪽.
290 같은 책, 같은 쪽.
291 같은 책, 367쪽.
292 같은 책, 370쪽.
293 《정치학》, 370쪽.
294 이에 대해 보다 자세히 알고자 한다면 김대오, 《아리스토텔레스의 행복론》, 한국서양고전학회, 2000과 김미진, '아리스토텔레스 윤리학의 행복 개념', 〈동서사상〉, 제6집, 2009를 보라.
295 흔히 이런 문제는 포괄론만의 문제인 것으로 지적되지만, 그렇지 않다. 철학자만

이 행복을 누린다고 보는 것은 "아리스토텔레스의 전형적인 입장이 아니다"라는 지적이 있다(김미진, 위의 글, 14쪽). 그 지적에서 언급된 '전형적인 입장'이 무엇인지는 그 지적을 한 사람이 밝히지 않았지만, 아마도 그는 '일반인들 모두'가 행복을 누릴 수 있다는 것을 '아리스토텔레스의 전형적인 입장'이라고 본 듯하다. 그러나 아리스토텔레스는 일반인들 모두의 행복을 말한 적이 없다.

296 《정치학》, 157쪽.
297 《니코마코스 윤리학》, 369쪽.
298 같은 책, 370쪽.
299 《정치학》, 140~141쪽.
300 《니코마코스 윤리학》, 94쪽.
301 같은 책, 30쪽.
302 같은 책, 138쪽.
303 《서양정치철학사》, 232쪽.
304 《니코마코스 윤리학》, 136쪽.
305 같은 책, 139쪽.
306 같은 책, 140쪽.
307 같은 책, 142쪽.
308 《서양철학사》, 251쪽.
309 같은 책, 255쪽.
310 《정치학》, 20쪽.
311 이것을 '사회적 동물'이라고 번역하는 게 더 적절하다고 보는 견해가 있다(유원기, 《아리스토텔레스의 정치학》, 47쪽). 그러나 이렇게 번역하면 '가정적 동물'과의 구별이 불가능해진다. 가정도 사회이기 때문이다. 또한 아리스토텔레스는 사회라는 말을 사용하지 않았고, 사회라는 개념을 알지 못했다는 점에도 유의해야 한다. 아리스토텔레스는 국가와 가정을 본질적으로 구분했다.
312 《정치학》, 20쪽.
313 같은 책, 20~21쪽.
314 같은 책, 21~22쪽.
315 같은 책, 40쪽.
316 아리스토텔레스를 오히려 환경주의자로 보는 견해도 있으나, 그런 견해에는 찬성할 수 없다.
317 《정치학》, 375쪽.
318 같은 책, 377쪽.
319 같은 책, 21쪽.
320 군거동물이라고도 번역된다.

321 아리스토텔레스, 《영혼에 관하여》, 유원기 역주, 궁리, 2001, 414b.
322 《동물지》, 488a.
323 송문현, '아리스토텔레스의 노예론', 〈부대사학〉, 제8집, 166~167쪽.
324 《정치학》, 20쪽; 《니코마코스 윤리학》, 306쪽; 《에우데모스 윤리학》, 1242a.
325 《정치학》, 148쪽.
326 《니코마코스 윤리학》, 28쪽.
327 《정치학》, 21쪽.
328 같은 책, 같은 쪽.
329 같은 책, 386쪽.
330 같은 책, 같은 쪽.
331 같은 책, 387쪽.
332 같은 책, 59쪽.
333 같은 책, 132쪽.
334 같은 책, 387쪽.
335 같은 책, 132쪽.
336 같은 책, 134쪽.
337 같은 책, 같은 쪽.
338 같은 책, 141쪽.
339 같은 책, 143쪽.
340 같은 책, 147쪽.
341 같은 책, 같은 쪽.
342 같은 책, 23~24쪽.
343 송문현, '아리스토텔레스의 노예론', 164쪽.
344 W. L. Newman, The Politics of Aristotle, Oxford, 1950, vol. 1, pp. 138 ff.
345 송문현, 위의 글, 165쪽.
346 조남진은 아리스토텔레스가 "노예제가 인간존엄을 외면한 이념의 산물로 생각하면서도 여전히 보편적 인간애 사상을 지향하지 않았다"(《헬레니즘 지성사》, 56쪽)고 하지만, 아리스토텔레스가 노예제를 그렇게 생각했다고 볼 근거는 없다.
347 《정치학》, 25쪽.
348 같은 책, 26쪽.
349 가령 이진우, '아리스토텔레스의 정의론', 〈철학과 현실〉, 1990년 가을호, 239~240쪽을 보라.
350 《정치학》, 27쪽.
351 같은 책, 31쪽.
352 같은 책, 31~34쪽.

353 같은 책, 31쪽.
354 같은 책, 32쪽.
355 《고대 그리스의 역사》, 108쪽.
356 가령 다음과 같은 책들을 참고하라. 모리스 핀리, 《고대 노예제》, 김진경 옮김, 탐구당, 1976; 모리스 핀리, 《서양고대경제》, 지동식 옮김, 민음사, 1993; 모리스 핀리, 《고대 노예제도와 모던 이데올로기》, 송문현 옮김, 민음사, 1998; N. R. E. Fisher, Slavery in Classical Greece, Classical World Series, Bristol Classical Press, 1993, 1995, 2001.
357 《정치학》, 58쪽.
358 같은 책, 29쪽.
359 같은 책, 54쪽.
360 같은 책, 69쪽.
361 같은 책, 73쪽.
362 《플라톤 다시보기》, 217~218쪽.
363 《정치학》, 40쪽.
364 같은 책, 49쪽.
365 같은 책, 같은 쪽.
366 같은 책, 53쪽.
367 같은 책, 75쪽.
368 같은 책, 84쪽.
369 같은 책, 94쪽.
370 같은 책, 91쪽.
371 《아리스토텔레스의 정치학》, 112쪽.
372 《정치학》, 91쪽.
373 같은 책, 25~26쪽.
374 최형익, '아리스토텔레스의 노동·사회철학과 정치이론', 《시대와 철학》, 제11권 제1호(2000), 235~236쪽.
375 《니코마코스 윤리학》, 204쪽.
376 가령 황태연·엄명숙, 《포스트 사회론과 비판이론》, 푸른산, 1992, 37쪽을 보라.
377 《정치학》, 51쪽.
378 같은 책, 143쪽.
379 《니코마코스 윤리학》, 159쪽.
380 같은 책, 168쪽.
381 《서양철학사》, 250쪽.
382 《니코마코스 윤리학》, 169쪽.

383 자연적 정의와 법적(또는 관습적) 정의의 구별을 일반적인 정의에 대한 구별로 오해하는 이들이 많다. 이것은 정치적 정의에 대한 구별이라는 데 주의해야 한다.
384 《정치학》, 389쪽.
385 같은 책, 387쪽.
386 같은 책, 386쪽.
387 같은 책, 386쪽.
388 《니코마코스 윤리학》, 182쪽.
389 같은 책, 167쪽.
390 같은 책, 183쪽.
391 같은 책, 178쪽.
392 같은 책, 161쪽.
393 같은 책, 167쪽.
394 같은 책, 171쪽.
395 같은 책, 162쪽.
396 같은 책, 같은 쪽.
397 같은 책, 163쪽.
398 논자에 따라서는 이를 특수적 정의라고도 한다.
399 《니코마코스 윤리학》, 166쪽.
400 같은 책, 167쪽.
401 같은 책, 168쪽.
402 같은 책, 169쪽.
403 《서양정치철학사》, 256쪽.
404 《니코마코스 윤리학》, 167쪽.
405 같은 책, 176쪽.
406 같은 책, 177쪽.
407 같은 책, 169쪽.
408 같은 책, 177쪽.
409 같은 책, 179쪽.
410 같은 책, 177쪽.
411 같은 책, 159쪽.
412 가령 오트프리트 회페 엮음, 《철학의 거장들》, 제1권, 이강서·한석환·김태경·신창석 옮김, 한길사, 2001, 60~61쪽.
413 《니코마코스 윤리학》, 177쪽.
414 같은 책, 179쪽.
415 같은 책, 같은 쪽.

416 같은 책, 같은 쪽.
417 같은 책, 49쪽.
418 한상수, '아리스토텔레스의 정의론', 〈공법연구〉, 제30집 제2호, 274쪽.
419 《니코마코스 윤리학》, 183쪽.
420 같은 책, 184쪽.
421 가령 강희원, '아리스토텔레스의 정의론에 비추어 본 법이념으로서의 정의', 〈법철학연구〉, 제6권 제2호, 2003, 59~91쪽; 정태욱, '아리스토텔레스의 정의에 관한 소고', 〈서양고전학연구〉, 제3집, 27~51쪽; 한상수, '아리스토텔레스의 정의론', 〈공법연구〉, 제30집 제2호, 269~285쪽 등이 있다.
422 아리스토텔레스 사상에서 정의론은 그다지 중요한 요소가 아니다. 이는 국내외의 아리스토텔레스에 대한 논저에서 정의론을 거의 찾아볼 수 없는 것으로도 짐작할 수 있다.
423 《니코마코스 윤리학》, 169쪽.
424 같은 책, 211쪽.
425 같은 책, 217쪽.
426 같은 책, 219쪽.
427 같은 책, 217쪽.
428 아리스토텔레스, 《레토릭》, 전영우 옮김, 민지사, 2009, 52~53쪽.
429 《서양정치철학사》, 242쪽.
430 《니코마코스 윤리학》, 266쪽.
431 같은 책, 270쪽.
432 같은 책, 271쪽.
433 같은 책, 356쪽.
434 같은 책, 357쪽.
435 같은 책, 364쪽.
436 같은 책, 71쪽.
437 같은 책, 278쪽.
438 같은 책, 297쪽.
439 《정치학》, 159쪽.
440 이를 우애나 우정이라고도 번역하지만, 그 말들은 일반적으로 친구 사이의 것이라고 본다면 친애라는 말이 더 적절하다.
441 《니코마코스 윤리학》, 297쪽.
442 같은 책, 303쪽.
443 에른스트 블로흐, 《희망의 원리》, 제5권, 2016쪽.
444 《니코마코스 윤리학》, 312~313쪽.

445 같은 책, 301쪽.
446 《서양의 지혜》, 142쪽.
447 《니코마코스 윤리학》, 336쪽.
448 《서양철학사》, 257쪽.
449 같은 책, 259쪽.
450 《니코마코스 윤리학》, 377쪽.
451 《서양철학사》, 261쪽.
452 같은 책, 262쪽.
453 《고대 그리스의 역사》, 115쪽.
454 《정치학》, 133쪽.
455 같은 책, 151쪽.
456 같은 책, 152쪽.
457 같은 책, 같은 쪽.
458 같은 책, 150쪽.
459 세이빈이 《정치사상사》, 149쪽 이하에서 아리스토텔레스가 《정치학》에서 말하는 이상국가는 플라톤이 《국가》에서 말한 이상국가가 아니라 차선국가라는 점에서 두 사람은 본질적으로 다르다고 한 것은 잘못된 것이다. 세이빈은 플라톤의 이상 국가가 사회주의 국가였다는 점에서 그렇게 말하고 있으나 그것은 극히 제한된 수호자 계급의 재산 및 가족의 공유를 말한 것에 불과했고 플라톤이 말한 철인정 이나 아리스토텔레스가 말한 군주정 내지 엘리트정은 궁극적으로 철인정과 같은 것이라는 점에서 두 사람의 사상은 같은 것이라고 볼 수 있다.
460 《정치학》, 201쪽.
461 조나단 반즈, 《아리스토텔레스의 철학》, 문계석 옮김, 서광사, 1989, 146쪽.
462 《학문의 정신 아리스토텔레스》, 250쪽.
463 《정치학》, 173쪽. 따라서 《정치사상사》 149쪽에서 아리스토텔레스의 "이상은 언제나 입헌주의적이었지 결코 전제적 통치가 아니었으며, 철인왕의 개명적 전제주의라 하더라도 마찬가지로 배척되었"고, 따라서 "그 출발에서부터 선한 국가는 어떤 것이든 법률이 최종적 주권이 되어야 하며 여하한 경우라도 사람이 주권이 되어서는 안 된다는 플라톤의 《법》을 수용하였"고 이를 "인간의 취약점에 대한 하나의 양보로서가 아니라 선한 정부의 필수적 요소, 즉 이상국가의 특징으로 받아들인 것"이라고 한 것은 잘못된 견해다.
464 《정치학》, 176쪽.
465 같은 책, 177~178쪽. 아리스토텔레스는 이와 별도로 180~181쪽에서 넷째 유형을 거론하지만 이는 첫째 유형과 같은 것이다.
466 같은 책, 179쪽.

467 같은 책, 180쪽.
468 《아리스토텔레스의 정치학》, 128~129쪽.
469 《정치학》, 182쪽.
470 같은 책, 183쪽.
471 같은 책, 173쪽. 따라서 세이빈이 《정치사상사》, 제1권,, 149쪽에서 아리스토텔레스의 "이상은 언제나 입헌주의적이었지 결코 전제적 통치가 아니었으며, 철인왕의 개명적 전제주의라 하더라도 마찬가지로 배척되었"고 "따라서" "그 출발에서부터 선한 국가는 어떤 것이든 법률이 최종적 주권이 되어야 하며 여하한 경우라도 사람이 주권이 되어서는 안 된다는" 플라톤의 《법》을 수용하였"고 이를 " 인간의 취약점에 대한 하나의 양보로서가 아니라 선한 정부의 필수적 요소, 즉 이상국가의 특징으로 받아들인 것 "리고 봄은 잘못된 것이다.
472 《정치학》, 188쪽.
473 《정치사상사》, 제1권,, 152~153쪽.
474 《정치학》, 183~184쪽.
475 같은 책, 184쪽.
476 같은 책, 219쪽.
477 같은 책, 152쪽.
478 같은 책, 222쪽.
479 같은 책, 223쪽.
480 같은 책, 231쪽.
481 같은 책, 230쪽.
482 같은 책, 232쪽.
483 같은 책, 같은 쪽.
484 《아리스토텔레스의 정치학》, 149쪽.
485 《정치학》, 216~217쪽.
486 같은 책, 240~241쪽.
487 같은 책, 241쪽.
488 같은 책, 243쪽.
489 같은 책, 263쪽.
490 같은 책, 314~328쪽.
491 같은 책, 342쪽.
492 같은 책, 363쪽.
493 같은 책, 365쪽.
494 같은 책, 171쪽.
495 《니코마코스 윤리학》, 35쪽.

496 《정치학》, 375쪽.
497 같은 책, 376쪽.
498 같은 책, 377쪽.
499 같은 책, 378쪽.
500 같은 책, 387쪽.
501 같은 책, 208~209쪽.
502 같은 책, 388쪽.
503 《아리스토텔레스의 정치학》, 203쪽.
504 《정치학》, 389쪽.
505 같은 책, 같은 쪽.
506 같은 책, 402쪽.
507 같은 책, 403쪽.
508 같은 책, 428쪽.
509 《정치사상사》, 제1권, 155쪽.
510 《정치학》, 430쪽.
511 《서양철학사》, 962쪽.
512 《과거와 미래 사이》, 150쪽.
513 《인간의 조건》, 287쪽.
514 같은 책, 288쪽.
515 《과거와 미래 사이》, 151쪽.
516 같은 책, 153쪽.
517 같은 책, 158쪽.
518 같은 책, 159쪽.
519 같은 책, 같은 쪽.
520 《인간의 조건》, 369쪽.
521 같은 책, 294쪽.
522 같은 책, 257쪽.
523 서양의 정치학자들은 고대 그리스의 민회에 대해 설명하는 데 대단히 소극적이다. 예를 들어 《정치사상사》, 제1권, 45쪽을 보라.
524 《정치사상사》, 제1권, 43쪽.
525 데이비드 헬드 외 지음, 《전지구적 변환》, 조효제 옮김, 창작과비평사, 2002, 708~709쪽.